R&L

CHE

CHE

Originaltitel Che. Sueño rebelde
Herausgeber Fernando Diego García, Oscar Sola

Projektleitung Fernando Diego García
Essay Matilde Sánchez
Gestaltung Frank Sozzani
Fotografische und historische Recherche F. D. García, O. Sola

Redaktionsassistentin Olga Viglieca Strien (Argentinien)
Rechercheassistenten Jorge de Armas Caamaño (Kuba), Mark Healey (USA)

Weitere Mitarbeiter María Baliero und Carlos Liñan (Argentinien), Silvina Der-Meguerditchian und Monika Tkotz (Deutschland)
Layout: Javier Miller und Natalia Tatarin (Argentinien)
Bilddigitalisierung Adalberto Roque (Kuba)
Bildbearbeitung Fabio Massaro (Argentinien)

Aus dem argentinischen Spanisch übertragen von Angelika Bussas

ISBN: 3-352-00614-8

2. Auflage 1997

Satz Kristina Grohrock
Belichtung Druckhaus Galrev, Berlin
Druck und Binden Clausen & Bosse, Leck
gedruckt auf EuroArt der SCA Fine Paper GmbH
Printed in Germany

CHE

Der Traum des Rebellen

Herausgeber

Fernando Diego García

Oscar Sola

Essay

Matilde Sánchez

Gestaltung

Frank Sozzani

Rütten & Loening

Berlin

Danksagung

Obwohl Ernesto Guevara mehr als die Hälfte seines Lebens in Argentinien lebte, beginnt jede Geschichte über Che unweigerlich in Kuba. Dort konnten wir uneingeschränkt recherchieren und man bot uns jegliche Unterstützung an. Einige seiner Bilder befinden sich in den historischen Archiven, andere in Händen seiner Genossen, seiner Freunde, seiner Familie oder auch noch der Fotografen. Letztere waren, wie wir, auf den Spuren seiner Überzeugungen, seines Zornes und seiner Freuden, die wir hier zeigen möchten. Deshalb gilt unser erster Dank den Fotografen Alberto Díaz Korda, Raúl Corrales, Roberto Salas, José Alberto Figueroa, Liborio Noval und Perfecto Romero.

Auch möchten wir die besondere Unterstützung von Ana María Erra hervorheben, die uns das Archiv von Ernesto Guevara Lynch zur Verfügung stellte; und Pedro Alvarez Tabío und Efrén González Rodríguez von der Abteilung für Geschichtliche Angelegenheiten des Staatsrates; und Antonio Núñez Jiménez von der Stiftung für Umwelt und Menschen; und Lesbia Vent Dumois von der Casa de las Américas.
Unser Dank gilt auch Manuel Martínez Gómez von der Zeitschrift Bohemia; und Armando Diéguez Suárez, Iris Manales und Dixi López, vom Verlag Verde Olivo; und Rolando Rodríguez, von Editora Política; und Manuel Martínez und Rosita Muñiz von Prensa Latina und dem Verlag Capitán San Luis.

Unseren Dank möchten wir auch folgenden Menschen gegenüber ausdrücken: Aleida March, für ihre Offenheit; Adys Cupull und Froilán González für ihre arbeitsintensiven Nachforschungen und ihre Bereitschaft, uns daran teilhaben zu lassen; Richard Dindo, für die Bereitstellung wertvoller Bildmaterialien von Che in Bolivien; den Biografen Paco I. Taibo II, Jon Lee Anderson und Jorge Castañeda.

Und in Havanna Alberto Granado, Orlando Borrego, Mariano Rodríguez Herrera, Susana Grane –Botschafterin Argentiniens –, William Gálvez, Ulises Estrada, Lupe Alvarez, Delia Luisa, Martha Rolón, Luis Adrián Betancourt und Waldo Cárdenas und noch ein besonderer Dank an Reina María Rodríguez.

In Bolivien war die Unterstützung der Familie Saucedo, die uns ihr Archiv zur Verfügung stellte, von unschätzbarem Wert, sowie die des Fotografen Freddy Alborta und Juan Carlos Marañón. In den Vereinigten Staaten Marina Gilbert und die Künstler Leandro Katz und Liliana Porter. In Deutschland Martin Franzbach, Matthias Dannel, Graciela Vázquez und José Manuel Rodríguez.

In Argentinien gilt unser ganz besonderer Dank Carmen Córdova, Tristán Bauer, Eduardo Longoni, Hugo Gambini, Rogelio García Lupo, Abel Gilbert, Carlos Barrios Barón, Miguel Angel Quarterolo, Valentina Herraz und Patricia Kolesnicov.
Die Herausgeber sagen ihren innigsten Dank: Fernando García an Helena Munín, noch einmal, einfach für alles.
Oscar Sola an Eliana, Lea und Angelika Bussas, die jetzt wissen, was sich hinter diesen Danksagungen verbirgt.

Inhalt

In einem beliebigen Lehrbuch der Fotografie kann man das Bild einer nächtlichen, vom Vollmond beschienenen Landschaft sehen, und der erläuternde Text dazu verrät uns das Geheimnis dieser Dunkelheit im prallen Sonnenlicht. Die Natur der Sinneseindrücke auf meiner Netzhaut aber kennt mein Leser kaum, und auch ich ahne sie nur, so daß keine Korrekturen auf der Fotoplatte vorgenommen werden können, um den realistischen Moment zu ermitteln, in dem sie belichtet wurde. Wenn ich eine Nachtaufnahme zeige, glaubt ihr oder zerreißt sie, wie auch immer, denn wenn ihr die von meinen Notizen fotografierte Landschaft selbst nicht kennt, werdet ihr schwerlich eine andere Wahrheit erfahren, als die ich hier erzähle. Ich lasse euch jetzt mit mir allein, mit dem, der ich war...

Ernesto Guevara de la Serna. Reisenotizen, 1952.
(Übersetzung von Klaus Laabs)

Große Helden müssen auch kleine Geschäfte erst lernen.

Die Wiege des Helden

Ein Stammbuch mit Abenteurern jedweder Couleur, deren Namen später berühmt wurden und ein riesiges, spärlich bevölkertes Land, das von Menschen unterschiedlichster Nationalitäten aufgebaut wurde. Dies alles in der eigenen Familie, eine eigene kleine Welt. Das ist, kurz gesagt, die Vorgeschichte dessen, der bald geboren wird. In dem unerreichbaren Königreich seiner Phantasien von Glanz und Gloria träumt der Junge davon, einmal ein großer Held zu werden. Später wird der Mythos sich auf seine Kindheit besinnen, um sein Geheimnis zu ergründen, um das Wort Phantasie mit dem Wort Lebensweg zu ersetzen. Jeder Held ist ein Kind, das seinen Traum erfüllt. Wie immer liegen Geburt eines Mythos und Helden in der Nähe des Wassers.

1928. In der Nacht des 14. Juni - oder ist es in Wirklichkeit Mai?- auf dem Fluß Paraná, fünfmal so lang wie die Insel Kuba. Das Passagierschiff auf seiner Fahrt nach Buenos Aires macht einen Zwischenstop in Rosario in der Provinz Santa Fe. Das Ehepaar, das das Schiff hier verläßt, wird nicht an seinem Ziel ankommen, da die Frau in den Wehen liegt. Celia de la Serna de Guevara erreicht das Krankenhaus noch rechtzeitig zur Geburt ihres ersten Sohnes, der den Namen seines Vaters tragen wird. Kurz nach seiner Geburt bekommt er eine Lungenstauung, die so gar nicht in die Tradition seiner Vorfahren als Abenteurer passen mag. Jon Lee Anderson kramt alte Geschichten der Familie hervor. Es geht darum, ob Guevara ein Achtmonats-Kind ist oder zum errechneten Termin zur Welt kam. Der Autor schreibt, Celia wäre zum Zeitpunkt ihrer Hochzeit schon schwanger gewesen und der Geburtstermin ihres Sohnes sei der 14. Mai. Also rücken wir die astrologische Karte zurecht: das Kind ist Stier.

Aristokrat in Argentinien zu sein bedeutete nichts weiter als zuerst dagewesen zu sein. Vater und Mutter des Kindes Ernesto kamen aus gutem Hause, sie gehörten zu dieser

Rosario 1928. Der erste Sohn einer Bohemefamilie.

Celia de la Serna, modern, atheistisch und waghalsig.

Der nordamerikanische Großvater, Geograph und Entdeckungsreisender.

bestimmten Art von Aristokratie, die den Pioniergeist und die Tradition der Viehzucht in sich trägt. Der kosmopolitische Ursprung des Landes spiegelte sich in der nationalen Identität wider und führte zu einer liberalen und universalistischen Einstellung - vielleicht noch universalistischer als die europäische, so wie jedes Nacheifern häufig ein mehr ist.

Die Vorfahren väterlicher- sowie mütterlicherseits von Ernesto Guevara Lynch, dem Vater, waren schon seit zehn Generationen in diesem weiten südamerikanischen Land ansässig, gehörten also zur Gründergeneration. Der Urgroßvater väterlicherseits war Vizekönig im Neuen Spanien, dessen Sohn seine Verlobte aus Louisiana entführte. Die Guevara landeten Mitte des 18. Jahrhunderts am Río de la Plata, an dessen Flußmündung die Stadt Buenos Aires liegt. 1850 jedoch emigrierten sie für einige Jahre nach Kalifornien, angezogen vom Goldfieber. So kam Ches Großvater Roberto trotz argentinischer Abstammung als nordamerikanischer Staatsbürger zur Welt. Ende des 19. Jahrhunderts heiratete er Ana Lynch, irischer Herkunft. Auch ein Teil ihrer Familie lebte seit Jahren in Argentinien. Einer der Lynchs findet sich unter den Begründern des argentinischen Landwirtschaftsverbandes, Hochburg der Großgrundbesitzer. Ernestito wird diese Großmutter Ana verehren. Roberto Guevara, Sohn des Goldsuchers und argentinischen Farmers, von Beruf Geograph, wird den argentinischen Chaco vermessen, diese Hochebene, die sich bis zum Südosten Boliviens hinzieht... und genug Stoff bietet für die Träume eines Kindes.

Ernesto Guevara Lynch, mehr Abstammung als Geld...

In Celia de la Sernas Stammbaum sind nicht so viele Abenteurer zu finden sondern eher Menschen mit Machtpositionen. Einer ihrer Vorfahren, General José de la Serna e Hinojos, war der letzte spanische Vizekönig im kolonialen Peru. Juan Martín, Vater von Celia, gehörte zu den Gründervätern der Unión Cívica Radical, erste argentinische Volkspartei, hervorgegangen aus der Revolution von 1890. Der Führer und Gründer dieser Partei, Hipólito Yrigoyen, trat 1928 seine zweite Präsidentschaft an. Celia war eine junge, gebildete Frau, der der Gedanke an eine vorbestimmte Zukunft äußerst unangenehm war. Durch den Tod ihrer Eltern früh zur Waise geworden, wurde Celia von ihrer älteren Schwester Carmen de la Serna aufgezogen, die erst viel später, in dem Geburtsjahr von Ernesto, den intellektuellen Kommunist Cayetano Córdova Iturburu heiratete.

Trotz ihrer religiösen Erziehung in der Klosterschule "Sagrado Corazón" in Buenos Aires sah sie sich immer als eine "moderne" Frau und schockierte ihre Familie, als sie ihr Haar kurzgeschnitten à la garVon trug und schon früh selbst Auto fuhr. Noch schockierender jedoch war ihre Entscheidung, eine Liebesbeziehung mit Ernesto Guevara Lynch einzugehen, einem Architekturstudenten, der niemals sein Studium abschließen sollte, einem gebildeten jungen Mann mit unternehmerischen Ambitionen, die allerdings nur selten erfolgreich ausgingen. 1967 sagte Ernesto Guevara Lynch zu einem Journalisten: "Ich habe nie viel Glück gehabt, doch niemand kann mir nachsagen, ich sei ein Faulenzer, ich hätte nicht alles getan, um ein Unternehmen aufzuziehen, und das immer mit neuen Konzepten." Das Ehepaar erlebte einen Abstieg aus dem Reichtum aus Kindheitszeiten zu der jetzt eher schlechten finanziellen Situation. Viele Ländereien

Eine Familie von Abenteurern, der Urgroßvater war Goldsucher in Kalifornien.

Nackte Füße. Misiones, erste Schritte eines langen Marsches.

✶

Mama setzte uns auf's Pferd und ließ uns los, um zu sehen, was passieren würde. Papa bestand darauf, daß das Pferd keine Steigbügel haben durfte. Er hatte Angst, daß wir darin hängen bleiben könnten. Wir haben gelernt, ohne Steigbügel zu reiten. Wir spielten immer sehr frei und ungezwungen.

Alta Gracia, 1933. Postkarte der Prophezeiung: Esel, Maultiere, Pferde. Hoch oben atmet es sich leichter.

Reiter ohne Pferd mit Hut in der Hand.

trugen zwar das Wappen der Familie, doch Celia erbte nur wenig. Sie gehörten zur Gruppe der Abgestiegenen, einer eigenen sozialen Schicht. Trotz ihrer baskischen Abstammung hat Celia etwas Andalusisches, was durch ihr schwarzes, im Nacken zusammengebundenes oder kurzgeschnittenes Haar unterstrichen wird. Sie machte den Eindruck einer Frau, die eine andere Zukunft verdient hätte. Ihr Erstgeborener wird von ihr alle Gesichtszüge erben, die Entschlossenheit und Ausdauer ausdrücken: die Form des Kinns, die Linie der Augenbrauen, die den Eindruck von Überlegenheit vermitteln und eine gewisse Skepsis. Von seinem Vater hingegen erbt er das Weiche: die Nase in der Form eines Pfeils, die kurz und gerade ist, einer seiner kindlichsten Gesichtszüge, und die leichte Schrägstellung der Augen, die ihm etwas Melancholisches verleihen.

Die Familie Guevara de la Serna lebte in Caraguatay, in der Provinz Misiones im Norden Argentiniens an der Grenze zu Paraguay und Brasilien, wo der Vater eine Plantage mit Mate-Gräsern unterhielt, die jedoch nicht sehr einträglich war. Der Mate wird Che sein Leben lang begleiten. Ende 1929 bekam Celia ihr zweites Kind, ein Mädchen, das ihren Namen erhielt. In Celia lebte der Widerspruch zwischen der Rolle als Hausfrau und der einer unabhängigen Frau, die Spaß hatte an spektakulären Kopfsprüngen in den Fluß. Kurz vor Ernestos zweitem Geburtstag ging die Mutter mit ihm zum Fluß. Er badete und noch am selben Abend hatte er eine akute Lungenentzündung. Dieser Vorfall ist der Ausbruch einer Krankheit, die von nun an die ganze Familie beschäftigen wird. Das Asthma wird eine zentrale Rolle in der Biographie Che Guevaras spielen. Es ist der Schlüssel zu seiner

Persönlichkeit, der Ursprung seiner übermenschlichen Willensstärke, es ist die Behinderung, die seinen Charakter formt.

Dürfte eine Biographie ihr Objekt aus dem Zusammenhang reißen, so könnten wir das ganze Leben Ches - und sogar seinen Tod - als eine tour de force gegen die Krankheit ansehen. Auf dem Lebensweg eines Helden gibt es immer große Hindernisse. Schon zum Musterbeispiel eines Revolutionärs geworden schreibt er an seine Mutter: "Ich bin abhängiger vom Inhalator als vom Gewehr." Trotz oder gerade wegen der Atemnot: Immer sieht man den Guerillakämpfer der Sierra Maestra mit einer Pfeife, Zigarre oder Zigarette im Mund, später dann mit diesen verrückten Zigarren, die der Industrieminister wie ein Propagandaschild für die kubanische Revolution vor sich herträgt; das Bedürfnis, sich treiben zu lassen, weiter zu kommen, seine merkwürdigen Hygienevorstellungen, seine durch die Atembeschwerden ausgeprägte Stirnpartie, ein immer wieder zu erkennendes Merkmal. Nicht der beste Maskenbildner könnte diese Stirn vertuschen. Die Krankheit zeichnet ihre Spuren in dem Gesicht des Kindes, geben ihm das besondere Merkmal.

Im Jahr 1932 zieht die Familie Guevara de la Serna für einige Zeit nach San Isidro, einem eleganten Vorort von Buenos Aires. Die Nähe des Flusses bekommt dem kranken Jungen jedoch nicht. Ein Jahr später siedeln sie um ins trockene Klima von Córdoba nach Alta Gracia, einem Gebirgsstädtchen umgeben von vielen

Möglicherweise lehrte ihn diese Krankheit, sich zu beherrschen, sich nicht unterkriegen zu lassen oder sich trügerischen Illusionen hinzugeben. Vermutlich löst das Asthma bei den Erkrankten einen Mechanismus aus, der das Selbstbewußtsein stärkt.

Ernesto Guevara Lynch

Ernesto und seine Schwester Celia, eine Beziehung leidenschaftlicher Konkurrenz.

✶

DIE UNORDNUNG REGIERTE ÜBERALL, EIN GROßPUTZ WURDE NUR VOR GROßEN FESTEN GEMACHT. MEINE SCHWESTER CELIA HATTE DEN LEICHTFERTIGEN LEBENSSTIL IHRES EHEMANNES ANGENOMMEN. DOCH IN DIESEM "LEB' WIE DU WILLST" SCHIENEN ALLE GLÜCKLICH ZU SEIN.

Carmen de la Serna

kleinen Dörfern für die Sommerfrischler. Guevara Lynch ist ins Baugewerbe eingestiegen, obwohl es nur den glaubhaften Beweis dafür gibt, daß er bei der Vergrößerung des Golfplatzes des Hotels Sierra gearbeitet hat, 1941 dem aristokratischten Hotel vor Ort. Es ist Celia, die die Familie in diesen Jahren mit einer eher kleinen Rente unterhält. Im Winter leeren sich die Hotels. Esel sind für Córdoba seit jeher das malerische Wahrzeichen gewesen. Die Touristen machen Bilder von sich, auf Eseln sitzend, cordobesische Esel gibt es als Souvenirs, auf Ansichtskarten, auf Ponchos gewebt und auf Aschenbecher gemalt. Ernesto entdeckt die Liebe zum Reiten und sieht sich auf den Pfaden argentinischer Tradition, was nicht parodistisch gemeint ist, da schon José de San Martín auf einem Maultier die Anden überquerte, um Chile zu befreien. Esel und Pferde sind seine Wegbegleiter, um in aller Ruhe Hindernisse zu überwinden und nicht, um in wildem Galopp über die Prärie zu jagen. In Córdoba wird Ernesto bis zu seinem 17. Lebensjahr bleiben.

Auf Grund seines Asthmas lebt er in seiner frühen Kindheit sehr zurückgezogen. Da er nicht zur Schule gehen kann, lehrt seine Mutter ihn das Lesen und Schreiben. Sie ist es auch, die in ihm den Hunger nach Literatur und die Liebe zur Enzyklopädie als Systematisierung menschlichen Wissens weckt. Seine Mutter erzählt, daß ihr Sohn nur die zweite und dritte Klasse regelmäßig besuchte, die vierte, fünfte und sechste nur so oft, wie es eben ging. Seine Geschwister schrieben die Aufgaben in der Schule ab, und er lernte sie dann zu Hause. Erst mit acht Jahren ging Ernesto regelmäßig zur Schule. Alle Zeitzeugen und Biographen sind sich über den starken Einfluß Celias auf Ernestos intellektuelle Entwicklung einig. Auch wenn Celia nicht in seiner Nähe ist, unterliegt Ernesto ihrem Einfluß, will ihr mehr als gerecht werden. (Warum ist er so fotogen? Er lächelt seiner Mutter zu; er will noch mehr erreichen, als sie für ihn erträumte. Er weiß, daß diese Frau sein Leben aus Zeitungsberichten verfolgt.) Celia ihrerseits wird im Verlauf von Ches Werdegang radikaler, sie baut rückwirkend einen Lebensweg voll Freiheitsliebe auf und läßt nochmals ihr, wenn auch zum Teil unbewußtes, Zutun zu der Entwicklung des neuen amerikanischen Befreiers Revue passieren. Die Leidenschaft des Sohnes hängt zwischen der Zurückweisung von Überbehütung - Psychologie eines Asthmakindes - und der Notwendigkeit, die mütterlichen Hoffnungen in ihn zu befriedigen. Diese Wechselbeziehung ist eine andere Geschichte, ist die Radikalisierung von Celia in den 60er Jahren, um die ethischen wie intellektuellen Forderungen von Ernesto zu erfüllen. Auch die Mutter möchte Ernesto ebenbürtig sein. Mutter und Sohn wachsen gemeinsam.

Der Einfluß des Vaters, häufig durch Biographen unterschätzt, findet sich eher in Ches körperlicher Ausbildung wieder. In den langen Perioden der Genesung weckt er in Ernesto die Liebe zum Schach. Da seine Frau damit beschäftigt ist, Kinder in die Welt zu setzen und sie großzuziehen, kümmert sich Guevara Lynch um den Kranken, gibt ihm Spritzen, um die Bronchien

Celia und ihre Kinder. Gegen den ärztlichen Rat fördert sie Ernestos Spiel im Freien.

Ernesto, Celia, Ana María und Roberto mit den Eltern im Schwimmbad.

Erster Brief eines passionierten Schreibers: "Liebe Tante Beatriz".

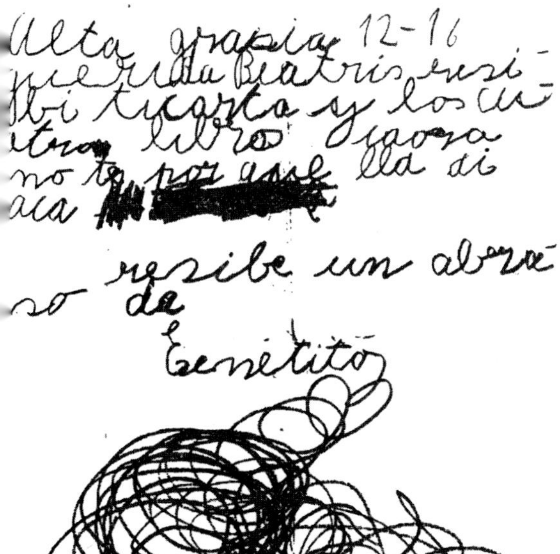
Alta gracia 12-16
querida Beatris resi-
bi tu carta y los cu-
entos libro y ahora
no te [illegible] lla di
aca [illegible]
resibe un abra-
so de
Ernestito

zu weiten und setzt ihm die Sauerstoffmaske auf. Er bringt dem Jungen nahe, sein Handikap durch schwimmen zu überwinden: Der Erstgeborene soll niemals seiner körperlichen Behinderung ausgeliefert sein. Auch lehrt er ihn im hinteren Teil des Gartens das Schießen. Ernesto ist fünf Jahre alt. Stellen wir uns die erwachsene Hand vor, die zielt, während sie die kleine Hand stützt; die Hände von Vater und Sohn am Gewehr.

Familienalbum. Um den Erstgeborenen herum ranken die jüngeren Geschwister: Celia, Roberto, Ana María und später Juan Martín. Auf Grund seiner Behinderung steht Ernesto im Mittelpunkt. Auf den Fotos lächelt er trotzdem fast immer. Vielleicht spürt er den Druck, seinen Geschwistern ebenbürtig sein zu müssen, und diese Ebenbürtigkeit sollen die Fotos ausdrücken. In seiner Biographie mit den kleinen Höhepunkten, derer nur ein Romancier fähig ist, schaut Paco Ignacio Taibo II mitleidig auf den asthmatischen Jungen, der bekleidet zwischen den nackten und vergnügten Sommerfrischlern badet. Der älteste Sohn weiß, wann er sich ins Wasser stürzen darf und wann nicht. Die körperlichen Einschränkungen beflügeln seine innere Welt und lassen ihn reifen. Er ist wütend, er wollte nicht fotografiert werden, denn durch die Kleidung fällt er auf, wird als Kranker erkannt. Was Einschränkungen bedeuten, lernt er auf seinem Weg zu Unerschütterlichkeit und Standhaftigkeit. Trotz allem genießt er seine Kindheit.

Zwischen Verne und Baudelaire

Sandokan, der Pirat von Salgari, Held der Jugend.

Die kleine Ana María neben ihrem großen Bruder.

Durch die unregelmäßigen Schulbesuche wächst Ernesto sozusagen auf der Straße auf und hat die unterschiedlichsten sozialen Kontakte. Es fehlt keine Gelegenheit, damit sich die Familie zu einem eleganten Fest zusammenfindet. Doch bei den Guevaras gehen alle sozialen Schichten ein und aus, und es herrscht ein reger Gedankenaustausch in einer vorurteilsfreien Atmosphäre an den unterschiedlichen Wohnorten der Guevaras, sei es in einem kleinen Hotel oder dem Chalet Villa Nydia.

Ernesto wächst auf der Straße gemeinsam mit seinen Freunden auf. In der Jungenclique sind Unerschütterlichkeit und körperliche Widerstandskraft hehre Ziele, Ernesto ist eindeutig der Führer der Gruppe. Mit zehn Jahren kann er sich die Adrenalinspritzen selbst setzen. In der Gruppe lernt er, daß Überlegenheit besser ankommt, wenn sie mit Bescheidenheit zur Schau gestellt wird.

Ernesto Guevara ist eines dieser Kinder, die es nicht mehr gibt. Er beginnt mit Poesie, später dann als Jugendlicher hat er die kompletten Werke der Klassiker der Jugendliteratur gelesen, von Jules Verne und Jack London bis Horacio Quiroga. Alles in dem Jungen ist eine Wechselbeziehung zwischen Bewegung und körperlicher Einschränkung. Durch die Krankheit kann er seine jugendliche Energie nicht ausleben, also widmet er sich in den notgedrungenen Ruhepausen der Lektüre oder auch dem Schach. Die Romane handeln von Tatendrang und zu erforschender Weite. Sie sind das notwendige Genre für ihn, da er Taten braucht.

Die Lektüre, ein Vergnügen der ganzen Familie.

Zu den Abenteuerromanen kommen die poètes maudits, die er auf Französisch liest - seine Mutter hatte ihn diese Sprache gelehrt - wie zum Beispiel die Gedichte über das Reisen als metaphysische Erfahrung von Charles Baudelaire, die tiefe Spuren in ihm hinterlassen. Baudelaire, der Dichter der Nacht, der die französische Poesie mit der Tradition des angloamerikanischen Nomadenromans verbindet. Das

Ernesto (2.v.r.)mit dem Caddie-Trupp.
Kindheit in Córdoba, eine Gesellschaft ohne Klassenunterschiede.

Unsere Erziehung war von absoluter Kirchenfeindlichkeit geprägt. Im Sommer veranstalteten wir Fußballturniere, die an Gott glaubten spielten gegen die, die nicht an ihn glaubten. Wir waren vier oder fünf, die nicht gläubig waren, die anderen aus unserem Freundeskreis waren nämlich Gläubige. Bei uns waren nur die zwei Virosas, Söhne von spanischen Republikanern. Die Katholiken schossen ein Tor nach dem anderen und ergötzten sich an der Niederlage der Ungläubigen.

Ernesto und Roberto, zwei Kumpel.

Der kommunistische Onkel, Córdova Iturburu, Berichterstatter im Spanischen Bürgerkrieg.

Französisch, Sprache der Elite Argentiniens, trägt zu Ernesto Guevaras Stolz bei, zu seiner intellektuellen Eleganz, zu seinem persönlichem Stil. In einem Land, das von Menschen unterschiedlichster Nationalitäten gegründet wurde, ist es nicht erstaunlich, daß dies zu seinem argentinischen Merkmal wurde.

1937. Vor sieben Jahren fand der erste Staatsstreich in der Geschichte Argentiniens gegen den Präsidenten Hipólito Yrigoyen statt. Argentinien erlebt eine Zeit, bekannt unter dem Namen "década infame" (schändliches Jahrzehnt), die von Wahlbetrug gezeichnet ist und einer Politik, die ausschließlich auf die Vorteile der Großgrundbesitzer ausgerichtet ist. Durch die vielen Immigranten und Flüchtlinge wird der Spanische Bürgerkrieg in Argentinien als eigener Konflikt ausgetragen. Die Nachrichten aus Spanien lösen Polemik in der Mittelschicht. Auf der Avenida de Mayo, einer im Zentrum von Buenos Aires gelegenen Hauptstraße, die überwiegend von Spaniern bewohnt wird, findet ein Krieg im kleineren Maßstab statt. Die Clique aus Córdoba spielt "Republikaner gegen Franquisten", eine politische Variante der Guten und Bösen. Durch die Familie Rodríguez Aguilar, die nach Argentinien ins Exil geht, und seinen Onkel Cayetano Córdova Iturburu, Kriegsberichterstatter der Zeitung Clarín, erhält Ernesto einen direkten Einblick in den Konflikt. Mit zehn Jahren liest er die Dichter Federico García Lorca und Antonio Machado. Er weiß noch nicht, daß er einmal mit León Felipe in Mittelamerika zusammentreffen wird und daß sein Weg sehr subtil mit dem Spanischen Bürgerkrieg verbunden ist. Che Guevara als Brigadist, als letzter Internationalist, dessen Tod die Romantik dieser republikanischen Antihelden in sich trägt.

In den 40er Jahren war Argentinien eines der reichsten Länder der Welt und in intellektueller Hinsicht federführend in Lateinamerika. Die Universitätsreform von 1918 beeinflußte das politische Leben Córdobas. Normalerweise entschied man sich für das Jungengymnasium Montserrat, eine staatliche Schule für die Elite. Die Familie Guevara hingegen entscheidet sich für die Schule Dean Funes in Córdoba, der Hauptstadt der Provinz, wohin Ernesto täglich 30km fahren muß.

In der Stadt Córdoba, die wegen ihrer alten Universität auch "La Docta" (Die

Fotos, die der Onkel geschickt hatte. Ernesto zeichnete auf einer Landkarte Siege und Niederlagen der Republikaner ein.

Alta Gracia, 1938. Herausgeputzt für den Geburtstag von Ana María.

Gelehrte) genannt wird, lernt Ernesto Freunde von unschätzbarem Wert kennen: unter ihnen die Brüder Jorge und Carlos Ferrer (Calica) und Gustavo Roca, Sohn von Deodoro Roca, aktiver Streiter für die Universitätsreform von 1918. Gustavo erzählt später, daß Ernesto täglich die Bibliothek seines Vaters besuchte: "Er war Reformist, und Reformist sein bedeutete in der damaligen Zeit ein Linker zu sein. Ich glaube, daß diese Reform sehr wichtig für Ernestos ideologische Entwicklung war." Aber es ist ein Gemeinplatz der Biographien, daß alle sich selbst zuschreiben, ihn politisiert zu haben. Hier lernt er auch Tomás und Alberto Granado kennen, mit denen er Rugby spielt, eine Sportart der argentinischen Oberschicht.

Wenn ein Sport Ernesto strikt untersagt war, so war es dieser, doch es paßt in die Logik der Verbotsüberschreitungen. Trotz des Drängens seines Vaters, diesen Sport nicht zu betreiben, wurde dieser die Alternative zu seinen Ruhephasen. Das Rennen nimmt dem Kranken die Luft, dieser wiederum läuft um zu atmen. Des öfteren muß er wegen eines Asthmaanfalls das Training unterbrechen.

Durch seine schillernde Persönlichkeit erhält er diverse Spitznamen. In den ersten Lebensjahren nennt ihn seine Familie Ernestito oder Teté; auf dem Rugbyplatz tauft er sich selbst: "Allá va el Furibundo de la Serna!" - "Hier kommt der rasende Serna!" Fuser gibt sein Bestes, erreicht aber nicht immer die Halbzeit. Häufig wartet ein Freund oder Verwandter vor dem Spielfeld, um ihm zu helfen.

Bilder der Familie in Mar del Plata, damals ein eleganter Badeort mit einer majestätischen Strandpromenade im Stil der Côte d'Azur, ein wildes und eisiges

Pampa de Achala, 1937. Ein Spaziergang durch den Schnee.

16 Jahre. Ernesto wird sich seiner Verführungskünste bewußt.

Meer. Jede Familie der Mittelschicht hat ein Bild in der Pose, wie es auch die Familie Guevara de la Serna in ihrem Album hat.

Trotz des Asthmas führt er ein intensives Leben. Er ist unter Freunden, wächst in einer Männergesellschaft auf, gezeichnet von der im Sport notwendigen Disziplin und der Ausgelassenheit der Umkleidekabine. Die Waghalsigkeit ist eine seiner auffallendsten Züge, so seine Freunde. Fernando Barral, ein junger Spanier, der mit seiner Mutter in Córdoba im Exil lebt, erinnert sich an "seine absolute Furchtlosigkeit vor Gefahren..., seine große Selbstsicherheit und seine Unabhängigkeit in der eigenen Meinung." Wenn die Jugend die Phase der ethischen Entwicklung des Menschen ist, so beginnt Guevara hier zu begreifen, was er Jahre später weiterentwickeln wird. Er will sich von seiner Familie, seiner sozialen Herkunft und seiner nationalen Identität lösen, um "Lateinamerikaner" zu werden. Er gehört einer Generation an, die die Jugend als das privilegierte Alter begreift, in dem sich der Glanz einer Person in seiner vollen Größe darstellt und nicht als ein Vorstadium zum Erwachsenwerden. Er bleibt für immer jung dank seiner Bereitschaft, sich selbst zu hinterfragen, seiner Unbequemlichkeit Institutionen gegenüber und wegen seines frühen Todes. Die Jugend als das Alter des nicht erlischenden Glanzes erklärt gleichzeitig seinen tiefen Einfluß auf die Jugendbewegung der 60er Jahre. Che als Visionär: der, der den Geist der Zeit frühzeitig begreift und sein Leben in den Dienst dieser Epoche stellt.

Die Ausbildung des Charakters. Aus dieser Zeit stammt der am wenigsten metaphorische Spitzname Chancho (Schwein), der daher rührt, daß er es zustande brachte, eine ganze Woche lang seine Kleidung nicht zu wechseln. Das einzige

Mar del Plata. Juan Martín ist schon geboren.

Unzertrennliche Freunde. Ernesto (r.), links von ihm Tomás und Alberto Granado.

DIE GROSSEN KLEIDERSCHRÄNKE AUS DIESER ZEIT WAREN EIN PERFEKTES VERSTECK FÜR GEWISSE VERBOTENE SPIELE. IN DER FRÜHEN JUGEND WÄHLTE ER DIESEN ZUFLUCHTSORT, UM SEINE SCHAM ZU ÜBERWINDEN UND SEINE COUSINE CARMEN ZU FRAGEN: "SAG MAL, HAST DU ES SCHON MAL GEMACHT?"

Hemd, das er besaß, wurde unter Freunden "la semanera" (das Hemd für eine ganze Woche) genannt. Noch heute sagt man in seiner Familie in Buenos Aires "du siehst aus wie ein Guevara", wenn jemand in unmöglichem Aufzug erscheint. Die ausgeprägte Stirn verleiht ihm ein Aussehen, das etwas an einen Stier erinnert, ein Zeichen für Dickköpfigkeit. Und wieder erhält er einen Spitznamen: Pitecantropus Erectus.

Guevara Lynch hat geschildert, daß sein Sohn wegen allergischer Reaktionen auf einige Nahrungsmittel, die seine Atmung in Mitleidenschaft zogen, die erzwungenen Fastenzeiten mit wahren Freßorgien ausglich. In seinem umstrittenen Buch schreibt sein Freund Ricardo Rojo: "Er aß wie ein Verrückter, unvorstellbare Mengen; er nahm sich alle Zeit der Welt und genoß das Essen in vollen Zügen. Danach lebte er wieder wie ein Asket." Ernesto selbst erklärte, daß er "auf Vorrat" äße.

Das Land durchlebte eine Zeit, die die Politik Argentiniens bis ans Ende dieses Jahrhunderts prägen sollte. Nach dem nationalistischen Staatsstreich 1943 polarisiert Juan Domingo Perón, damals noch Oberst und Staatssekretär für Arbeit, die öffentliche Meinung. Der neue Protagonismus des Volkes, der das gewerkschaftlich organisierte Proletariat und die marginalisierte Bevölkerung in sich vereinte, mißfiel der Mittelschicht und der Bourgeoisie. Die Guevaras waren, wie die überwiegende Mehrheit der Intellektuellen, gegen den Peronismus. Während die Bevölkerung sich aufteilte und dem Peronismus entweder Gefühle des Hasses oder der Ergebenheit entgegenbrachte, schien Ernesto keinerlei Position zu beziehen. Im Gegensatz dazu fand er die Konflikte im Ausland ausgesprochen spannend. Während des Zweiten Weltkrieges, als sich sein Vater der Acción Argentina, einer antifaschistischen Organisation, anschloß, begleitete Ernesto ihn und wurde Mitglied. Er wollte den Kontakten nachgehen, die zwischen deutschen

Carmen Córdova, "La Negrita". Die erste Liebe.

Juan Martín (Patatín). Ernestos kleiner Bruder, fast wie ein Sohn.

Wortführern und der relativ großen, den Nationalsozialisten freundlich gesinnten deutschen Kolonie in den cordobesischen Bergen bestanden.
In Bezug auf Guevaras Desinteresse am Peronismus schreiben einige Autoren, daß ihm die populistische Komponente der Bewegung wohl verdächtig vorgekommen sein muß, andererseits aber die Meinung der Opposition zu vertreten bedeutet hätte, sich auf die Seite seiner Eltern zu schlagen, auf die der "Gorillas", wie die Yankees genannt wurden, und des Botschafters der USA, Spruille Braden. Anderson stellt fest, daß die peronistischen Parolen für die politische und wirtschaftliche Unabhängigkeit bestimmt anziehend auf ihn gewirkt haben, da es gewisse Parallelen zum indischen Führer Nehru gibt, dessen Buch The Discovery of India Ernesto zu der Zeit las. Wie dem auch gewesen sein mag, bis zu Peróns Entmachtung 1955 verfiel Guevara nicht seiner Anziehungskraft.
Im Februar 1946 gewinnt Juan Domingo Perón die Wahlen, und im gleichen Jahr soll Ernesto zum Wehrdienst eingezogen werden. Er beantragt Aufschub. Jahre später, als er wieder antreten muß, nimmt er vor der medizinischen Untersuchung ein langes eiskaltes Bad und erwirkt dank des auftretenden Asthmaanfalls die Freistellung. Es ist eine bemerkenswerte Ironie, daß er von 1955 an bis zu seinem Tod immer das Leben eines Soldaten führen wird, vom einfachen Guerillero bis zum Kommandanten. Es war also weder die Ausbildung noch der Drill, die er ablehnte, sondern die Institution.

40er Jahre. Ein Argentinier war auf Grund fehlender Wurzeln ein Mensch, dessen kulturelle Identität irgendwo zwischen Amerika und Europa angesiedelt war: über Jahrzehnte verstand Buenos Aires sich selbst als diesen imaginären Punkt. Ein Argentinier der Mittelschicht war im Wesentlichen einer, der auf seine Anerkennung wartete, ein Europäer im Exil, wie Jorge Luis Borges dies einmal ironisch ausdrückte. Andererseits hatte die Unabhängigkeitserklärung von 1810 ein Gefühl von Zugehörigkeit zu Lateinamerika geweckt. Vielleicht ohne dies bewußt zu wollen, vereint Guevara in sich beide Strömungen.

Zum Ende der Gymnasialzeit wird der Druck der Familie auf den Erstgeborenen immer stärker. Also kündigt er an, Ingenieurwissenschaften in Córdoba zu studieren. Jedoch erkrankt seine Großmutter Ana in Buenos Aires schwer, und er versorgt sie bis zu ihrem Tod. Während er seine Großmutter pflegt, hat er die erste persönliche Offenbarung. Von Kindheit an mit Krankheit konfrontiert fällt er eine Entscheidung: er studiert Medizin. Ernesto, Chancho, Teté, Pitecantropus immatrikuliert sich in der Universität von Buenos Aires im Fachbereich Medizin. Er will sein eigenes Mittel gegen die Allergie sein.

1947. Guevara Lynch hat eine Nase dafür, immer die schlechtesten Kompagnons zu wählen. Argentinien, die "Kornkammer der Welt", wächst parallel zur europäischen Wirtschaftskrise nach dem Zweiten Weltkrieg. Während der ersten

Zwei Freunde liefen schnell
weg
unter einen Baum
sich vor einem Blitz zu
verstecken
der sie überrascht hatte.
Bumm... der Blitz schlug ein.
Doch der, der das Bild vom
Heiligen Krispinus hatte
da den, den traf er.

Die Großmutter Ana Lynch. Liberal und vorurteilsfrei. Ihr Enkel wurde zu ihrem Vertrauten.

Präsidentschaft Peróns erlebt das Land einen Aufschwung. Viele der städtischen Arbeiter steigen zur Mittelschicht auf; Celia de la Serna entgeht es nicht, daß ihre verarmte Familie hierin eine Ausnahme bildet. Die Familie Guevara zieht nach Buenos Aires, die Beziehung der Eheleute kühlt ab.

Denen in Argentinien, die nicht aktiv am politischen Geschehen teilhaben wollten, bot die Welt nicht viel Anregendes. Ernesto vergrub sich in der Universitätsbibliothek: in der Bibliothek ist die gesammelte Welt, sie ist in Romanen, politischen Schriften und Behandlungsmethoden in der Psychiatrie. Er studiert Medizin und ist auf einem Bild zu sehen, auf dem mehrere Studenten um einen Toten herum stehen. Er ist in der letzten Reihe, er lächelt, es wirkt wie eine Parodie auf seine Zukunft. Der Leichnam ist der Tote aus dem Bild von Rembrandt, und Che in seiner ganzen Persönlichkeit ist in diesem Lächeln, als ob er seine Zukunft erahnt hätte.

Anatomiestunde, 1948. Ernesto, lächelnd, in der letzten Reihe.

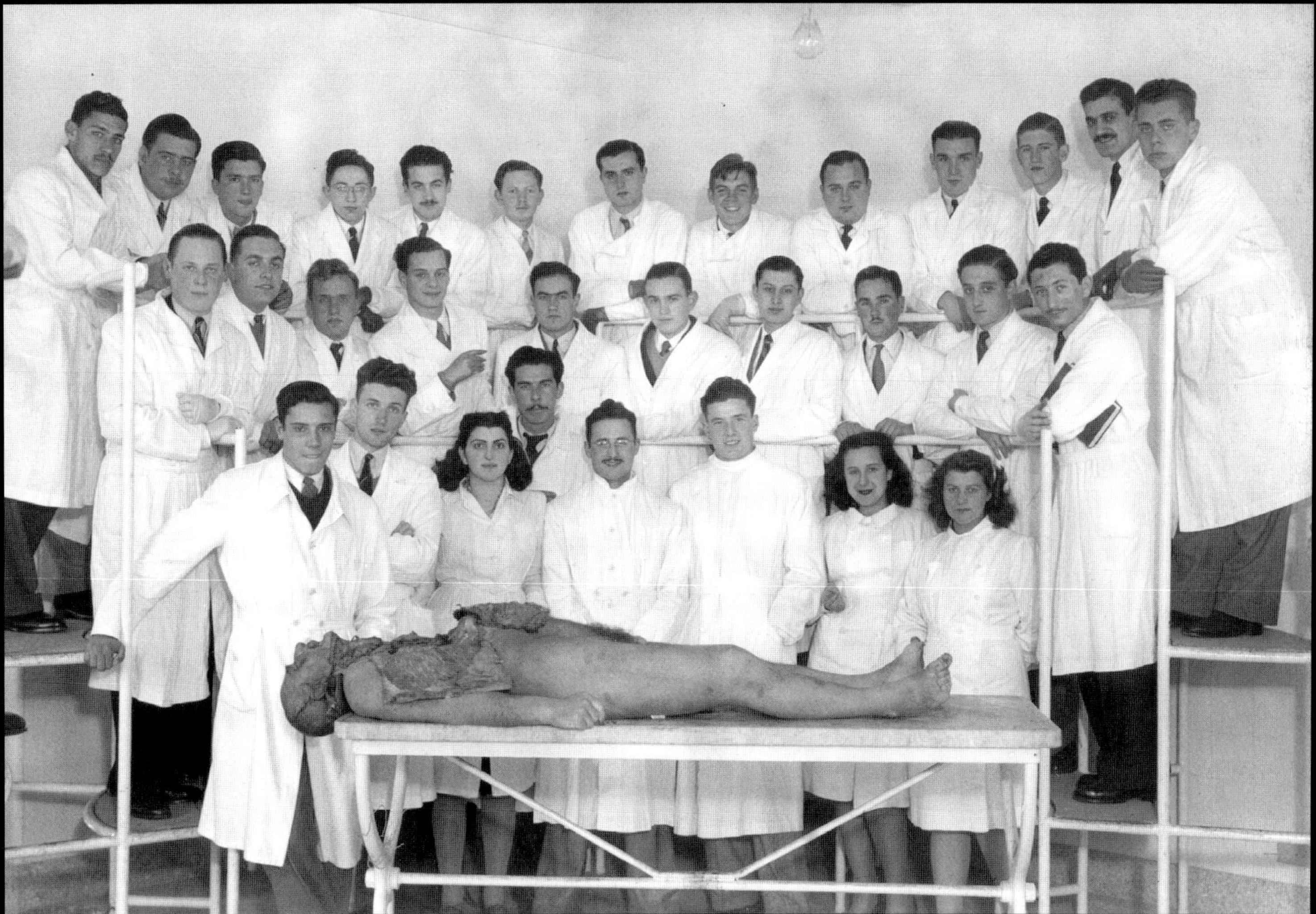

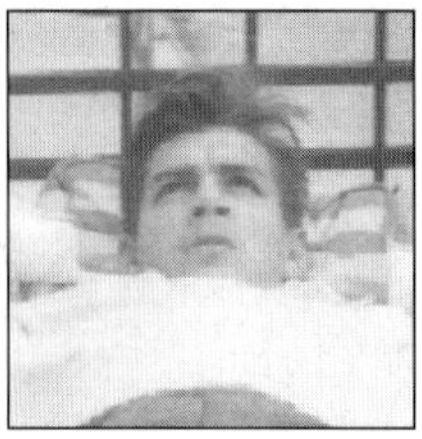

Die Langeweile der angepassten Jugend

"Eintritt verboten". Übertretungen - Erfahrungen der Jugend.

Ein französischer Balkon in einem Haus der Straße Aráoz auf der Höhe der Straßennummer 2100, ein Viertel der aufsteigenden Mittelschicht. Die Hände im Nacken verschränkt, der Kopf auf einem Kissen: das Bild eines zweifelnden jungen Mannes. Das "reine Vergnügen am Nachdenken", wie später der argentinische Schriftsteller Julio Cortázar über ihn schreiben wird. Von Cortázar gibt es ein fast identisches Bild. Die Jugend Ernesto Guevaras war die eines normalen Medizinstudenten, der keine besonderen Leistungen in seinem Studium erbrachte, dafür aber seine Lektüre nach breiten und eklektischen Kriterien auswählte. In dieser Zeit lernt er zum ersten Mal die Theorien Marx´ kennen, so Hilda Gadea. Er war sich über seine unsystematische Leseweise im Klaren und führte eine alphabetisch geordnete Liste über alles Gelesene. Ebenfalls scheint er damit zu beginnen, die launischen Eigenarten seines Asthmas durch körperliche Erschöpfungszustände in den Griff zu bekommen. Er lebt alles auf einmal: Fußball, Schwimmen, Rugby, Schachwettkämpfe, wühlt sich durch den Dschungel der Romane und der Weltliteratur.

In diesen Jahren ist Ernesto nicht der einzige junge Mann, der nach Taten strebt. Zu Beginn der 50er Jahre, gekennzeichnet vom Wachstum der amerikanischen Wirtschaft und vom Wiederaufbau Europas nach dem Krieg, erleben die konservativen Familien ihre besten Jahre. Es ist eine Zeit intensivsten Konformismus, in denen sich die städtischen Haushalte neu organisieren und sich mit Haushaltsgeräten ausstatten. In Argentinien ist die Situation der Mittelschicht ähnlich: Der Peronismus hat sie nach Hause geschickt, während das Proletariat in großen organisierten Massenbewegungen unter Perón auf die Straße geht. Das Land mit zwei politischen Lagern, dem Regierungsnahen und dem der Opposition, hat traurige Jahre für die Studenten eingeläutet. Der Peronismus zwang eine erstickende Gleichförmigkeit auf. In der ersten Hälfte der 40er Jahre hatte der Zweite Weltkrieg zu einem regen kulturellen Austausch mit Europa geführt. Dieser Austausch war nun zweitrangig geworden. Kulturell gesehen fühlten sich die Jugendlichen eingeschränkt, ohne einen Ausweg in Sicht oder Verbindung zum Ausland, erdrückt von der nationalen, kleinkarierten Politik. Die meisten von ihnen träumten davon, in die weite Welt zu fliehen.

Buenos Aires, 1. Januar 1950. Ernesto startet seine erste Reise allein durch die Provinzen Argentiniens.

Allein die echten Wanderer sind, die gehen, um fortzugehn;

sie weichen nie vom Plan des Schicksals ab, und wenn die Winde drehen,

Ruft, unbewußt warum, ihr Herz: „Wohlan!"

Charles Baudelaire. Die Blumen des Bösen

✶

Zwanzig Jahre alt. Angestellter beim Straßenbau und Leser von Philosophiebüchern.

Ernesto scheint bemüht, eine gewisse Formalität zu behalten. Doch Aktionismus liegt in seinem Wesen, und er entscheidet sich, die 50er Jahre mit einer Entdeckungsreise zu begehen. Er baut einen kleinen Motor an sein altes Fahrrad Marke Micrón und fährt ins Innere des Landes, um sich dann am Ende seiner Reise mit dem älteren der Brüder Granado im Leprakrankenhaus Chañar bei Córdoba zu treffen. Vergnügen und Verpflichtungen: das Alter ego des Erstgeborenen erlebt auf dieser Reise einen definitiven Durchbruch. Im Ganzen legt er 4500 Kilometer zurück. Es ist ein Streifzug. Jahre später erstellt er die "Zehn Gebote eines echten Reisenden".

Bevor er seine Reise antritt, schickt er an seine Freunde ein Foto von sich, angelehnt an sein Fahrrad. Wenn es ein Gemälde wäre, könnte es den Titel tragen: "Das ist ein junger Mann". Die von ihm geschriebene Widmung unterstreicht seinen Narzißmus: "An meine Verehrerinnen aus Córdoba". Unterschrift: "Der König der Straße". Wie jeder junge Mensch lebt auch Che in seiner eigenen Welt, mit einer Lederweste bekleidet, ausgerissene Taschen, einem Sack in der Hand und einem Ersatzschlauch übergehängt, über der Brust gekreuzt, als wäre es ein Rettungsring - der es in Wirklichkeit auch ist-. Vergessen wir nicht die Wäscheklammer am Hosenbein, damit der Stoff nicht in die Fahrradkette gerät. Die dunkle Brille lenkt den Blick auf den Mund, diesen schönen Mund Guevaras, die Unterlippe voll und sensibel, die im Kontrast steht zur Oberlippe, die Beherrschung ausdrückt, die Mundwinkel immer zu einem sanften, unfreiwilligen Lächeln nach oben gezogen. Weste und Brille vermitteln den Eindruck eines Piloten, der er ja auch ist, ein metaphysischer Kosmonaut im Beatnik-Look auf der Suche nach einem lohnenden Schiffbruch in der Einsamkeit.

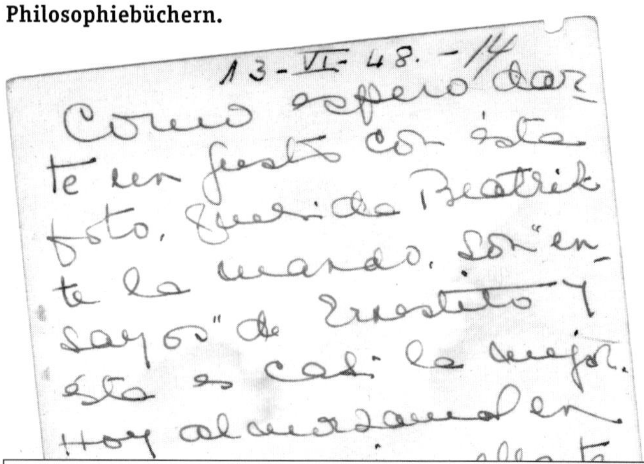

13-VI-48.-14
Como espero dar
te un gusto con ésta
foto, querida Beatriz
te la mando. Son "en-
sayos" de Ernestito y
ésta es casi la mejor.
Hoy almorzamos en

"Ich merke, daß etwas in mir gereift ist, was in dem von Lärm umgebenden Städter schon seit geraumer Zeit herangewachsen ist: der Haß auf die Zivilisation, das Bild von Leuten, die sich wie Verrückte im Takt dieses schrecklichen Getöses bewegen", schreibt er in sein Reisetagebuch. Die Jugend ist auf der

Erste Versuche von Ernestito mit der automatischen Kamera. Dies schreibt Celia ihrer Tante Beatriz auf der Rückseite des Fotos.

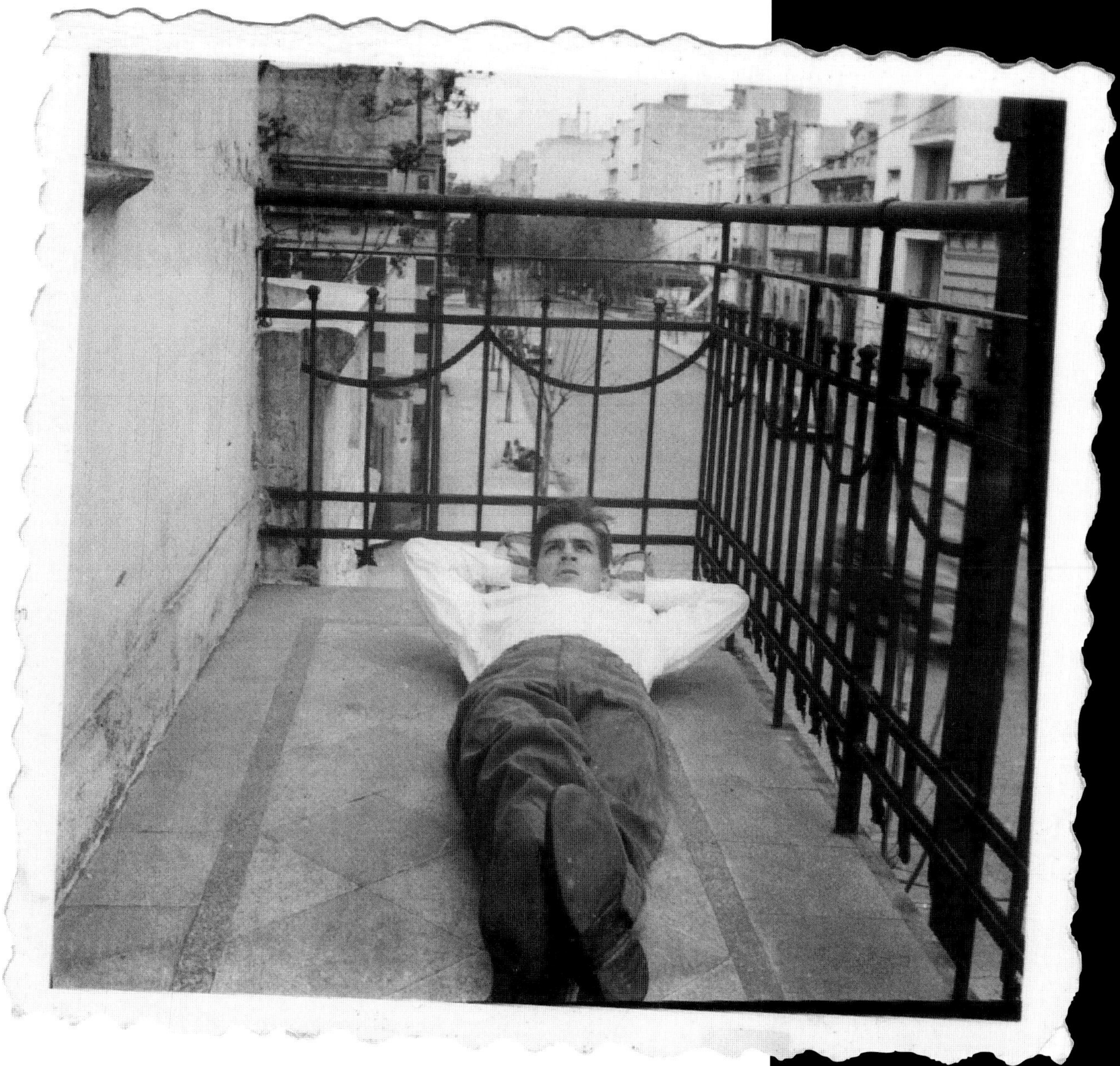

Suche nach ihren Wurzeln, um sich über ihre Identität Klarheit zu verschaffen. Sie lehnt ihre Herkunft ab oder identifiziert sich mit ihr. Der Archaismus, der sich in Ernesto breit macht, ist zur Zeit noch eher die Nostalgie der Hirtengedichte, die weit entfernt ist von der argentinischen Wirklichkeit. Ein Nachfahre der Lynchs, Gründer der Landoligarchie, dachte mit viel Romantizismus an diesen vergangenen Stil. Ernesto, Leser von heimischen Klassikern wie das Gedicht über den Gaucho Martín Fierro von José Hernández, mußte gemerkt haben, daß die ländliche Kultur der Pampas nicht idyllisch ist auf Grund der Hirtengedichte sondern ob harter Kämpfe. Anders ausgedrückt, jeder Romantizismus im Land hat seine blutige Seite. In seinen Tagebüchern schreibt er nicht über Gauchos. Er weiß, daß die letzten aufsässigen Gauchos, nationales Wahrzeichen der Freiheit, wie Exemplare einer aussterbenden Spezie über die Weite Argentiniens verstreut sind und dieses nur noch von den armen Bauern hochgehalten wird. Diese Erkenntnis gilt später auch für den südamerikanischen Indianer, dem argentinischen Bauern ähnlich, der die Eroberung wie einen zyklischen Rückschritt in die Unterdrückung über sich ergehen läßt. Der Archaismus findet seinen Weg über die Utopie in die Politik. Den Rückblick auf eine primitive Welt, ohne Städte und deshalb die wahre Welt, kennen wir aus allen Utopien an eine bessere Welt. Es ist das Wissen um Kontinuität, das es erlaubt, die Utopie in der Geschichte zu verankern, wie das Wissen um unsere Herkunft uns reifen läßt. Reifer geworden, wird Ernesto nicht mehr Utopist sein, sondern Aufrührer, im wahrsten Sinne des Wortes. Deshalb ist die heutige

Aus so viel fröhlicher
Unbesonnenheit
stammen die Körnchen
für die Sanduhr
der Dinge,
die ich liebte
doch ich weiß nicht,
ob die Karten
der Zufall oder ein Engel
mischt
ob ich spiele
oder Karte bin.

Julio Cortázar, Letzte Runde

Ernestos Krankenpflegerausweis, 1950.
Zur gleichen Zeit erfand er auch ein
Insektizid.

Buenos Aires, 1949.
Freunde und Verwandte auf
dem Balkon in der Straße
Aráoz.

Im Hafen von Buenos Aires, 1949. Abschied von der Familie Aguilar, Republikaner aus Spanien.

melancholische Sicht auf Che als romantischen Helden unangebracht. Guevara, für den die Realität inakzeptabel war, wollte keine Romane: er wollte die Welt verändern.

Der junge Guevara tritt kräftig in die Pedalen, bereitet sich während der Reise auf Prüfungen vor und schwimmt viel. Im Laufe seines Lebens wird er mehrere Tagebücher schreiben. Diese, zusammen mit seinen Briefen und politischen Schriften aus seiner Zeit als Revolutionär, zeugen von einer Leidenschaft für das Schreiben. Er versuchte sich auch in der Poesie, wobei ihm jedoch nur ein hilfloser Abklatsch aus zweiter Hand gelang.Trotz des großen Einflusses seiner politischen Texte auf die Politik ist er in seinen ergötzlichen Reisetagebüchern, seinen Briefen an die Mutter, seine Tante Beatriz und seine Kommilitonin Tita Infante der bessere Schriftsteller. Seine Schriften sind eng mit dem Reisen verbunden, dem Gefühl von Ferne. Doch sein bestes und bewegendstes Werk ist wohl der Abschiedsbrief an seinen Freund Fidel von 1965.

In der Leprastation in Chañar, gemeinsam mit Granado, macht Ernesto seine ersten Erfahrungen mit Kranken. Die Leprakranken verkörpern alle Besitzlosen der Welt und stellen die soziale Aufgabe des Arztes in den Vordergrund. Sie sind Sinnbild des Ausgeschlossenen, des aus der Bibel Verstoßenen. Der Leprakranke steht für den Arbeiter, den Ureinwohner, den Bauern, den Entrechteten, dessen Not der angehende Mediziner ein wenig lindern soll. Jahre später spricht er mit seinem Freund Ricardo Rojo über ein Leprakrankenhaus im Amazonas: "Unter den einsamen und verzweifelten Menschen entstehen die höchsten Formen der Solidarität und Loyalität".

MEIN VATER FRAGTE IHN, OB ER IHN FÜR EINEN LIBERALEN HALTE. ERNESTO BLIEB STILL, BIS ER SICH GEZWUNGEN SAH, ZU ANTWORTEN: "NA GUT, WENN SIE UNBEDINGT WOLLEN: FÜR MICH SIND SIE EIN EIGENSINNIGER REAKTIONÄR."

Alberto Granado

Wieder in Buenos Aires nimmt Ernesto alle möglichen Arbeiten an. Er erfindet ein Insektizid und besteht Prüfungen ohne große Schwierigkeiten, aber auch nicht mit Glanzleistungen. Er macht den Eindruck, als sei er immer mit etwas anderem beschäftigt. Im Oktober 1950 lernt er María del Carmen Ferreyra, "Chichina", Tochter einer aristokratischen Familie aus Córdoba, kennen. La Malagueña, die Hazienda ihrer Eltern, ist ein eigenes, kleines Dorf mit Tennisanlagen, einem Gestüt mit Polopferden und Unterkünften für die Landarbeiter. Sie haben eine Liebesbeziehung, und durch Chichina hat er die Gelegenheit, sich in seiner Ironie zu üben und den Bourgeois, seinen Schwiegervater, der es niemals sein wird, zu provozieren. Sein Aufzug steht im Gegensatz zu seiner intelligenten Konversation. Er ist das lebende Beispiel eines nonkonformen und brillanten Herumtreibers. Ernesto steigert sich in seinen Provokationen. Es reicht ihm nicht, mit einem Gürtel als Krawatte zu erscheinen, eines abends läßt er eine flammende Rede gegen Winston Churchill los, dem Herr Ferreyra offene Bewunderung entgegenbringt.

1967, während eines Interviews, erinnert sich Chichina an diese Tage: "Mich faszinierte sein widerspenstiger Körper und sein offener Charakter; seine Ungezwungenheit in der Kleiderwahl gab uns Anlaß zum Lachen und gleichzeitig schämten wir uns für ihn. Nie zog er sein durchsichtiges Nylonhemd aus, obwohl es vom Tragen schon ganz grau war. Seine Schuhe kaufte er aus zweiter Hand, es schien immer so, als hätte er zwei unterschiedliche Füße. Wir selbst waren so snobistisch, daß Ernesto für uns ein Schandfleck war." Pitecantropus, Chancho, oder Fuser geht mit Chichina eine melancholische Beziehung ein, sie schreiben sich, sehen sich selten. Was die Beziehung so lange bestehen läßt ist sein Fernweh, dem er, wie all diese typischen Figuren aus amerikanischen Romanen, nicht widerstehen kann.

On the road. Im Oktober 1951 trifft Ernesto sich mit seinem Freund Alberto Granado in Córdoba. Er schlägt ihm vor, mit vielen Unterbrechungen auf Granados Motorrad Norton bis nach Nordamerika zu

Die Stops verraten die Suche des Reisenden.

✶

Córdoba, 1948. Von einer Reise zurück.

reisen. Nach einem Monat der Vorbereitungen wird dies schnell umgesetzt. Sie packen die Schlafsäcke ein, die Zelte und einen Grill. "Das Motorrad erinnerte an ein prähistorisches Ungetüm", schreibt Granado. Ernestito packt auch seine Smith & Wesson, Kaliber 38, ein. Celia läßt sich vom Älteren versprechen, immer den Inhalator zur Hand zu haben und ihren Sohn auch ja wieder zurückzubringen, damit er seine letzten Prüfungen in Medizin ablege.

Ende Dezember brechen sie Richtung Chile auf und machen einen kurzen Zwischenstop an der Atlantikküste. Ein letzter Kuß für Chichina, der er einen Hund namens "Comeback" als Geschenk zurückläßt. Sie verabschieden sich in Miramar, einem Badeort der Reichen, in dem geräumigen Inneren eines Buick. Die "Poderosa II", wie die 500cc schwere Maschine getauft wird, wird ihnen ganz sicher all' die klassischen Abenteuer bringen, die Jugendliche auf einer solchen Reise bestehen müssen. Später wird diese Art des Reisens in Mode kommen. Die ernsthaft studierenden, angepaßten Jugendlichen fahren mit dem Schiff nach Paris, diese beiden schleichen dahin wie die Schnecken, suchen Mechaniker auf in kleinen Dörfern, die man nicht mal auf der Landkarte findet, so, wie es sich eben für einen modernen Odysseus gehört. Durch das Motorrad sind sie nicht bürgerliche Touristen sondern Reisende ohne Klassenzugehörigkeit: der Unterschied liegt darin, daß sie nie wissen, wann und wie sie nach Hause zurückkehren werden. In fast acht Monaten durchstreifen sie fünf Länder. Guevara löst über diese Geographie der Vergangenheit und der Armut seine eigene Geschichte auf. Eine Reise ins Bewußtsein.

ES SCHIEN, ALS WÜRDEN WIR FREIER DIESE LEICHTE LUFT EINATMEN, DIE UNS VON DEN ABENTEUERN HERÜBERWEHTE. FERNE LÄNDER, HELDENHAFTE TATEN, SCHÖNE FRAUEN DURCHZOGEN UNSERE WILDEN PHANTASIEN.

Ernesto Guevara, Reisenotizen

"Für die grünen Augen, deren widersprüchliches Licht mir die Gefahr ankündigt, mich in ihnen zu verlieren", schreibt Ernesto an Chichina Ferreyra am 20. Oktober 1951.

„Im Schiff hörte ich sie platschen

die nackten Füße

und ahnte die Gesichter, überschattet von Hunger.

Mein Herz pendelte zwischen ihr und ihnen.

Ich weiß nicht, mit welcher Kraft ich mich von ihren

Augen losriß,

mich aus ihren Umarmungen befreite.

Sie blieb zurück, der Kummer in ihren Augen von

Tränen bedeckt

hinter dem Regen, hinter der Fensterscheibe

Doch unfähig mir zuzurufen: Warte auf mich,

ich gehe mit Dir!

Abschied von Chichina. Guevara, melancholisch und spöttisch, schreibt diese Verse von Otero Silva in sein Reisetagebuch

Onkel Jorge de la Serna unterstützte die Flausen Ernestos. Durch ihn wurde er zum passionierten Flieger.

JETZT WEIß ICH MIT FAST FATALISTISCHER ERGEBUNG, DAß MEIN SCHICKSAL DAS REISEN IST, UNSER SCHICKSAL, DA ALBERTO MIR DARIN SEHR ÄHNLICH IST. VIELLEICHT BIN ICH ES IRGENDWANN MÜDE, DURCH DIE WELT ZU IRREN UND LASSE MICH AUF DIESER ARGENTINISCHEN ERDE NIEDER.

Ernesto Guevara de la Serna. Reisenotizen, 1952.

Der Ruf der Ferne

Poderosa II, die Gefährtin von Ernesto und Alberto Granado durch Amerika.

Viele Jobs, Erfahrungen mit "liberal eingestellten" Mädchen, Auseinandersetzungen bei Dorffesten. Sie haben jeglichen Sinn für Zeit und Raum verloren. Das Duo Guevara-Granado braucht zwei Monate bis Santiago de Chile, wo die Poderosa endgültig zusammenbricht. Sie ziehen zu Fuß weiter, sind Vagabunden. Eigentlich handelt es sich um eine Reise in die Armut, beide tun jedoch so, als wäre sie ein Geschenk des Weges. Eine "Desargentinisierung" Ernesto Guevaras beginnt.

Die Freunde erreichen die Kupferminen von Antofagasta im Norden Chiles. Ernesto schreibt: "Die Tausenden von Toten haben die Kupfermine so groß gemacht. Sie liegen auf dem Friedhof begraben." Ernesto sieht die wahre Seite der amerikanischen Geschichte, den Ruhm einer mythischen Vergangenheit, der im Kontrast steht zum Elend. Sie ziehen weiter nach Norden, Richtung Peru, der Wiege der südamerikanischen Mythologie, wo Ernesto von archäologischen Ausgrabungen träumt.

Guevara legt keine Mußestunde ein. Er lernt außerhalb der Institutionen - und fern von seiner Mutter. Es ist erstaunlich, wie er zwischen dem Leben des Studenten und dem des Reisenden hin- und herspringt. Studiert er, träumt er vom Reisen; reist er, lernt er fürs Studium. Auf seinen Reisen ist alles wichtig für ihn, alles hinterläßt Spuren. Die Reise ist eine Pilgerfahrt mit Unterbrechungen, nicht nur ein Kreuzweg, bei dem jede Station ein Bergwerk oder ein Leprakrankenhaus ist, eine Stätte der Armut, sondern sie ist Eigenanalyse in Aktion. Ernesto hat Freud gelesen und kennt die Grundlagen der modernen Psychoanalyse. Er reist, um sich selbst kennenzulernen. Seine metaphysische Suche zwingt ihn, die Welt zu ändern. Offenbarungen und Revolutionen geschehen immer weit weg zu Hause.

Onkel und Neffe auf dem Flugplatz El Palomar, Buenos Aires, 1950.

Und immer muß er hoch hinauf. Er klettert in die

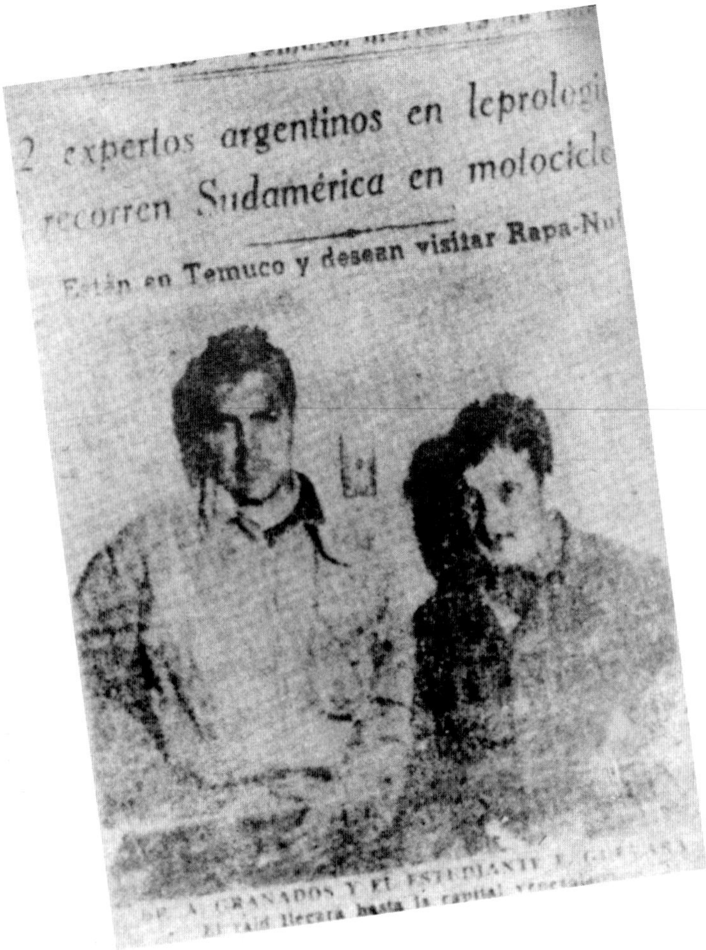

2 expertos argentinos en leprolo
recorren Sudamérica en motocicl
Están en Temuco y desean visitar Rapa-Nu

Die chilenische Zeitung *Austral* von Temuco heißt sie als "zwei argentinische Experten in Lepralogie" willkommen.

In Santiago de Chile bricht die Poderosa II zusammen. Doch weiter gehts, auch ohne Gefährtin.

Santiago, März 1952. Sogar die Gesichter der Menschen erinnern ihn an Córdoba.

chilenische Minenkammer, erklimmt den Gipfel von Huayna Picchu und versucht sich auch in der Besteigung der Vulkane Popocatépetl und Orizaba in Mexiko und später dann, schon in Kuba, des Berges Turquino. Er klettert auf der Suche nach Luft und grenzenloser Sicht. Er vergißt dabei niemals sein Wissen um das Gebiet, in dem er sich befindet. In seinem letzten Tagebuch in Bolivien beschreibt er die Details des Landes nicht wie ein Guerillero, sondern eher wie ein Forscher - wie jener Großvater Roberto Guevara, der den Chaco in seiner Eigenschaft als Geograph vermaß.

In der ersten Aprilwoche verlassen die beiden Freunde das Urubambatal in der Nähe von Cuzco und reisen zur Leprastation in Huambo. Sie haben zwar kein Geld in der Tasche, tragen es aber mit Stolz, da die Geringschätzung des Geldes gleichbedeutend ist mit der Zurückweisung der bürgerlichen Werte. Manchmal scheint es, als läge der einzige Sinn ihrer Reise darin, die Solidarität der Menschen vor Ort auf die Probe zu stellen... Und immer findet sich ein guter Samariter, so wie hier der kommunistische Leprologe, Dr. Hugo Pesce, der sie in Lima bewirtet und ihnen zwei alte Mäntel schenkt. Die Sozialarbeiterin der Leprastation, mit der Ernesto eine kleine Liaison haben wird, erhält später einen Brief, der sich wie ein Glaubensbekenntnis liest: "An Zoraida, die immer bereit ist, ein paar sich treiben lassende Vagabunden aufzunehmen, die von irgendwoher kommen und irgendwohin gehen, immer auf dem Sprung, ohne Vergangenheit und ohne Zukunft".

Ruinen von Ollantaytambo in der Nähe von Cuzco, April 1952.

Sie kommen in der Stadt Iquitos am Amazonas an, einer neuen Etappe auf ihrem Kreuzweg: die Leprastation in San Pablo. Die Kranken bauen für die beiden Argentinier ein Holzfloß mit einer kleinen Hütte darauf. Das Floß Mambo-Tango, auf dem sie drei Tage flußabwärts fahren, könnte aus Robinson Crusoe entsprungen sein und erinnert uns, die wir die weitere Geschichte kennen, an die unsichere und schwankende Überfahrt auf der Granma. Auf dem im Amazonas entstandenen Bild scheint Ernesto sich als Matrose verkleidet zu haben. Das gestreifte Hemd gibt ihm ein fast feminines Aussehen mit der zweideutigen Männlichkeit eines marodierenden Matrosen. Sich treiben lassende Vagabunden! Während der Siesta des Steuermannes kommt das Floß von seinem Kurs ab und wird durch die Strömung bis zur kolumbianischen Uferseite des Amazonas getrieben.

Doch schon bald verlassen sie Kolumbien wieder und reisen nach Venezuela. Dort angekommen, erinnert sich Ernesto an das seiner Mutter gegebene Versprechen, die letzten Prüfungen seines Studiums abzulegen. Am 24. Juli 1952 bittet

Eintrag im Reisetagebuch: "Die Aymara betrachten uns neugierig, trauen sich aber nicht, uns etwas zu fragen."

Man muß an den glauben, der auf dem
Floß,
von den Armen gebaut, hinwegtreibt.
Man muß an den glauben, der nichts hat
als den Segen der Armen,
um so eine gewagte Reise zu unternehmen.
Man muß an die Reise als solche
glauben,
denn nur Aussätzige waren am Ufer,
ihn zu verabschieden.

Fina García Marruz. Oratorium für Che Guevara.

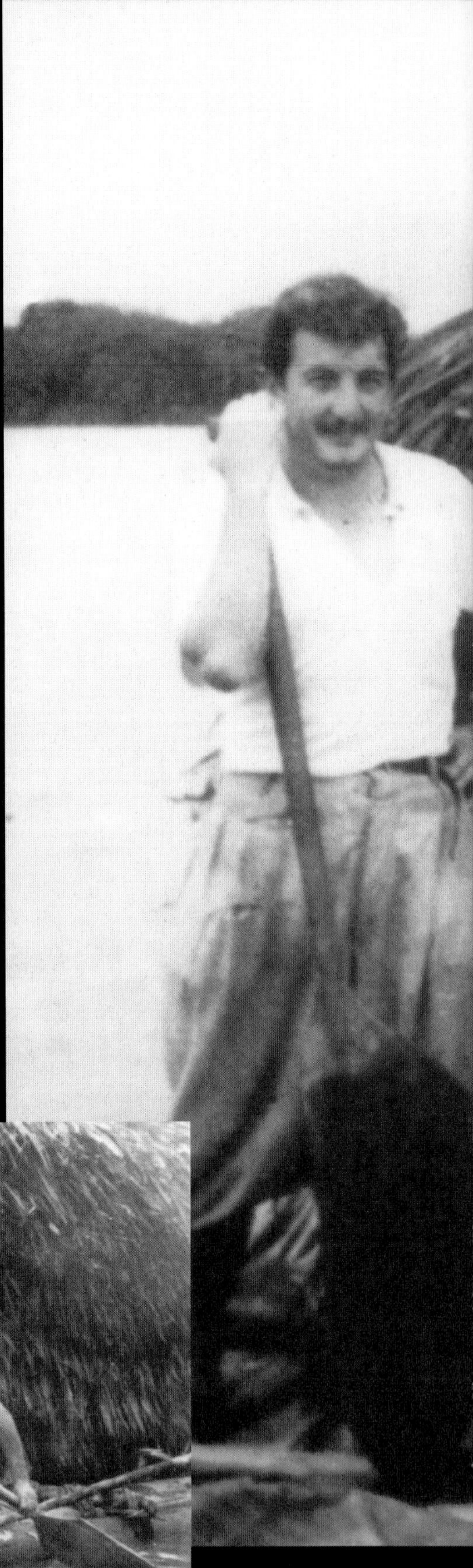

Ernesto und Alberto Granado verlassen das Leprakrankenhaus in San Pablo. Das Floß kommt auf dem Amazonas vom Kurs ab.

Das Floß *Mambo-Tango*, ein Geschenk der Leprakranken für die Argentinier. Sie sind im wahrsten Sinne des Wortes "sich Treibenlassende". Das Foto wurde am 20. Juni 1952 aufgenommen.

er in einem Brief seine Freundin Tita Infante, ihn für drei Prüfungen anzumelden. Mit versteckter Ironie über die von Perón verliehenen Verdienstkreuze macht er ihr ein Versprechen: "Wenn Sie mir diesen Freundschaftsdienst erweisen würden, könnten Sie eventuell die Guevara-Medaille mit Auszeichnung erhalten."

Ein Wort zu Tita. Sie ist eine Kommilitonin von Che und über viele Jahre seine bevorzugte Korrespondenzpartnerin. Die Freundschaft zu ihr ist gespickt mit Koketterie, ohne jemals aufgelöst zu werden. Diese junge Frau ist sein weiblicher Spiegel und Ernesto entfaltet in wunderschönen Briefen einen Narzißmus, in denen Formalität und Stichelei die verführerischen Mittel sind. Er bleibt immer bei der förmlichen Anrede "Sie", wodurch sie ihn niemals mit "che" anreden wird, ein in Argentinien häufig gebrauchter Ausruf auch für Kumpel, Kamerad. Wie ihre Familienangehörigen später erzählen, war Tita total verliebt in Ernesto, doch der Krieger wählte sie nicht als Ruhepol nach den Gefechten, obwohl er sie mehrere Male nach Kuba einlud, um dort als Psychiaterin zu arbeiten Nach Ches Ermordung erlitt Tita eine tiefe Depression und schrieb ihm einen bewegenden Brief postum.

Beim Fischen im Amazonas.

"Laß Dich von Deinem Sohn umarmen, der sich mit Ellenbogen, Haxen und Hosenboden nach Dir sehnt." Brief an Celia, Juli 1952.

Ende der Reise. In Venezuela trennen sich die Freunde. Alberto findet eine Arbeit in einer Leprastation und Guevara ein Transportflugzeug, das über Miami nach Buenos Aires fliegt. Er ist schon so antiimperialistisch eingestellt, daß er zu seinem Freund sagt: "Lieber bin ich ein Indio, der nicht lesen und schreiben kann als ein amerikanischer Millionär."

Wieder daheim in seinem kleinen Zimmer in der Straße Aráoz liest er noch einmal sein Reisetagebuch. Er stellt fest, daß die Reise ihn doch mehr verändert hat, als er sich vorgestellt hatte.

Das Tagebuch endet mit einer Fiktion, die das Vor und Danach seiner Entdeckungen theatralisch beschreibt und die ein inneres Abwenden von der Heimat verspricht. Die Undeutlichkeit der Prosa entfaltet eine Reihe von Vermutungen und nicht sehr klaren Utopien. Der Erzähler schlüpft gleichzeitig in eine zweite Figur. Er ist ein im Exil lebender Revolutionär aus dem bürgerlichen Europa, den er eine fatalistische Vision der Geschichte erzählen läßt. Ernesto entgegnet pathetisch: "Ich bin auf der Seite des Volkes. Ich weiß es, als wäre es in die Nacht geschrieben, daß ich, der eklektische Führer von Doktrinen und der Psychoanalytiker der Dogmen, heulend wie ein Besessener, die Barrikaden und Schützengräber stürmen, meine Waffen mit Blut tränken werde... Mein Körper ist ungeduldig, bereit zum Kampf, ich bereite mein Sein wie einen geheiligten Platz vor, damit auf ihm mit neuen Vibrationen und neuen Hoffnungen der bestialische Aufschrei des siegreichen Proletariats widerhallt."

Er macht nicht den Eindruck, als wolle er sein Studium um des Studiums willen beenden, sondern als wolle er eine Schuld mit seiner Familie begleichen. Eine neue tour de force beginnt. In drei Monaten legt er vierzehn Prüfungen ab. Für die Familie Guevara de la Serna erfüllt sich ein Traum der Mittelschicht: ihr Sohn ist Arzt. Dieser Erfolg dient aber nur dazu, daß sich Ernestos Ablehnung nur noch verstärkt. Dieses Mal in der Begleitung eines anderen Jugendfreundes, Carlos "Calica" Ferrer, plant er die Rückkehr ins "große Lateinamerika". Am 7. Juli 1953 nehmen sie den Zug nach Bolivien. Die Eltern erinnern sich, daß er sehr ernst auf dem Bahnsteig hin- und hergeht. Er kommt auf sie zu, schultert den grünen Rekrutensack und ruft euphorisch: "Hier fährt ein Soldat Amerikas ab!" Erst in Havanna werden sie ihn als triumphierenden Kommandanten wiedersehen.

Die Freunde kommen am 24. Juli in La Paz an. In Bolivien floriert die politische Agitation. 1952 hatte eine Arbeiter- und Bauernmiliz dem Militär einen empfindlichen Schlag versetzt und ihre Bedingungen den Machthabern gegenüber durchgesetzt. Die Koalitionsregierung des gewählten Präsidenten Víctor Paz Estenssoro setzt sich für radikale Veränderungen ein. Bei der Ankunft Guevaras hat sie gerade eine weitgreifende Agrarreform in Angriff genommen, die für den ganzen Kontinent beispiellos ist. Die Situation ist angespannt, es gibt Vorboten eines Bürgerkrieges.

In La Paz lernen die beiden Freunde einen anderen Argentinier kennen, Ricardo Rojo, Rechtsanwalt für politisch Gefangene und gegen die Regierung Peróns. Rojo erzählt, daß Ernesto "wenig redete und lieber dem Gespräch der anderen zuhörte, um dann plötzlich, mit einem müden Lächeln, über dem Redner einen niederschmetternden Satz ergoß".

Sie reisen weiter nach Norden. Nach einem kurzen Aufenthalt in Machu Picchu in Peru schreibt er in sein Tagebuch: "Bürger von Südamerika! Holt euch eure Vergangenheit zurück." Sie reisen weiter nach Guayaquil, Ecuador, wo Armut wirklich Not bedeutet und Ernesto sich nur mit dem Verzehr von Bananen über Wasser hält. Guayaquil sind Tage der Vorhölle, das Gefühl, in einer Sackgasse gelandet zu sein, das jede Reise ohne Rückticket mit sich bringt. Es ist kein Geld da für die Weiterreise, doch auf gar keinen Fall will man nach Hause zurück... Die Unentschlossenheit über seine nächsten Schritte bringen ihn ab vom Geist des Reisenden, er läßt sich beeinflussen. So reist er mit einem anderen Argentinier, Eduardo "Gualo" García,

Tita Infante, Kommilitonin und Vertraute.

ICH WÜRDE IHNEN GERN ETWAS VON DIESER MATERIALISTISCHEN LIEBE EINFLÖßEN, DIE ICH FÜR DAS LEBEN EMPFINDE, DAS ICH IN JEDEM MOMENT GANZ BEWUßT GENIEßE.

Brief von Ernesto an Tita Infante

WIR WAREN SEHR VERTRAUT MITEINANDER. DESHALB KONNTEN WIR UNS GLÜCKLICHE ODER ABER AUCH UNGLÜCKLICHE FEHLTRITTE ANVERTRAUEN. UND GERADE WEGEN SEINER AUFRICHTIGEN EHRLICHKEIT, DIE IHN SO AUSZEICHNETE, KONNTEN WIR UNS SO VIEL ERZÄHLEN, AUCH MIT WENIGEN WORTEN.

Tita Infante. Erinnerung.

Die bolivianischen Indios, die ärmsten unter den Bauern Lateinamerikas, werden Nutznießer der Agrarreform von 1952 sein. Ernesto kommt nach Bolivien und sieht sich einer Revolution gegenüber.

nach Guatemala, um "etwas Neues zu sehen, eine linke Revolution". Im Hafen ergattern sie bei unterschiedlichen Reedereien Freikarten in Richtung Mittelamerika.

Rojo erinnert sich, daß Ernesto vor ihrer Abfahrt eine Wette gewinnt. Er schwört, die Unterhose in zwei Monaten nicht einmal gewechselt- und nicht gewaschen- zu haben und daß sie vor Dreck stehen würde. Vor seinen Freunden (was wäre er ohne diese Freunde!) zieht Ernesto sich aus und stellt die Unterhose auf den Boden - und sie bleibt stehen.

Sie kürzen den Weg ab und nähern sich ihrem Ziel. Bei einem kurzen Aufenthalt in San José, Costa Rica, lernt Ernesto zwei spätere Präsidenten kennen: den Venezolaner Rómulo Betancourt, von dem er den Eindruck eines fahlen Reformisten hat, und den dominikanischen Schriftsteller Juan Bosch. In der Bar Soda Palace in San José knüpft er erste Kontakte zu kubanischen Revolutionären. Einige im Exil lebende Kubaner erzählen ihm Einzelheiten des Überfalls auf die Kaserne Moncada vom 26. Juli des gleichen Jahres und rühmen einen hervorragenden kubanischen Rechtsanwalt, Sohn aus gutem Hause und junger Katholik, der den Diktator Fulgencio Batista dazu gezwungen hatte, ihn nach seiner Verhaftung freizulassen. Ernesto reagiert ungläubig: "Erzählt mir lieber eine Cowboy-Geschichte."

Das Abenteuer als Prozeß der Bewußtseinswerdung hat seine Einstellung zu Freundschaften wesentlich beeinflußt. In dieser kleinen Gemeinschaft von Geben und Nehmen wird Ernesto zum Mann, ohne seine Jugendlichkeit zu verlieren. Seine Persönlichkeit definiert sich über die Beziehung zu seinen Freunden, später zu seinen Untergebenen, seinen Wegbegleitern im Freiheitskampf. Tapferkeit und Mut beinhalten einen gewissen Exhibitionismus - schlicht und zurückhaltend - und können im Rahmen von Konkurrenz zwischen Freund-Rivale gesehen werden, wesentlicher Bestandteil für die Identität der Jungenclique. Jede Kommunikation ist begleitet von Sticheleien, diesem kleinen grausamen Humor der Argentinier, die auch ein Herz für Ironien und Wetten haben. Verwegenheit und Mut gehören zum Verständnis von Ernestos Moral und sind mit vielen Bildern besetzt. Oft imitiert er sie vor der Kamera, vergleicht sich mit anderen, die sein inneres Spiegelbild sind. Vielleicht ist dies das Geheimnis, das sich in dem Bild verbirgt, auf dem er auf dem Floß Mambo-Tango zu sehen ist? Es sind die unausgesprochenen Übereinkünfte der Jungen, die wie ein Dogma hochgehalten werden und die jedwede Mehrdeutigkeit ausschließen. So ist auch die Freundschaft zu verstehen, die seine ganze Zukunft beeinflussen wird, die ihn empfänglich

macht. Als er Fidel kennenlernt, akzeptiert Guevara den Wunsch des anderen als seinen eigenen.

Ernesto Guevara steht kurz vor seiner "zweiten Geburt", der Geburt des Che. In Guatemala geben sie ihm diesen Namen und mit ihm seine ganze Zukunft. Es ist wie eine Ironie des Schicksals, daß er bis hierher auf einem Lastschiff der United Fruit Company umsonst gereist ist. Mit seinem trockenen Humor schreibt er an Beatriz: "Vor dem Bild des alten Kameraden Stalin habe ich geschworen, niemals zu ruhen, bis diese Kraken ausgerottet sind." Obwohl er als Schauplatz der Revolution das Land wählt, finden nur die Städte seine wirkliche Begeisterung.

In Guatemala-Stadt wird der sich treiben lassende Vagabund zwei Ordnungsprinzipien für seine Erfahrungen finden. Er wird den Feind in Aktion sehen, die Vereinigten Staaten von Amerika, das antiimperialistische Gefühl wächst zu einer Ideologie. Kurze Zeit später, in Mexiko, kreuzt ein Freund seinen Weg, der diese Ideologie in einen politischen Kontext setzt, Fidel Castro.

Paßbild, während der Reise aufgenommen.

Die Demonstrationen der Bergarbeitermilizen im Juli 1953 bewegen Ernesto bei seiner Ankunft in La Paz sehr.

Demonstration in Havanna, 1952.
Studenten protestieren gegen den
Putsch von Fulgencio Batista.

"Kuba leidet unter einer grausamen und schändlichen Tyrannei. Ihr müßt wissen, daß der Widerstand gerechtfertigt ist."

Fidel Castro. Die Geschichte wird mich freisprechen, 1953.

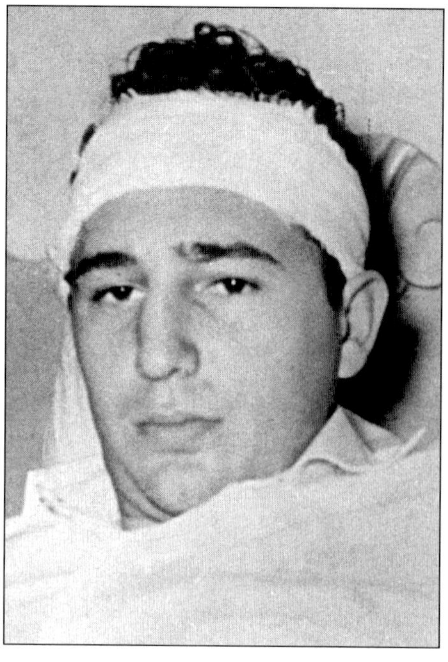

Fidel Castro,
Folgen der
Ausschreitungen.

Glühender Prophet der Morgenröte

Ende 1953, als die lateinamerikanische Politik noch nicht ganz unter der Fuchtel der Vereinigten Staaten stand, herrschte ein Sammelsurium an Demokratien, Aufständen und Diktaturen. Es war eine Zeit, in der fortschrittliche und populistische Führer auf die Bühne traten und unter politisch Aktiven und Intellektuellen eine reger Austausch bestand. Während Europa seine Wirtschaft wieder aufbaute und die Vereinigten Staaten sich im Konsumrausch übten, nahm man unter den Jugendlichen die ersten Anzeichen von "Engagement" wahr. Lateinamerikanische Politik bedeutete immer mehr Abhängigkeit und Ausbeutung durch die USA und führte zu einem nie dagewesenen lebendigen Nationalismus auf dem ganzen Kontinent. Ein Hauch von Simón Bolívar, vergessen und doch wunderschön, wehte über das Land.

Aufruhr in Guatemala. Guevara wird dort neun Monate verbringen. Die Präsidentschaft des Oberst Jacobo Arbenz hatte die jungen nationalistischen Offiziere und die Linke begeistert und brachte nun den lang ersehnten Demokratisierungsprozeß in Gang. Die Regierung hatte in diesem Land der Großgrundbesitzer eine Agrarreform begonnen, die die Nutzung brach liegenden Landes regeln sollte. Diese Maßnahme war nicht im Interesse der United Fruit, die riesige Bananenplantagen besaß. Bei der Ankunft Ernestos war das Land ein Auffangbecken für Emigranten und politische Flüchtlinge des ganzen Kontinents. Peruanische Apristen - Anhänger des abgesetzten Raúl Haya de la Torre -, Kolumbianer, nicaraguanische Anhänger des Führers Augusto Sandino, der 1934 ermordet wurde, Flüchtlinge vor der Diktatur Anastasio Somozas, Vater des späteren Diktators "Tachito" Somoza. Viele Sympathisanten der Bewegung 26. Juli (Movimiento 26-7) waren im Land. Unsere Freunde kommen an. Am 20. Dezember 1953 werden Ernesto und

Mit Hilda Gadea in Guatemala, 1954: "Sie hat ein Herz aus Platin, mindestens."

Verhör von Fidel nach dem fehlgeschlagenen Überfall auf die Kaserne Moncada, Juli 1953.

Exkursion zu den Maya-Ruinen. "Es ist paradox, über etwas zu forschen, was unwiderruflich tot ist", meint Guevara.

Gualo García einer exilierten Peruanerin vorgestellt, die mit den progressiven Kreisen in Verbindung steht. Sie wird die Herumtreiber, die keinen Peso in der Tasche haben und keine Übernachtungsmöglichkeit, aufnehmen.

Hilda Gadea war eine ernste junge Frau, typisch für die Agitatorinnen der politischen Avantgarde. Ihre Vergangenheit sowie ihre Zukunft waren der Politik verschrieben. Gadea erinnerte sich an den ersten Eindruck: der junge Mann hatte "eine tiefe, sehr männliche Stimme, die man nicht erwartete, da er gleichzeitig sehr zerbrechlich wirkte. Seine Bewegungen waren geschickt und schnell, vermittelten aber immer den Eindruck von Ruhe. Er hatte einen intelligenten, beobachtenden Blick, seine Kommentare waren sehr geistreich". Nach 1967 schreibt Gadea, Ernestos erste Frau und Mutter von Hildita, ihre Memoiren ganz im Licht der siegreichen kubanischen Revolution, in denen Che schon Paradigma des "heldenhaften Guerillero" ist. In Guatemala wird sie zu seiner zweiten Lehrerin, deren Hauptaufgabe es ist, den lateinamerikanischen Aufstand zu lehren. Später wird sie als Zeugin der Metamorphose von Guevara in Che eine wichtige Rolle in der Verbreitung seiner Gedanken spielen. Als seine erste Witwe und Kennerin einer vor der Revolution liegenden Biographie ist sie wesentlich am Aufbau des Mythos beteiligt.

Doch trotz ihrer wichtigen Rolle drückt diese Frau eine unendliche Traurigkeit aus, wie ihre Tochter. Haltung, Blick und Lächeln wie das von sitzengelassenen Verlobten, immer zurechtgemacht für ein Foto mit ihm. Die Gewißheit, zur falschen Zeit in das Leben dieses Mannes getreten zu sein. Niemals werden sie wirklich an seiner Seite sein. Che bringt ihr keine leidenschaftlichen Gefühle entgegen, sondern nur eine klägliche, schmerzliche Liebe, hervorgerufen durch Schuldgefühle.

Während dieser Monate ist Hilda die emotionale Stütze für Ernesto, der unter vielen Asthmaanfällen leidet und sich erfolglos um eine Anstellung im Krankenhaus

Symbolische Erschießung Jacobo Arbenz'. Der Staatsstreich in Guatemala beeinflußte Che in seiner politischen Meinung. Juni 1954.

als Arzt bemüht. Sie beide verbindet eine intellektuelle Übereinstimmung. In der Liebe: ein Schritt vor, zwei zurück. Obwohl er ihr wiederholt einen Heiratsantrag macht, verhält er sich nicht wie ein Liebhaber, und über Monate hinweg will sie sich damit nicht zufrieden geben. Immer tiefer verrennen sie sich. In einem Tagebuch aus dieser Zeit, das bis heute nur dem Biographen Jon Lee Anderson zugänglich ist, schreibt Che über seine widersprüchlichen Liebesgefühle: er ist unfähig, ihre Fürsorge zurückzuweisen, beklagt aber ihre Häßlichkeit. Ernesto teilt seiner Familie erst einen Monat nach der Hochzeit seine Eheschließung mit.

Währenddessen beginnt ein neuer Abschnitt in Ernestos Leben: die kubanische Revolution. Im Haus des nicaraguanischen Intellektuellen Edelberto Torres hört Ernesto wieder einmal von einigen Beteiligten von dem Überfall auf die Moncada-Kaserne. Nachdem Antonio "Ñico" López und andere Aufrührer in der Botschaft von Guatemala in Kuba Asyl gesucht hatten, konnten sie mit Hilfe Arbenz' der kubanischen Polizei entfliehen. Es ist Ñico, der Ernesto auf den Namen "Che" tauft, dieses nette Anhängsel, das am Rio de la Plata so häufig gebraucht wird. Dieser Spitzname weckt in Ernesto die Erinnerung an den Tango, die er ja eigentlich auf seiner Reise von sich abstreifen wollte und die ihn jetzt doch, durch einen Kubaner, wieder einholt. Dieses seltsame kleine Wörtchen, mit dem die Porteños das Gesagte noch mal unterstreichen oder mit dem sie die Aufmerksamkeit ihres Zuhörers wecken wollen, ist der ganze Guevara. Das Geniale ist nicht, daß Ñico auf diese Idee kam, sondern daß Che den Spitznamen für sich angenommen hat und ihm gerecht geworden ist.

Castros berühmtes Plädoyer, "Die Geschichte wird mich freisprechen." 16. Oktober 1953.

Ernesto nimmt kleinere Arbeiten an und in einem Krankenhaus forscht er unablässig ad honorem über Allergie. Sein Hauptinteresse liegt auf der Politik und, wie immer, auf der Vorbereitung seiner nächsten Reise. Er will unbedingt nach "Cortisona" (Kortison) reisen, wie er das Europa jenseits des "Cortina de Hierro"

Bei seiner Ankunft in Mexiko, September 1954. Mit seiner Kamera verdient er sich den Lebensunterhalt.

Bilder der Panamerikanischen Spiele für die Agencia Latina.

Bild eines kubanischen Kindes, 1960. Erinnerungen aus Mexiko, als Ernesto Kinder fotografierte.

Die Kämpfer in ihren Anfängen. In der Mitte Raúl Castro; Guevara mit dunklem Short.

(Eisernen Vorhangs) nennt, verliert aber auch nicht ganz die Möglichkeit aus den Augen, ein Postgraduiertenstipendium in Paris zu beantragen. Doch im März 1954 wird die politische Situation in Guatemala explosiv. In Guatemala hat Guevara die Möglichkeit, die verdeckte Invasion der USA von Honduras aus am 18. Juni mitzuerleben. Che trug sich in die Liste einer Freiwilligenbrigade zur Verteidigung des Volkes ein und nahm Schießunterricht. Doch sie waren nur eine Bereitschaftstruppe und kamen nicht zum Einsatz. Schnell wurde klar, daß die Regierung Arbenz' nicht bereit war, zu den letzten Mitteln zu greifen und die ursprüngliche Idee, eine Volksmiliz aufzustellen, verlief im Nichts. Das Einschleusen von einigen wenigen feindlichen Söldnern reichte aus, um einen Präsidenten zu entmachten, der den Rückhalt seiner Streitmächte verloren hatte.

EINIGE KUBANISCHE JUNGS, REVOLUTIONÄRE, FRAGTEN MICH, OB ICH DER BEWEGUNG NICHT MIT MEINEN MEDIZINISCHEN "KENNTNISSEN" ZUR SEITE STEHEN WOLLE. ICH HABE ANGENOMMEN, DA ES DIE ART VON ARBEIT IST, DIE MIR GEFÄLLT.

Brief an Tita Infante, Oktober 1956.

Die Umstände machen aus Che, der bis jetzt dem Kommunismus gegenüber freundlich gesinnt war, einen überzeugten Unterstützer der Sowjetunion. Ernesto schreibt an seine Tante Beatriz: "In Bezug auf die gualtemaltekische Regierung habe ich eine klare Stellung bezogen. Ich bin in einer Gruppe der Arbeiterpartei, die kommunistisch ist." Sie ist die einzige, die bereit ist, Arbenz bis zum bitteren Ende beizustehen.

Rojo erzählt, daß in der Woche des Putsches der argentinische Botschafter Nicasio Sánchez Toranzo, ein ihnen freundschaftlich gesonnener Mann, der gern den allgemein beliebten Mate mit ihnen trank, in den frühen Morgenstunden in die Pension rannte, wo Ernesto gerade wohnte. "Sie kommen sofort mit mir", entschied er. "Man hat mich darüber informiert, daß ein Argentinier auf der Liste der Agitatoren steht, der umgebracht werden soll; und dieser Argentinier sind Sie."

Diese Befreiung seitens der Diplomatie hat schon etwas Besonderes an sich, da er doch in der Botschaft ein- und ausgehen kann. Die Regierung Peróns war eine der wenigen, die standhaft Arbenz unterstützte, und die argentinische Botschaft verwandelte sich für viele Aktivisten, darunter auch viele Kubaner, in einen Zufluchtsort.

Obwohl die Erfahrung des Staatsstreiches sehr wichtig für Ernestos politische Ausbildung ist, behält Guevara weiterhin eine gewisse Unreife, er genießt in vollen Zügen den Aufstand, der seine Ideologie färbt. Kurz nach der Invasion schreibt er in einem Brief an seine Familie, er habe sich "wie ein Affe vergnügt", das "magische Gefühl von Unverletzbarkeit" empfunden. "Hier war alles recht lustig, mit Schüssen, Bomben, Diskursen und Schattierungen, die die Monotonie, in der ich lebte, durchbrachen." Dieser Genuß ist seiner Jugend und den Zeichen der Zeit geschuldet.

Ende 1954. Ernesto Che Guevara spaziert über die Plaza de las Tres Culturas in Mexiko-Stadt. Er hat eine Kamera umgehängt und verdient sich durch den Verkauf von Kinder- und Touristenfotos etwas Geld. Im März findet Che eine Anstellung als Fotograf in der Agencia Latina, um die Panamerikanischen Spiele zu dokumentieren. Er ist wieder mit Hilda zusammen, und das endgültige Zusammenleben mit ihr verschlimmert die finanzielle Situation und das Fehlen von gemeinsamen gedanklichen Entwicklungen wird deutlich. Er erhält ein Stipendium im Hospital General bei Dr. Mario Salazar Mallén, vergißt aber nicht all' seine Phantasien von Reisen, Stipendien oder sonstigen Eskapaden... Che befindet sich in einer Riesenschleuder, die ihn in jede Richtung katapultieren kann. Warten auf den Urknall. Der Held vertraut darauf, daß er sich an den Kreuzungen seines Weges richtig entscheiden wird.

November 1955. Hochzeitsreise eines Paares, das in die gleichen Schriftsteller verliebt ist.

Am 26. Juli 1953 hat der Überfall auf die Kaserne Moncada in Santiago de Cuba ganz Mittelamerika aufgerüttelt. Fulgencio Batista hatte seit seinem Putsch 1933 hinter den sogenannten "faulen Präsidenten" das Land regiert. 1952 trat er in den Vordergrund und war der absolute Garant für die nordamerikanischen Interessen auf der Insel. Kuba war das letzte Land, das nach einem blutigen Kampf 1898 seine Unabhängigkeit erlangte. Das Juwel der Karibik war zu sehr geschätzt von seinen spanischen Besitzern und zu sehr

Hildas Schwangerschaft war ausschlaggebend für die Hochzeit.

"Heute, da ich mich an Dich erinnere, überfällt mich ein melancholisches Gefühl von Sehnsucht, wie in den Tangos besungen... ich spüre die Musik des Tangos in meinen Knochen, das heißt, ich fühle den Argentinier in mir.

Brief an seine Mutter, Juni 1955.

Palenque, Uxmal, Chichén Itzá. Guevara wird nicht müde, die Maya-Ruinen zu fotografieren.

Eine Exkursion nach Toluca, 1. Januar 1955

Aufstieg zum Popocatépetl. Eine kleine argentinische Fahne ist in Ches Rucksack.

begehrt von seinen Nachbarn. Und so wechselte es seinen Besitzer...

Zu Beginn des Jahrhunderts verlor die Insel ihre enge Bindung an die Vereinigten Staaten, für die sie nur noch eine Art Semiprotektorat war. Paradoxerweise belebte die Nähe zu den USA die kubanische Mittelschicht; es gab nämlich noch dieses andere Kuba mit einer Kultur, die für jegliche modernen Einflüsse offen war. Zu Beginn der 50er Jahre florierte das Gangstertum, und das Geschäft mit den Vergnügungsvierteln für Nordamerikaner, das 1920 mit dem Prohibitionsgesetz der USA begann, lief so gut wie nie. Havanna blieb weiterhin der große Night-Club und Batista war, jedenfalls für jeden guten Kubaner, ein Usurpator und Widerling.

Eine Gruppe von jungen Männern mit demokratischen Ideen stürmte die Kaserne in Santiago, der zweitgrößten Stadt Kubas, aus verzweifeltem Protest gegen die Diktatur. Der Rechtsanwalt Fidel Castro, knapp 29 Jahre alt, war einer der Anstifter und einer der wenigen Überlebenden. Fidel und seine Kameraden wurden gefangengenommen, und die Polizei von Batista begann eine blutige Repression. Viele der Beteiligten auf den Überfall der Moncada wurden zu Tode gefoltert oder erschossen. Der Schriftsteller Guillermo Cabrera Infante, bekannt durch seine hohe Kunst des Beleidigens, hält diesen Angriff für eine Kamikaze-Aktion nach kubanischer Tradition, so wie kurz danach die Landung der Rebellen im Jahr 1956. Die Geschichte stellt Kuba oft vor Entscheidungen, die, so scheint es, nur mit einem "Alles oder Nichts" zu lösen sind. Doch es war gerade die Verwegenheit des gescheiterten Überfalls, die in der Bevölkerung und den einflußreichen Sektoren, unter ihnen die Kirchenoberhäupter, Sympathie für die Rebellen auslöste. Aus dem Gefängnis heraus hält Fidel in seiner eigenen Verteidigung sein berühmtes Plädoyer: "Die Geschichte wird mich freisprechen." Trotzdem wird er zu 15 Jahren Haft verurteilt. Die Härte des Urteils läßt die Regierung immer mehr in Diskredit fallen. Im Mai 1955 nimmt der Druck auf Batista zu, und er ist gezwungen, Fidel freizulassen. Fidel und die anderen Überlebenden gehen als die moralischen Sieger hervor. Sie werden des Landes verwiesen.

Ein konzentrierter Ruderer bezwingt den See Chapultepec.

In der zweiten Hälfte des Juni lernt Che Raúl Castro kennen. Der jüngere Bruder des Anführers ist ebenfalls durch den Überfall bekannt geworden. Fidel, unbestrittener Führer der "Bewegung 26. Juli", geht erst nach USA und dann nach Mexiko ins Exil, seine Legende eilt ihm voraus. Das Treffen mit Che, beide ahnen noch nicht die Wichtigkeit dieses Momentes, geschieht durch Raúl in der Wohnung von María Antonia González, Kubanerin und Gastgeberin für die Versammlungen der am Überfall auf die Kaserne Moncada Beteiligten.

"Meine kommunistische Seele entfaltet sich zur vollen Blüte: Sie ist Mao Tse-Tung wie aus dem Gesicht geschnitten", Guevara gibt die Geburt seiner Tochter Hildita bekannt.

Schießübungen der Guerrilleros, April 1955.

"Es ist ein politisches Ereignis, Fidel Castro, den kubanischen Revolutionär, diesen jungen, intelligenten, selbstsicheren und außerordentlich kühnen Mann kennengelernt zu haben. Ich glaube, die Sympathie war beidseitig", schreibt der Argentinier in sein Tagebuch. Mit seiner einzigartigen Überzeugungsgabe - wohl eine der herausragendsten Figuren in unserem charismatischen Jahrhundert - beeinflußt Fidel den Argentinier sofort. Obwohl er damals noch kein Marxist war, verbindet Castro seine anarchistische Rhetorik mit einem überwältigenden Vertrauen in sich selbst. Das erste Gespräch findet zwischen acht Uhr abends und den Morgenstunden Mitte Juli 1955 statt. Castro erinnert sich, daß er schon in diesen Morgenstunden einen neuen Rekruten für seine revolutionären Pläne gefunden hatte, der nur die einzige Bedingung stellte, seine Freiheit nach dem Triumph wiederzuerlangen. Doch Che hegt noch immer innere Zweifel. Der "sich treiben lassende Vagabund" verabschiedet sich erstmal von gar nichts: Weiß er nicht Nein zu sagen? Seinen Eltern und Freunden schreibt er in seinen Briefen noch nichts von der Möglichkeit, Fidel zu begleiten; es herrscht Ruhe, er schreibt nichts über die nebeneinander existierenden Gefühle, wohl auch aus Gründen der Sicherheit. Obwohl er sich schon in Versuchung hat führen lassen, versucht er, diesen Schritt so lange wie möglich hinauszuziehen. Er träumt weiterhin von einer Reise nach Spanien, von Mexiko aus zu starten und sich auf einem spanischen Schiff durchzuschnorren.

Seine Fluchtgedanken werden durch die Nachricht von Hildas Schwangerschaft unterbrochen. Die Kameraderie endet mit der Hochzeit am 18. August 1955. Doch ein Kind ist nicht genug für ihn. Zu Beginn des Jahres 1956 schließt er sich Fidel aktiv an und beginnt mit den körperlichen und militärischen Vorbereitungen gemeinsam mit den anderen Revolutionären im Inland Mexikos. Leiter des Trainingslagers ist Alberto Bayo, Offizier des Republikanischen Heeres während des Spanischen Bürgerkrieges, der nach Lateinamerika exilierte. Er ist für Che eine Schlüsselfigur, da er durch ihn die schwache Erinnerung an den Spanischen Bürgerkrieg, den Aufruhr in Guatemala und das jetzige Unterfangen miteinander verknüpfen kann.

Am 15. Februar wird seine Tochter Hildita Guevara Gadea geboren. Aber Ernesto ist ein Vater, der für die Revolution lebt, er beschränkt sich auf die Stippvisiten, um die ersten Schritte seiner Tochter mitzuerleben. In dieser Zeit schreibt er geheime Kampfgedichte: eines für General Líster, Leiter der Armee des Ebro; ein anderes für Fidel. "Vorwärts denn,/ glühender Prophet der Morgenröte,/ auf verschlungenen, stillen Pfaden,/ den grünen Caimán zu befreien, den du so sehr liebst."

Ches "Zeugnisse" während dieses Trainingslagers sind hervorragend. Bayo beschreibt ihn als den Diszipliniertesten und Kämpferischsten von allen. Die besondere Achtung Fidels

"Es ist ein Stück dunkelviolettes Fleisch, das alle vier Stunden mit der Pünktlichkeit einer Rolex gesäugt werden will", schreibt er Tita Infante.

Che, in Weiß gekleidet, zusammen mit kubanischen Gefangenen im Gefängnis Miguel Schultz.

ist außer Frage. Seit April ist er zum Personalchef ernannt worden. Ches Unfähigkeit, sich Institutionen unterzuordnen, kommt nicht hier zur Geltung, sondern in der Ehe, der wohl subtilsten, am meisten verschlungensten aller Institutionen. In diesen Monaten zerfällt die Ehe, die zu sehr zusammengehalten ist durch die Studien von Karl Marx, zu antagonistisch mit der Vorstellung von persönlicher Freiheit verbunden. Er vertraut seiner Freundin Tita in einem Brief an, daß, auch wenn die Geburt seiner Tochter die "zerstörte Ehe" etwas lindern würde, so doch "seine eigene Unfähigkeit, mit der Mutter zusammenzuleben, größer sei als die Zuneigung", die er für das Kind empfinde. Es ist offensichtlich, daß die Ehe für ihn eine Behinderung darstellte. Doch erstaunlicherweise löst die Zukunft das Problem weder auf die eine noch die andere Weise. Im gleichen Brief an Tita vertraut er ihr seinen innigsten Wunsch an: mit dem Bohemeleben bis auf unbestimmte Zeit weiterzumachen und schließlich "mit meinen sündigen Knochen nach Argentinien zurückzukehren, wo mich noch die Aufgabe erwartet, den Mantel des fahrenden Ritters abzustreifen, um mir irgendein Artefakt für

Guevara zeigt stolz seine "kleine Indianerin" im Innenhof des Gefängnisses, Juni 1956.

Fidel und Che. In der gemeinsamen Zelle festigt sich ihre Freundschaft.

den Kampf zu suchen". Vertieft er die Entwurzelung oder nimmt er schlußendlich die Heimat der Moncadisten als die seine an?

Im Juni 1956, als einen Akt der guten Nachbarschaft zum kubanischen Diktator, nimmt die mexikanische Polizei die Mitglieder der Bewegung 26 (M 26-7) gefangen. Der größte Teil der Bewegung 26. Juli sitzt im Gefängnis Miguel Schultz in Mexiko. Ernesto schafft es, Celia de la Serna einen Brief zu schicken, indem er seinen politischen Willen bekräftigt: "Ich bin weder Christus noch ein Philanthrop... Eher kämpfe ich mit allen mir zur Verfügung stehenden Waffen, als mich an ein Kreuz nageln zu lassen." Aus diesen Tagen der Gefangenschaft gibt es Bilder, die schon zur Heldentat der Kubanischen Revolution gehören. Eines davon zeigt Che und Castro in einer Sammelzelle. Stehend, mit Anzug und Krawatte bekleidet, schaut Fidel Che zu, wie er sich ein Hemd anzieht: er hat etwas von einem Aufseher an sich, vom großen Bruder, vom Rechtsanwalt, auf jeden Fall ist er schneller angezogen. Die Hierarchie ist eindeutig, wird durch diesen unfertigen Körper dargestellt, die Brust ohne Haarwuchs, die dünnen Arme, an denen seine Freunde den Toten im Vallegrande wiedererkennen werden.

Trotz der Unterstützung der mexikanischen Regierung verliert das Batista-Regime an Verbündeten. Einige Teile der nordamerikanischen Regierung beobachten mit einer gewissen Neugierde die Entwicklung der M 26-7, die noch von liberalem Geist getragen ist. Fidels Unterstützung in Havanna ist groß, und er kommt aus dem Gefängnis frei. Er stellt seine Treue unter Beweis, was in dem Argentinier ein Gefühl der Schuld und des unendlichen Vertrauens in seinen Führer zurückläßt. Kurz

GUEVARA UMGAB DIE AURA EINES BOHEMIEN, VON ÜBERHEBLICHEM HUMOR, PROVOZIEREND UND ARGENTINISCH, ER LIEF OHNE HEMD DURCH DIE GEGEND. ER HATTE ETWAS NARZIßTISCHES, DUNKELBLOND, MITTELGROß UND AUSGEBILDETE MUSKELN, IMMER MIT SEINER PFEIFE UND SEINEM MATE IN DER HAND; ZWISCHEN ATHLET UND ASTHMATIKER, STALIN UND BAUDELAIRE, DER POESIE UND DEM MARXISMUS.

Carlos Franqui. Kuba, Das Buch der Zwölf.

Castro war der Anwalt aller Gefangenen.

"Ein junger kubanischer Anführer lud mich ein, bei seinem Unternehmen mitzumachen, einem bewaffneten Kampf in seiner Heimat. Ich habe natürlich angenommen."
Brief an seinen Vater.

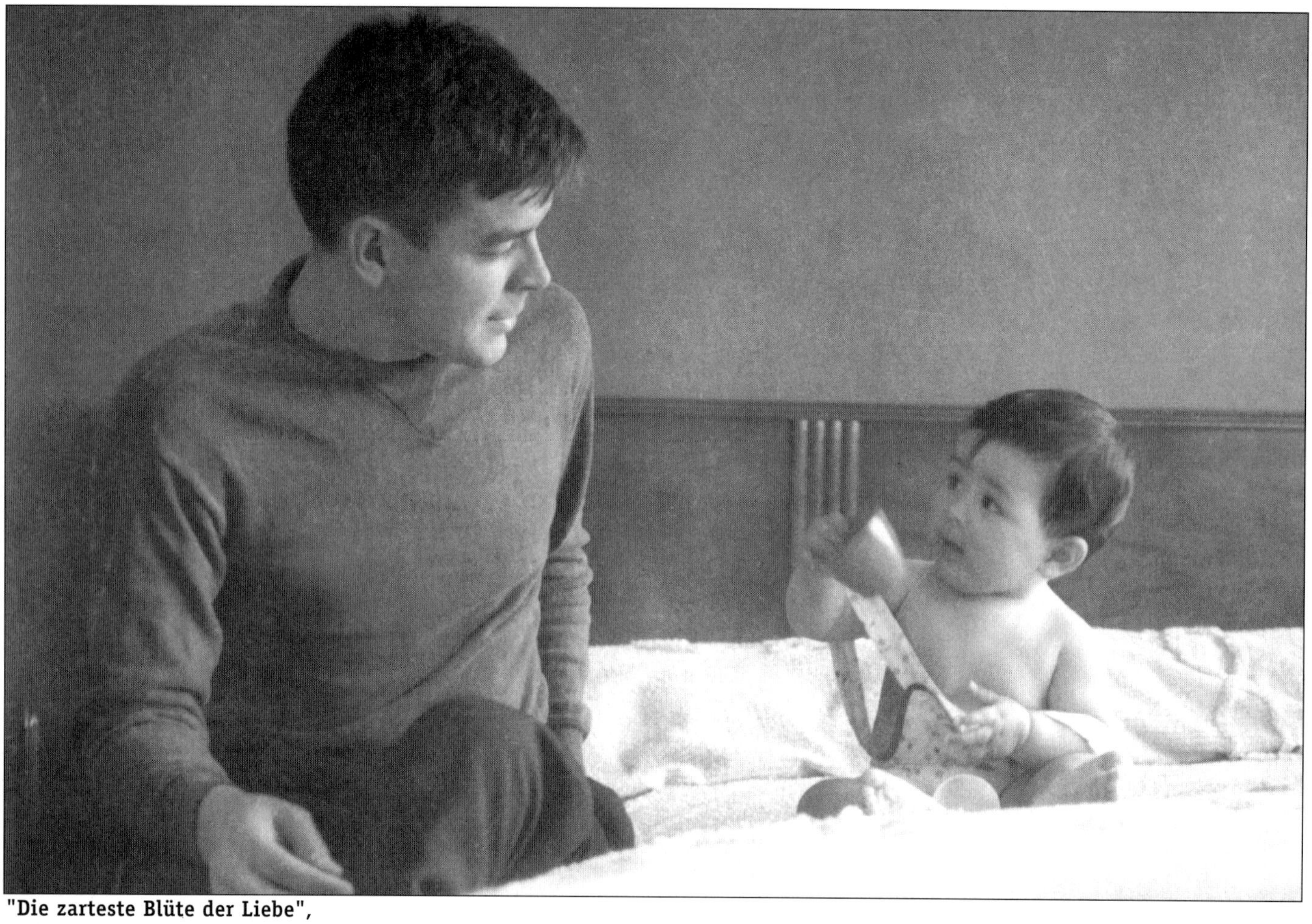

"Die zarteste Blüte der Liebe", Hildita verabschiedet sich von ihrem Vater.

"Für Hilda, damit ihr bei meiner Abreise ein Auszug meiner Weltvorstellung und meinem kämpferischen Fatalismus bleibt."

INTRODUCCION

A Hilda, para que el día de la partida, le quede el extracto de mi ambición de horizontes y mi fatalismo combatiente.

Ernesto
20-I-55

vor Fidels Freilassung sprechen sie miteinander. Che rät ihm, sich nicht weiter um die noch in Gefangenschaft Sitzenden zu kümmern und sein Ziel weiter zu verfolgen. "Ich erinnere mich an Fidels Antwort: 'Ich werde dich nicht im Stich lassen.' Das persönliche Verhalten Fidels zu den Menschen, die er schätzt, ist der Schlüssel zu der völligen Ergebenheit, die in seiner Umgebung anzutreffen ist", schreibt Che in sein Tagebuch. Che kam am 31. Juli frei und nahm das Training wieder auf. In einem letzten, undatierten Brief vom Oktober oder November, schrieb er Tita von seinen letzten Unschlüssigkeiten. Die Frage war, bis zu welchem Punkt er bereit war, diese Unentschlossenheit auszuhalten - und bis zu welchem Punkt er glaubte, daß Fidels Traum Wirklichkeit werden könnte. Der Urknall!

1956. In den frühen Morgenstunden des 25. November betreten 82 Männer, gekleidet in Kampfanzügen, eine kleine Holzyacht im Hafen von Tuxpan südlich von Tampico. Che leitet als Arzt den Sanitätstrupp. Die Granma, die Fidel einem nordamerikanischen Unternehmer abgekauft hatte, hat gerade Platz für 25 Passagiere. Mit dem weißen Anstrich und ihrem Namen Granma - englischer Kosename für Großmutter - wirkt sie eher wie ein Kreuzer, der amerikanische Pensionäre durch die Flüsse Floridas befördert als Revolutionäre auf dem Weg in den Kampf. Die Vorbereitung auf den Umsturz hat etwas Spaßiges, und nur sein Ausgang nimmt ihm das Zirkushafte, gibt ihm die historische Größe oder seinen tragischen Charakter. Das Verwunderliche, was diesem Unternehmen etwas Episches verleiht, ist aber gerade die Unausgewogenheit zwischen Mittel und Zweck.

Sieben Tage hoher Seegang auf dem Golf von Mexiko haben zu schweren Schäden auf dem Boot geführt. Die Rebellen sind zusammengepfercht, leiden an Durchfall und Schwindel. Sie haben nur wenig Wasser und Nahrung. Jahre später, am Jahrestag der Revolution, bittet die Revolutionsregierung 82 Schüler in die Granma. Auf Grund des Platzmangels schaffen sie es nicht, sich hinzusetzen. Bei Sonnenaufgang des 2. Dezember landen die Rebellen schließlich an einer anderen als der vorgesehenen Stelle, wo es keine logistische Hilfe für die Landung gibt. Ein Sturm treibt das Boot an den südlichen Teil der Insel, zu den Mangrovensümpfen von Belic, einem wahren Labyrinth.

"Das war keine Landung, es war ein Schiffbruch."

Daß sie in Kuba angekommen sind, scheint ein Sieg des Schicksals. Fidel, oder, wie der menschliche Wille, , es schafft, das Glück auf seine Seite zu ziehen. Che: "Seien wir realistisch, versuchen wir das Unmögliche."

Fidel, Camilo Cienfuegos, Raúl Castro und Che auf ihrem Weg nach Kuba mit der Granma. "Von jetzt an werde ich meinen Tod nicht als eine Niederlage betrachten, sondern wie Hikmet sagen: "In mein Grab nehme ich nur den Kummer über ein unvollendetes Lied mit."

Feuer in der Sierra

Die Landung der Rebellen machte die Sierra Maestra aus einem Nichts heraus sozusagen erst existent - obwohl sie natürlich ihre eigene Geschichte innerhalb der Geschichte Kubas hatte -, da Fidel Castro in sie den Ursprung des nationalen Epos verlegte. Die Guerilleros kommen nur unter Schwierigkeiten aus dem Sumpf heraus, während das Heer versucht, ihnen den Weg in die Berge abzuschneiden. Der Punkt ihrer Landung war einer der am wenigsten bevölkerten Landstriche. Die Provinz Oriente und vor allem die Sierra Maestra wurden überwiegend landwirtschaftlich genutzt. Es war klar, daß sie während dieses ersten Abschnitts noch nicht mit der Unterstützung der Bauern rechnen konnten, deren Verbündung später der Schlüssel zum Sieg werden sollte. Also mußten sie ihnen aus dem Wege gehen und waren für ihre Nahrungsversorgung auf Jagd und Fischerei angewiesen. Ihr erstes Lager, Alegría del Pío, wird von einem Bauern verraten, und sie werden angegriffen.

Die Rebellen sind durch den Angriff über die Zuckerrohrpflanzungen verstreut. In dem Kampf bei Alegría del Pío sterben 21 Castristen. Che wird zweimal verletzt und bleibt mit acht Rebellen zusammen, die von dem einzigen schwarzen Mitglied der Gruppe, dem Hauptmann Juan Almeida Bosque, angeführt wird. In diesen Tagen der Unsicherheit, den Angriffen des Militärs ausgesetzt, versuchen sie, sich im Dschungel wieder zu vereinen. Diese Versprengung läßt in Guevara eine Entscheidung wachsen, die er als maßgeblich bezeichnet und die seinen inneren Entwicklungsprozeß widerspiegelt. "Dies war vielleicht das erste Mal, das ich mich dem Dilemma gegenübersah, zwischen meiner Hingabe an die Medizin und meiner Pflicht als revolutionärer Soldat wählen zu müssen", schreibt er. Er muß zwischen zwei Rucksäcken wählen, der eine birgt Medikamente, der andere Munition. Er entscheidet sich für den

Strände und die Granma, kleine Skulptur von Alejandro Aguilera, 1988

Der Anführer Crescencio Pérez - neben Fidel - sichert den Überlebenden der Granma die Solidarität der Bauern der Sierra zu.

Von hier, von der kubanischen Maniagua aus, schreibe ich, als wäre ich ein wirklicher Soldat (schmutzig und hungrig genug bin ich ja) auf einem Pappteller, mit dem Gewehr an meiner Seite und einem neuen Begleiter: der Zigarre.

Erster Brief an Hilda Gadea nach seiner Abreise.
28. Januar 1957.

Die Batista-Truppen erwarteten die Landung der Rebellen.

Der kubanische Diktator Fulgencio Batista.

DREIMAL HABEN SIE IHN FÜR TOT ERKLÄRT, DREIMAL ERHIELTEN WIR DEN WIDERRUF UND EINIGE BERUHIGENDE ZEILEN. IN DIESEN ZWEI JAHREN SIND WIR GEALTERT. JEDESMAL, WENN ICH ERLEICHTERT AUFATMETE, DA ER NOCH AM LEBEN WAR, WAR ICH SCHON WIEDER BESORGT, DA DIE NACHRICHTENÜBERMITTLUNG JA IMMER EINE WEILE DAUERTE.

Celia de la Serna, 1961.

Guevara als Comicfigur. Ein Bild von Breccia und Oesterheld zeigt Che mit einer Wunde am Hals. 5. Dezember 1956.
("Man hat mich getroffen!" Zwei Schüsse, einen in die Brust, einen in den Hals.)

letzteren. Der Sanitätsleiter weiß, daß mit diesem Akt seine Zukunft eine entscheidende Wende genommen hat. Julio Cortázar beschreibt in seiner Erzählung "Reunión", einem Klassiker dieser Zeit, das Warten auf das Zusammentreffen mit Fidel. Als die Überlebenden sich wiederfinden, sind es nicht mehr als zwanzig.

Die Zeugen bestätigen, daß in dem zurückgelassenen Rucksack nichts weiter als Medikamente waren... "Als Revolutionär ist Che Spitze, als Arzt ein Mörder", beschreibt ihn ein Genosse, als er sich daran erinnert, wie Che ein Antiseptikum auf die dreckigen Wunden an den Füßen eines Kranken goß. Die Füße, barfuß oder mit kaputten Stiefeln, übersät mit offenen Wunden, sind die fundamentale Waffe eines Kämpfenden; "Sie beißt und flieht" - wie die Strategie des Guerillakrieges genannt wird. Es gibt nicht die Alternative zwischen Sieg und Niederlage, sondern nur zwischen Sieg und Tod. Die gesamte Geschichte der sozialen Ausbeutung ist an den Füßen der Bauern ablesbar und auch an den Füßen ihrer Kämpfer. “Für den Guerillero sind die Stiefel wichtiger als das Gewehr”, schreibt Che. (Seine Füße im Waschhaus von Vallegrande. Der einzige barfüßige Leichnam im Grab.)

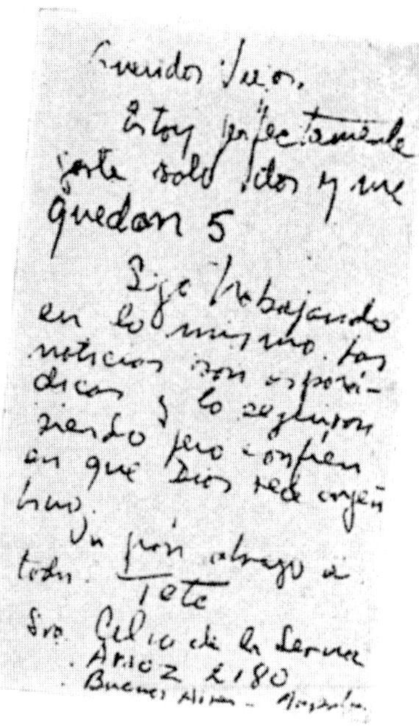
Queridos viejos,
Estoy perfectamente
gasté solo dos y me
quedan 5
Sigo trabajando
en lo mismo. las
noticias son esporá-
dicas y lo seguirán
siendo pero confíen
en que Dios sea argen-
tino.
Un gran abrazo a
todos.
Teté
Sra. Celia de la Serna
Araoz 2180
Buenos Aires - Argentina

"Meine Lieben, es geht mir gut. Habe zwei ausgegeben, es bleiben mir noch fünf... Teté." 31. Dezember 1956

Che schaffte es, seiner Mutter einen Brief zukommenzulassen, der sie in den letzten Tagen des Jahres 1956 erreichte. In Anspielung auf die sieben Leben einer Katze schreibt er: "Zwei habe ich ausgegeben, es bleiben mir noch fünf". Die ersten Wochen waren für die Guerilleros ein einziger Überlebenskampf, Ernesto ist zum Chronisten der Sierra avanciert. Diese Tagebücher werden nach dem Sieg der Revolution von Che überarbeitet und unter dem Titel Passagen des revolutionären Krieges zusammengefaßt. Dadurch erklärt sich, warum der Text nicht die Episode enthält, in der Camilo Cienfuegos ihn mit einem Soldaten Batistas verwechselt. Guevara trägt noch nicht seine Baskenmütze und den Stern des Kommandanten; er trägt wie alle anderen eine Schirmmütze oder einen Soldatenhelm. Dieser Helm, der ihm das Aussehen eines Soldaten aus dem Zweiten Weltkrieg verleiht, und dieser nicht so recht wachsen wollende Bart lassen den Freund nicht wie einen Rebellen erscheinen. Fidel verbot den Gebrauch von Helmen, um Verwechslungen zu vermeiden.

Der erste nennenswerte Angriff der barbudos, wie die Castristen wegen ihrer Barttracht genannt werden, ist der auf die Kaserne La Plata am Fuße des Berges Turquino und findet am 17. Januar 1957 statt. Ches erste heldenhafte Aktion: er läuft ohne Deckung unter Kugelhagel zu einem Hangar und schafft es, ihn in Brand zu setzen. Die Besteigung des 2000 m hohen Berges, dem höchsten der Insel, bedeutet für den Asthmatiker die Hölle, da er kein Adrenalin mehr für seinen Inhalator hat.

Ende der 50er bedeuteten die Medien in der

Che mit dem Helm der Batista-Armee.

★

Das Rebellenheer und die Bauern. Ein entscheidendes Zusammenspiel für den Sieg.

Fidel, stark und korpulent. Seine Männer nennen ihn "Pferd".

MEIN ERSTES OPFER WAR PARDO, ER KAM GUT DABEI WEG. DER ZWEITE WAR JOEL IGLESIAS, DEM MAN EINE DYNAMITLADUNG HÄTTE HINEINSTECKEN MÜSSEN, UM DEN ECKZAHN ZU ZIEHEN; DOCH DER KRIEG WAR ZU ENDE, UND ER TRUG NOCH IMMER DIESEN ZAHN. MEINE BEMÜHUNGEN WAREN VERGEBENS.

Ernesto Guevara, Passagen des revolutionären Krieges.

Kommunikation mit der Bevölkerung schon ein Machtmittel und wurden für die Politik immer wichtiger. Die Rebellen hatten das Problem, Öffentlichkeit zu schaffen. Die offiziellen Medien erklärten Fidel für tot, wodurch die Guerilla in der Bevölkerung und im Ausland an Glaubhaftigkeit verlor. Am 17. Februar gab Castro in den Bergen dem Journalisten Herbert Matthews von der New York Times ein Interview. Matthews, der sich in Havanna befand, war von den konservativen Nordamerikanern kritisiert worden, da er aus seinen Sympathien für die Republikaner während seiner Berichterstattung im spanischen Bürgerkrieg keinen Hehl gemacht hatte. Unter einem Baum sitzend konnte Fidel die Nachricht weiterleiten, die der Aufstand so notwendig brauchte. Er übertrieb die Anzahl der Kameraden um ein Vielfaches, gab sich euphorisch und schickte seine erste Herausforderung an das Weiße Haus: "Schreiben Sie, daß die Waffen, die Ihre Regierung an Batista schickt, nicht für die kontinentale Verteidigung, sondern zur Unterdrückung des Volkes eingesetzt werden."

Die Aktion von Turquino ist ein Erfolg, und sie können ihren zweiten Angriff auf Arroyo del Infierno (Höllenflüßchen) starten. Hier tötet Che zum ersten Mal einen Feind. Fidel belohnt sein Verhalten im Kampf mit dem Privileg, an den großen Entscheidungen des Strategiekomitees zusammen mit Raúl Castro und Almeida teilzunehmen: er ist jetzt kein kleiner Leutnant mehr.

Im Verlauf des Jahres gewannen die Rebellen in Oriente das Vertrauen der Landbevölkerung. Viele Bauern meldeten sich als Freiwillige, und es entstand das Problem, daß es nicht genügend Waffen für sie gab. Die Unterstützung der Zivilbevölkerung verlieh der Aktion neue Möglichkeiten; die Partisanen konnten sich der Lebensmittelversorgung sicher sein. Wichtig war "Radio Bemba" - der Name ist eine Anspielung auf den großen Mund der Mulatten -, die Buschtrommeln, die Weiterleitung der Informationen von Bauer zu Bauer, von Dorf zu Dorf. Die Verflechtung mit der Bevölkerung und die Glaubwürdigkeit der Rebellen vertiefte sich.

Der Zahnarzt im Profil mit einem seiner Patienten.

Im Kontakt mit der Landbevölkerung der Sierra wird Che zum ersten Mal zur Legende. Der Leutnant ist ein Arzt mit ausländischem Akzent, der während des Kampfes noch Zeit findet, die Bauern medizinisch zu versorgen und sie zu alphabetisieren. Er ist für sie so etwas wie "ein menschlicher Kämpfer", der körperliche Widerstandskraft mit Intelligenz zu verbinden vermag; so, wie sie es sich für ihre Kinder erträumen. Hypothese: gibt es in ihm eine Spannung zwischen Nähe und Distanz, Beredsamkeit und Diskretion, etwas Auffallendes in Kuba, diesem Land, wo man alles, was man sieht,

★

auch anfaßt. Che: mit der weißen Haut und dem durch Pausen unterbrochenen Sprechen, ein feiner Guerillero mit der seltsamen Ausstrahlung derer vom Rio de la Plata Gebiet im Land der Mulatten. In Havanna stellen diese Merkmale einen Bezug zu der Kultur der Galanen des argentinischen Kinos her, die seit Jahrzehnten bekannt sind.

Im März 1957 sieht Fidel die Notwendigkeit gegeben, eine Schule für Guerilleros aufzubauen, die die Freiwilligen jedweder Herkunft zusammenschließt und zum Kampf ausbildet und die vor allen Dingen die unterschiedlichen Kräfte koordiniert, die unabhängig voneinander arbeiten. Während die Castristen in der Provinz Oriente stark sind, haben sich andere Gruppen erhoben: die Directorio Revolucionario unter Faure Chomón ist in den Llanos aktiv, wie üblicherweise die Städte genannt werden; die Partido Socialista Popular (Sozialistische Volkspartei), angeführt von Félix Torres, die einzige kommunistische Massenpartei Lateinamerikas nimmt aktiv an dem städtischen Aufstand teil, operiert aber unabhängig und ist noch mißtrauisch gegenüber Fidel. Frank País, der von Beginn an das Projekt Granma unterstützt hat, hat in der Stadt Santiago viele Freiwillige um sich versammelt.

Mitte Juli 1957 ernennt Fidel Che zum Hauptmann und beauftragt ihn mit der Bildung einer neuen Kolonne, der Vierten. Kurz danach zeichnet er ihn wieder aus. Er ist der Mann seines Vertrauens. Als er einmal die Unterzeichner eines gemeinsamen Briefes diktiert und an den Nachnamen Guevara gelangt, sagt er einfach: "Schreib: Kommandant". So erhält Che den goldenen Stern. Er hat nun einen höheren Rang als Raúl Castro und Almeida. Es ist Celia Sánchez, Sekretärin und enge Verbündete von Castro, die ihm den Stern an die schwarze Baskenmütze heftet. Der Waffenschmied Ches stellt, ohne den Namen des Empfängers zu kennen, diesen Stern her. Dieses Attribut des Befehlshabers von der Größe einer kleinen Münze ist es, die seine Berühmtheit begleitet, seine Unsterblichkeit in der Ikonographie. Sie wird eines seiner Hauptmerkmale in seinen Darstellungen sein und ist somit natürlich auch der künstlerischen Manipulation ausgesetzt. Nach seinem Tod verwandelt das berühmte Foto von Korda, auf dem der Stern im Wettstreit steht mit Ches Blick, im Mittelpunkt des Portraits, fast wie ein drittes Auge, den militärischen Grad zu einem mythologischen Attribut, der Sichtbarmachung des heldenhaften Guerilleros. Von

Die Zigarre, Mittel gegen das Asthma und die Moskitos.

Feuer in der Sierra. Der Stern bezeichnet den Rang des Kommandanten.

Havanna aus strahlt der Stern als Symbol einer Ideologie und eines politischen Projekts. In den 60er und 70er Jahren verkündet der fünfzackige Stern Ches Anwesenheit in seiner Abwesenheit und wird zum Erkennungszeichen der Guevaristen innerhalb der verschiedenen lateinamerikanischen Guerillas, wie die rote Fahne für die Kommunisten oder die Rose der europäischen Sozialisten.

Dieser goldene Stern, der von José Martí, öffnet sich seinen eigenen Weg in der Geschichte. Unter dem Blitz der Kamera oder den Sonnenstrahlen leuchtet das Metall und hebt Che hervor. Eines der hervorragendsten Bilder von Fidel und seinem Genossen ist das, wo sie an einem Feldtisch sitzen und über Strategien

Frauen in der Guerrilla. Haydée Santamaría gefolgt von Celia Sánchez, Fidels engste Freundin.

"Fidel und Che machten Pläne, die sie mit einem Stock auf die Erde zeichneten. Es schien, als wollten sie Krankenhäuser bauen, Schulen und Straßen, da sie viele Striche machten."

Die alte Frau Chana, Bäuerin aus der Sierra.

Der Sandtisch für militärische Strategien.

verwundet oder tot. In El Uvero wächst die Legende Ches auf Grund seiner Unparteilichkeit den Verwundeten gegenüber. Egal aus welchem Lager, er versorgt sie alle. Er tötet auch nicht ohne Grund, ein Charakterzug, den er bis zu seinem Tod beibehalten wird. Er ist in der Lage, auf die Truppe einen, moralischen, manchmal unmenschlichen Druck auszuüben, aber das sich Laben an Grausamkeit kennt er nicht.

Durch seine militärische Unerschrockenheit und seine intellektuelle Ausbildung wird seine Meinung immer mehr respektiert.

Über den Kampf in El Uvero wird in der Presse ausgiebig berichtet und beeindruckt die Mittelschicht der Städte. In den Jahren 1957 und 1958 gewinnen die Rebellen etwas noch Wichtigeres als militärische Siege: sie verfestigen die Revolution im östlichen Teil des Landes und in dem sie es zum "befreiten Gebiet" erklären, spalten sie de facto das Land in zwei Rechtsgebiete. Mit der Kommandantur in La Plata treten neue Gesetze in Kraft, die eine größere Gerechtigkeit garantieren als die zu Batistas Zeiten. Sie verleihen dem ganzen Projekt, das sich als globale Alternative präsentiert, mehr Seriosität. Das "Volksgericht" richtet über Verräter und Spitzel der Revolution. Che übernimmt das Informations- und Propagandaressort. Er gründet die Zeitschrift "El Cubano Libre", die den gleichen Namen trägt wie eine Zeitung der Befreiungskriege gegen die spanische Herrschaft Ende des 19. Jahrhunderts, und den Radiosender "Radio Rebelde", der täglich abends und nachts mit einer großen Reichweite ausstrahlt. Genaugenommen hat der Radiosender keinen großen Einfluß auf die Agitation des Volkes, schafft aber eine ständige Verbindung unter den Partisanen und mit dem übrigen Lateinamerika. Wenn man ihn in Santiago de Cuba nicht hört, so wird er gerade auf dem Kontinent empfangen. Guevara gründet auch die erste Rekrutenschule und ein Ausbildungslager für Guerilleros in El Hombrito.

Ches Kolonne, die der von Fidel angeführten Ersten Kolonne folgte, erlaubte dem Argentinier eine gewisse Ruhe während des Krieges. "Da wir wegen unserer geringeren politischen Bedeutung weniger Angriffen ausgesetzt waren, konnten wir an die Aufgabe gehen, die Grundlagen für erste Fabriken und feste Lager zu legen und das Nomadenleben zu beenden... wichtiger war jetzt für uns das Seßhaftwerden, was uns große Mühe bereitete", erinnert sich Che in "Eine Revolution beginnt", geschrieben in Havanna 1959. Sie bauen eine Schuhfabrik (das ewige Problem mit den Füßen), eine Sattlerei, eine Waffenwerkstatt mit einer elektrischen Drehbank, eine Bäckerei und eine Schule für die Alphabetisierung der Partisanen und Bauern. El Hombrito ist wichtig, weil damit die Revolution in dem Territorium verwurzelt. Außerdem zeigt es uns einen Guevara, der damit beschäftigt ist, den Grundstein für die Utopie zu legen.

El Hombrito, die Vierte Kolonne feiert Silvester. Die Fahne ist ein Hohn auf die Luftwaffe Batistas.

Die Fahne war sechs Meter lang und eine Provokation für die kleinen Flugzeuge. Che ohne Waffen, mit einem Knüppel, der ihm als Spazierstock dient. Es wirkt wie ein Familienfoto mit dem Patriarchen, dem Großväterchen, einer Unmenge an Jugendlichen und ihrem moralischen Führer Che mit seiner Schirmmütze in der Mitte.

Paco I. Taibo II, Ernesto Guevara, también conocido como el Che.

Che prüft die Treffsicherheit der selbst hergestellten Armbrust.

Frauen pendeln zwischen Front und Dörfern als Boten, Krankenschwestern und Sekretärinnen. Im Spanischen Bürgerkrieg spielten erstmals auch Frauen eine wichtige Rolle in der Volksarmee. Die kubanische Revolution wird weibliche Namen unter ihren Begründern haben: Celia Sánchez, Haydée Santamaría, seit dem Überfall auf die Moncada mit dabei, Schwester und Verlobte von zwei der Gefallenen. Trotz ihres ausdrücklichen Wunsches, am Kampf teilzunehmen, erhalten sie in der Kolonne Ches nur Sanitätsposten. In riesigen Taschen ihrer schwarzen Unterröcke transportieren sie Munition. Im "Museum der Revolution" in Havanna ist eine Puppe zu sehen, die ebenfalls zum Transport benutzt wurde: gekleidet wie für einen Schönheitswettbewerb mit einem Band über der Brust, Miss Debutante (Die Debütantin). In der Mitte des Jahres 1958 treten 13 Frauen in die Truppe Mariana Grajales ein, die von Fidel ins Leben gerufen und auf diesen Namen zu Ehren der Mutter des kubanischen Freiheitskämpfers Antonio Maceo getauft wurde.

Sein ganzes Leben lang, und um seinem ausgeprägten Alter ego gerecht zu werden, legte Che großen Wert auf gutes Benehmen und beispielhafte Verhaltensweisen. Er will ein tadelloser Mann sein, der Archetyp, der die Theorie durch seine eigene Tat untermauert. Che ist derjenige, der durch Taten predigt, und in dieser nahtlosen Übereinstimmung zwischen Theorie und Praxis sehen wir den Existentialisten in perfektem Einklang mit dem Geist der Zeit. Wir wissen aus seiner frühesten Jugend, daß die Unerschrockenheit eine seiner stärksten Seiten ist. Der Kämpfer Joel Iglesias hat eine der vielen Episoden von Altruismus aus der Sierra Maestra erzählt, als Che der Gruppe die Anweisung gibt, einige Soldaten zu fangen, die auf der Flucht sind. Joel hat zwei Schußverletzungen am Bein und bleibt auf dem Kampfplatz unter Kugelhagel liegen. "Che dachte, daß ich schwer verletzt sei, rannte ungeachtet der Schüsse zu mir, nahm mich über seine Schulter und trug mich weg. Die Militärposten trauten sich nicht zu schießen... dieser außerordentliche Mut, um einen seiner Männer zu retten, hatte sie vollkommen eingeschüchtert."

Die Biographen sind sich darüber einig, daß Ches militärische Stärke in der Taktik lag, durch die er wegen seiner Waghalsigkeit und seiner Ungeduld herausragte - oder wegen seines selbstmörderischen Charakters, wie Régis Debray meint. Fidel mußte oft, dies belegen

NUR DER AM EMPFINDLICHSTEN GEWESEN IST,

KANN DER KÄLTESTE UND HÄRTESTE WERDEN,

DENN ER MUSS SICH

MIT EINEM HARTEN PANZER UMGEBEN...

UND OFT WIRD IHM

SELBST DIESER PANZER ZUR LAST.

GOETHE

Che liest Goethes Biographie von Emil Ludwig.

★

"Heute habe ich angefangen, mit Che Französisch zu lernen." Raúl Castro.

Che geht in die Sportgeschichte Kubas ein.

militärische Aufzeichnungen aus der Sierra, die Initiativen des Kommandanten bremsen. Er hatte keine Angst vor Kritik, sein eigenes Verhalten unterlag seinen eigenen täglichen Prüfungen: Dies gehört nicht zum Mythos, sondern zur Realität. Che wäre ohne seine rigide Moral nicht Che.

An der Front wurde die sexuelle Ethik streng genommen und sehr rigide gehandhabt. In den 50er Jahren wurden beide Aspekte, Sexualität und Politik, noch nicht in einer existentiellen Suche miteinander verbunden. Die Sexualität wurde mit konservativen Augen betrachtet. In diesem Bereich wird die Konsumgesellschaft der 80er in dem hübschen Guerillero den unterdrückten Erotismus eines archetypischen Kämpfers als zwangsläufige Erfordernis der Revolution sehen. Jahre später wird Che selbst auf die "revolutionäre Scheinheiligkeit" hinweisen. An der Front ist Guevara jedoch ein Asket. Ein über zehn Jahre verschwiegenes Kapitel war seine Romanze mit Zoila Rodríguez, eine Mulattin von außerordentlicher Schönheit. "Viele Frauen waren verrückt nach ihm", erzählt Joel, "aber auf diesem Gebiet war er strikt und zurückhaltend: diese junge Frau jedoch gefiel ihm." Dies wird die bekannteste Liaison seiner Guerillazeit.

Eines morgens ritt Guevara auf seinem Maultier zu dem Haus eines mit der Bewegung 26. Juli sympathisierenden Schmiedes. Der Schmied war nicht da, und er wurde von einer jungen, alleinstehenden Frau mit ihrem Kind ins Haus gebeten. Che betrachtete die Frau "mit einem verschmitzten Blick, als wolle er mich für etwas schelten, was ich nicht getan hatte". "Als Frau gefiel er mir sehr, besonders der Blick. Er hatte so schöne Augen und ein ruhiges Lächeln, das jedes Herz bewegt hätte", erinnert sich Zoila. Die Frau beginnt, als Kurier zwischen den Lagern zu arbeiten bis Che sie bittet, bei ihm zu bleiben. In der Hütte des Hauptmanns, bedeckt mit diesen wohlriechenden Blättern des Dschungels, taucht Che wieder in die Tiefen der Liebe. Zoila wurde von einem der Gründer für die große Sache begeistert und erzählt heute mit Stolz, bei der großen Zuckerrohrernte von 1977 zur "Heldin der Arbeit" ernannt worden zu sein.

Auf jeden Fall ist der Kommandant nicht allein. Von der Sierra bis zu den bolivianischen Bergen findet er Gesellschaft in den Tieren und den kleinen Dingen, die der Krieg braucht, um eine Art von Routine in diese außergewöhnliche Situation zu bringen. Es gibt immer

Eine dauerhafte Freundschaft. 8. Oktober 1957.

"Fidel beeindruckte mich sehr. Er war ein außerordentlicher Mann. Die unmöglichsten Dinge ging er an und löste sie. Er hatte den außergewöhnlichen Glauben, daß er, einmal nach Kuba aufgebrochen, auch ankommen würde. Einmal angekommen, würde er kämpfen. Und kämpfend würde er gewinnen. Ich teilte seinen Optimismus. Man mußte es tun, man mußte kämpfen, den Gedanken in die Tat umsetzen. Nicht mehr weinen, sondern kämpfen.

Ernesto Che Guevara

Faksimile der "El cubano libre", die Zeitung des Rebellenheeres.

CUBANO LIBRE

AÑO I "LIBERTAD O MUERTE" No.5

Organo Oficial del Ejército Revolucionario 26 de Julio.

DIRECTOR: Capitán Luis Orlando Rodríguez.

SANTO DOMINGO, ¡EL MAS GRANDE TRIUNFO REBELDE!

★

Der argentinische Journalist Jorge Masetti interviewte Che im Februar 1958. Aus der Sierra Maestra kam Masetti als Revolutionär zurück.

Das "Pferd" zu Pferde.

einen herumstreunenden Hund, der von den Rebellen aufgenommen wird, der um Ches Beine streicht, den er ins Bett mitnimmt. Wie der Hund, der getötet werden mußte, weil er zum falschen Zeitpunkt bellte und über den Ernesto die kurze Erzählung "Der getötete Hund" schrieb. Nach dem Sieg der Revolution geschrieben, erinnert sie an die Chroniken der Militärschriftsteller des 19. Jahrhunderts. Der Ausgang der Geschichte ist nüchtern, von eleganter Distanz. Und gleich jenen Feldzügen der geographischen Erkundung erscheinen auf den Fotos der Sierra auch Maultiere und Pferde, sind wie klassische Attribute, die die Sache legitimieren. Die Sache, für die ein Reiter kämpft, kann kein Irrtum sein - vermitteln die Bilder. Von Algerien bis Vietnam sind alle Befreiungskämpfe des 20. Jahrhunderts in militärischen Termini anachronistisch: sie postulieren die Niederlage der Technik vor dem politischen Willen. Paco Taibo hat geschrieben, daß der kubanische Aufstand der letzte war, der vom Pferd aus geführt wurde. Die Ikonographie zeigt Guevara als einen befremdlichen Krieger der Vergangenheit, der letzte Reiter, der, aus den Tiefen der Geschichte entrückt, kommt, um dieses Jahrhundert zu erneuern. Selten sehen wir ihn galoppieren. Das Tier trägt die Last und seinen Reiter. Dieser Guerillero ist auch Kartograph, Feldmesser eines Gebietes, das später nach neuen Gesetzen aufgeteilt werden soll.

Der Inhalator und das Gewehr, die Zigarre und der Mate: wie zwei zueinander gehörende Paare stehen sie für Kampf und Warten, für Aktion und

ALS SICH DAS MAULTIER NÄHERTE, SAH ICH, DAß CHE EIN PATRONENGÜRTEL AUS LEDER MIT PATRONEN UND EINER PISTOLE UM DIE HÜFTE HING. AUS BEIDEN TASCHEN DES HEMDES SCHAUTEN MAGAZINE HERAUS, UM DEN HALS HING EINE KAMERA UND UM DAS KANTIGE KINN WUCHS ETWAS, WAS EIN BART SEIN WOLLTE.

Jorge Masetti, Los que luchan y los que lloran.

Mit seinem Maultier Balansa in El Hombrito.

Der andere Kampf. Che erholt sich von einem Asthmaanfall.

Rückzug des Rebellen. Er findet immer einen Moment, um eine dieser riesigen Zigarren zu rauchen, eine Angewohnheit, die er in Peru annimmt, um sich gegen das Asthma abzuhärten und sich gegen Mücken und andere fliegende Ungeheuer in der Sierra zu schützen. Auch findet er immer eine Gelegenheit zum Mate trinken. Angehörige Ches bestreiten, daß seine Tante Beatriz ihm den Mate geschickt habe: Beatriz, die von ihm so geschätzte ledige Tante aus Buenos Aires, die ihr Leben dafür widmet, Zeitungsausschnitte mit Notizen über ihren Neffen zu sammeln. Ana María Erra, zweite Ehefrau von Guevara Lynch, erzählt, daß Che die Unverfrorenheit besessen habe, einen Onkel um die Besorgung von Mate zu bitten, der aus der Linie der Lynchs kam und der als Marineattaché in der argentinischen Botschaft in Havanna arbeitete und persönlicher Freund von Batista war. Wie dem auch gewesen sein mag, der Mate war eine kleine Eigensinnigkeit des Kommandanten und kam so pünktlich im Lager an wie die Meldungen von Fidel.

Oft zog er sich zum Lesen zurück, er brauchte Bücher als Gegengewicht zur Aktion. Vicente de la O, Arzt und Offizier der Kolonne, erzählt: "Er war ein unermüdlicher Leser. Wenn wir eine Pause einlegten, schlug er ein Buch auf, während wir, tot vor Müdigkeit, die Augen schlossen und zu schlafen versuchten." Andere berichten, daß er in der Lage war, eine halbe Stunde lang im Schatten eines Baumes oder auch während des Kampfes so fest zu schlafen, daß er danach wieder bei Kräften war.

Im Mai 1958 wird in La Plata die Generalkommandantur des Rebellenheeres eingerichtet.

Che. Während einer Marschpause, niemals verliert er den Stil.

Kehren wir zurück zum Krieg, diesmal in die Stadt. Am 9. April scheitert ein Generalstreik, der von Fidel ausgerufen worden war, aber durch die schlechte Organisation der Nationalen Führung M 26-7 mißlang. Die Niederlage bedeutet den Tod vieler Kameraden, und Che, in seiner gefestigten Achtung vor den Bauern, bezeichnet sie als "Abenteuerpolitik" seitens der Arbeiterführer. In "Passagen des revolutionären Krieges" unterstreicht er, daß es "nach dem Debakel nur einen einzigen fähigen Führer gibt, der in der Sierra ist, der Oberbefehlshaber Fidel Castro". Der militärische Kampf verhindert die Vormachtstellung der Diktatur. Die Heldentaten gehen weder von Arbeitern noch von Studenten aus, die sich zu diesem Zeitpunkt darauf beschränken, die politische Arbeit zu unterstützen, sondern von den Männern Fidel Castros, die sich nun dem entscheidenden Kapitel ihres Kampfes nähern: Juni 1958.

Nach ihrem politischen Sieg über den Streik startet die Diktatur eine massive Offensive in den Bergen. 10.000 Soldaten nähern sich von vier Seiten, zu Wasser und zu Land. Die Rebellen, die nicht mehr als 320 Mann zählen, stehen vor einem taktischen Problem, das sie nur durch die Kunst des Guerillakampfes lösen können: wie verdreht man eine fast aussichtslose Situation der Verteidigung in einen Abnutzungskrieg? Fidel führt persönlich den Widerstand an und hält Che zurück, damit dieser später beim entscheidenden Schlag in der ersten Reihe kämpfen soll. Das Heer bezieht nur sieben Kilometer vom Stützpunkt in La Plata entfernt Position. Eine Demoralisierung unter den Batistasoldaten scheint sich breit zu machen. Der Kampf dauert zweieinhalb Monate, und die Rebellen erringen nach und nach kleine Siege, wodurch sie ihren Waffenbestand erhöhen können. Fidel, oder wie 320 Männer 400 Soldaten festnehmen und Tausende von toten Feinden auf dem Kampfplatz zurücklassen.

In den letzten Tagen des August 1958, Che ist schon 30 Jahre alt, vertraut der Chef ihm die Mission an, für die er ihn vorgesehen hatte. Che hatte zwei Eigenschaften, Verwegenheit und intellektuelle Autorität, beide wichtig für die Eingliederung der neuen Soldaten in das nun erheblich vergrößerte Guerillaheer. Che zieht mit nur 140 Rebellen los, um das halbe Land zu erobern.

Che einmal ganz kriegerisch.

21. AUGUST: MILITÄRISCHE ORDER. "KOMMANDANT ERNESTO GUEVARA WIRD MIT DER AUFGABE BETRAUT, SICH MIT EINER KOLONNE VON DER SIERRA MAESTRA IN DIE PROVINZ LAS VILLAS ZU BEGEBEN UND IN BESAGTEM GEBIET NACH DEM STRATEGISCHEN PLAN VORZUGEHEN..."

Fidel Castro Ruz

"Geh weg, mach Platz da oder ich drück dich an die Wand hier kommt Che Guevara die Welt zu ändern, mit harter Hand."
Kubanisches Lied für den Kommandanten mit argentinischem Akzent.

DIE SCHLACHT VON SANTA CLARA

Die Offensive der Batista-Truppen war gescheitert. Die Zermürbungstaktik der Guerilleros, die keine entscheidende Schlacht schlugen aber die Truppen mit ununterbrochenem Störfeuer belegten, demoralisierte die Soldaten. Die Rebellenführung mußte jetzt den Rückzug der Soldaten aus der Sierra Maestra für sich nutzen. Durch die Rebellen, die das "befreite Gebiet" kontrollierten, war das Land praktisch in zwei Regime geteilt. Castro wußte, daß er sich in dieser Phase der Städte bemächtigen mußte: es war sehr wahrscheinlich, daß die Diktatur einen formalen Machtwechsel ersann, der der Armee vielleicht ihre verlorene Kraft wiedergeben würde und die Bevölkerung dahin bringen könnte, sich zwar nicht für, aber auch nicht gegen die Diktatur zu entscheiden. Der Plan "Invasion" sah das Vorrücken der Guerilla nach Nordosten vor. Zwei Kolonnen sollten das Land wie mit einer Zange teilen und sich dann später treffen, um die in der Nähe der Hauptstadt Havanna gelegenen Batistaverbände anzugreifen. Am 31. August ist die Truppe komplett. An der Spitze der Achten Kolonne, genannt Ciro Redondo, die den Namen zu Ehren eines gefallenen Kameraden erhält, bricht Guevara mit 140 Rebellen, die meisten sind Anfänger, auf, um den Westen zu erobern. Sein Ziel ist es, das Zentrum und die Verkehrsverbindungen zu kontrollieren. Die Stadt Santa Clara hat 150.000 Einwohner und ist der Knotenpunkt des Schienenverkehrs der Insel.

Radio Rebelde. Che hält eine Ansprache.

Der Aufbruch der Achten Kolonne beginnt nicht sehr erfolgversprechend. Das Heer hat die Benzinversorgung unterbrochen, so daß sie zu Fuß gehen müssen, vier Pferde sind dabei. Sie haben ein halbes Dutzend Maschinengewehre und ungefähr fünfzig Gewehre. Wie zu Beginn der Revolution heißt die Parole, dem Feind eine Waffe zu entreißen.
Castro stellte sich die Truppenbewegung folgendermaßen vor: Che sollte mit seiner Kolonne von Santa Clara aus in Richtung

Hauptstadt marschieren und Camilo Cienfuegos östlich davon parallel laufend ebenfalls. Cienfuegos ist ein guter Freund von Che, seine Ergänzung. Das erste Mal als Kommandant eine Kolonne anführend, bricht er in Salto de la Providencia mit der Zweiten Kolonne auf. Mit seinen 72 Guerilleros bildet er die Vorhut der "Invasion". Batista begeht einen Fehler, oder er ist zu realistisch in Bezug auf die Möglichkeit, daß seine demoralisierten Kräfte den Sieg sichern könnten: er schickt 10.000 Soldaten los, um die Invasion zu verhindern, womit er de facto die Provinz Oriente völlig der Guerilla überläßt.

Das Epos von Escambray lag nicht in der Heftigkeit der Gefechte, sondern in den äußerst mühsamen Marschbedingungen und dem listigen Umgehen der gegnerischen Umzingelung. Guevara führt seine Neulinge zu Fuß durch die Sierra. Es ist der spektakulärste Erfolg in seiner militärischen Laufbahn - und auf ihm wird später sein Mythos des Unbesiegbaren aufbauen. In seinem Tagebuch schreibt er: "Nur die schlimmsten Beschimpfungen, Bitten und Versprechungen jeglicher Art konnten die erschöpften Männer zum Gehen bewegen."

In Escambray zeigt Ernesto Guevara eine andere Seite als seinen Wagemut. Er stellt sich nicht der Gefahr, sondern weicht ihr aus. Er umgeht die 10.000 Soldaten, die an den Wegen ihre Lager aufgeschlagen haben. Oscar Fernández Mell, Arzt und Offizier der Rebellenarmee, erinnert sich an Ches Worte, daß jetzt nicht die Zeit zum Kämpfen sei, "sondern die Natur zu bezwingen, um nach Escambray zu gelangen". Die tour de force besteht in diesen Tagen darin, den eigenen Impuls zu unterdrücken. Allein die Tatsache, diese Berge erreicht zu haben, ist wie ein Sieg, da der Aufstieg unter Kugelhagel stattfindet. Guevara schreibt: "Die Luftwaffe folgte unseren Schritten mathematisch genau. Sie bombardierte den Berg, den wir am Vortag verlassen hatten."

Aus dieser Zeit stammt der berühmte pelotón suicida "das Todeskommando", deren Chef Hauptmann Roberto Rodríguez war, der wegen seiner kleinen Gestalt den

Ein Befreier kommt zu Pferd in den Bergen von Escambray an. Oktober 1958.

Die Kämpfer der Segundo Frente von Escambray sind diejenigen, die seiner Führung am ablehnendsten gegenüberstehen.

Mit der Unterzeichnung des Paktes von El Pedrero übernimmt Che die Führung aller Rebellengruppen im Westen.

*

Spitznamen "El Vaquerito" bekam. Che beschreibt: "Das Todeskommando war ein Beispiel an revolutionärer Moral, nur besonders ausgewählte Freiwillige gehörten ihm an. Jedesmal wenn ein Mann starb - und das geschah in jedem Gefecht - und ein Neuer an seine Stelle trat, ließen sich die, die nicht als Ersatz ausgewählt waren, zu Szenen des Schmerzes bewegen, die sich bis zum Wehklagen steigerten. Es war eigenartig, wie sich die härtesten Kämpfer nicht scheuten, durch Zornestränen ihr jugendliches Ungestüm zu zeigen, da sie nicht die Ehre hatten, in der ersten Linie des Kampfes und des Todes zu stehen." Als El Vaquerito von Kugeln tödlich getroffen wurde, rief Che aus, er habe hundert Männer verloren. Doch es gab nicht nur Truppen von Helden, sondern auch eine andere Gruppe, von Che die Descamisados (Hemdlosen) in Anspielung auf die peronistischen Arbeiter in Argentinien genannt, die nach dem Fall von Perón in Ungnade gefallen waren. In dieser Gruppe sind die Trinker unter den Rebellen, die Faulen, die Feiglinge, die Schmarotzer, die Diebe. Sie sind im Nachtrab, im Fegefeuer der Verfügbarkeit.

In seinem Vormarsch setzt Guevara, genau wie Camilo und die Brüder Castro, eine Wirtschaftsreform in die Tat um. Es ist der Beginn einer Agrarreform, die am 8. November im Ersten Erlaß des Rebellenheeres ihren Höhepunkt finden wird. Die Agrarreform, "das magische Wort, das die unterdrückten Massen in Kuba dazu brachten, für den Besitz von Land zu kämpfen", umfaßt die Verstaatlichung der Latifundien, die Befreiung von Steuerabgaben für die kleinen Bauern und die

Das Foto auf der nächsten Seite ist Teil der gleichen Sequenz. Guevara im Türrahmen seiner Hütte, dem fortziehenden Veteranen nachschauend.

"Ein Veteran des Unabhängigkeitskrieges war gekommen und brachte uns wertvolle Unterlagen. Der Kämpfer stellte sich Guevara mit all seinen Auszeichnungen vor. Es war die Weiterführung zweier Befreiungskriege, und wir waren alle sehr bewegt. Mit der Kamera, die Che mir geschenkt hatte, nahm ich den Veteranen aus dem Inneren der Hütte heraus auf, so daß nur die Hand von Guevara zu sehen war. Danach ging ich raus, um ihn aufzunehmen, während er seinen Mate trank."

Antonio Núñez Jiménez erzählt die Situation dieser Bilder.

Mit Víctor Bordón von der Bewegung M 26-7. Che spornte die Truppe an: "In Havanna erwartet man uns mit ausgelegten Teppichen."

Bauern schließen sich dem Rebellenheer an, das bei seinem Durchzug die Agrarreform in die Tat umsetzt.

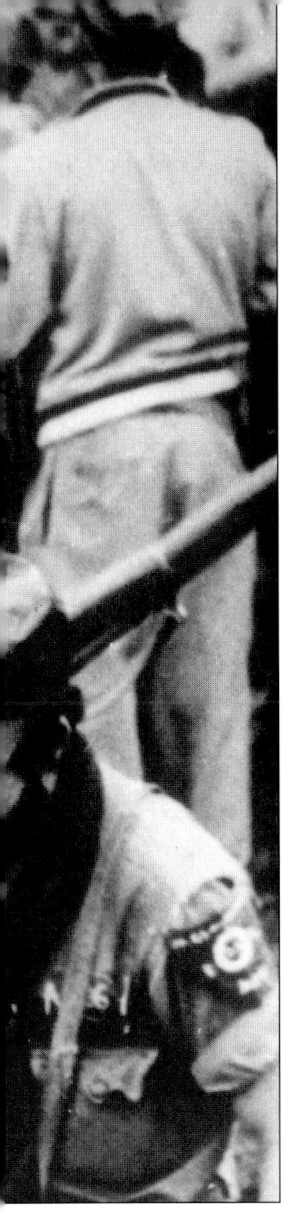

Che ordnet die Entwaffnung der feindlichen Soldaten an. Fomento, 15. Dezember 1958.

Abschaffung der Pacht. Dies ist sowohl für den Ideologen der lateinamerikanischen Revolution als auch für den Funktionär der kubanischen Regierung eine einschneidende Erfahrung.

Der Chef der Achten Kolonne hatte eine andere Aufgabe zu erfüllen, deren Ausgang für die Zukunft der ersten und einzigen kommunistischen Nation Lateinamerikas wichtig war. Durch eine militärische Order hatte Castro Che damit beauftragt, "Operationen, Pläne, administrative und militärische Einrichtungen mit anderen in dem Gebiet operierenden revolutionären Kräften zu koordinieren, um einen einzigen Korps aufzubauen". Mit anderen Worten: er sollte all' die Gruppen, die sich gegen Batista erhoben, aber unterschiedliche ideologische Ausrichtungen hatten, zusammenbringen und die Differenzen zwischen den liberalen Kräften, die aus der Bewegung M 26-7 hervorgegangen waren, beilegen. Diese Kräfte waren Directorio Revolutionario (Die revolutionäre Führung), die Kämpfer der Zweiten Front von Escambray, die das Gebiet als das Ihre ansahen und mit denen die Castristen in hartem Streit lagen und zum Schluß die Kommunisten der PSP (Partido Socialista Popular), die prosowjetisch eingestellt waren und die mißtrauisch auf die ideologische Unabhängigkeit des ausländischen Kommandanten blickten. Auch Che hat seine Vorbehalte gegenüber den Kommunisten. Er schreibt: "Während einer freundschaftlichen Diskussion sagte ich einem Leiter der PSP einen Satz, den er weitererzählte: Eure Kader sind in der Lage, auch unter Folter kein Sterbenswörtchen zu verraten, aber Ihr schafft es nicht, Kader zu bilden, die den

"Schädlicher Ausländer und kommunistischer Anführer." Unnütze Propaganda: In Las Villas ist Che schon zum Mythos geworden.

Cabaiguán, eine eingenommene Stadt. Che spricht das erste Mal vor einer Menschenmenge.

"El Vaquerito". Che schätzte seine "befremdliche und romanhafte Art, sich der Gefahr zu stellen".

Ort überfallen, wo die Maschinengewehre sind." Zwist und Streit um die Macht in Escambray werden im Pakt von El Pedrero beigelegt, der die Vereinigung des bewaffneten Widerstands unter der Führung von Che festlegt. Die Urkunde wird am 1. Dezember unter Beschuß der Luftwaffe unterzeichnet.

Der Aufstieg bereitet große Schwierigkeiten und Ernesto schreibt: "Die Truppe ist moralisch gebrochen; sie ist ausgehungert, ihre Füße sind blutig gelaufen und so geschwollen, daß sie nicht mehr in die Schuhe - oder was davon noch übrig geblieben ist - passen. Die Truppe steht kurz vor dem Zusammenbruch. Im tiefsten Innern der Augen der Rebellen sieht man ein kleines und schwaches Licht inmitten von Trostlosigkeit." Hungrig und zerlumpt, zwei Wirbelstürmen ausgesetzt, die Füße mit Pilzen übersät, marschieren sie wie Verdammte über Reis- und Zuckerrohrfelder, überqueren Flüsse, ohne zu wissen, ob auf der anderen Seite der Feind wartet.

Sie sind in der Provinz Las Villas angekommen. Am 16. Oktober erblickt die Kolonne von weitem die massive, in Blau getauchte Bergkette, die Santa Clara umgibt. Zu Fuß wie die

Nomadenvölker hatten sie die Einkreisung der Batista-Kräfte durchbrechen können. Auf den Atlas geschaut, beträgt die gerade Linie zwischen ihrem Ausgangs- und Endpunkt 557km. Sie marschieren 47 Tage mit Lebensmitteln für 20 Tage, wie die Chronisten sagen. Sie wußten nicht, daß der Sieg greifbar nah war und daß die Entscheidung nicht durch unendliche, grausame Schlachten fielen würde, sondern durch ihren Willen. Che wird eine liebliche Belohnung erhalten. Bei einem Treffen mit Führern aus Santa Clara, bei dem über Finanzen diskutiert werden sollte, lernt er eine junge Frau aus dem Untergrund kennen.

Die Festung Aleida March, seit Las Villas bis Havanna 1997. Über Jahre war sie eine geheimnisvolle Figur. Ihr Name steht nicht auf der Liste der Hunderten von Chronisten und Zeugen der Revolution. Ihr Verhalten war das einer mustergültigen Ehefrau an der Seite eines großen Mannes, mit all' dem, was diese Rolle an Stolz und Entsagungen mit sich bringt. Ihre Wahrheit hält sie in pectore, sie blieb im Hintergrund und gab keine Stellungnahme übe die Ermordung ihres Ehemannes ab. sie gab nicht nach, weder Verleumdern noch Apologeten. 1996 brach sie plötzlich ihr Schweigen und vertraute sich Jon Lee Anderson an, dem nordamerikanischen Biographen.

Sie trägt einen musikalischen Namen und schwarze, weite Röcke, unter denen man gestohlene Bomben verstecken kann. Trotz ihrer schweren Knochen hat ihr Gesicht etwas Zierliches und die Ausstrahlung einer spanischen Brigadistin von 1936. Trotz ihrer weiblichen List wurde sie nach geraumer Zeit schließlich als wichtiges Bindeglied zwischen der Guerilla und der Stadt aufgedeckt. Sie stammt aus der Provinz Las Villas aus einer relativ gebildeten Familie. Sie war Grundschullehrerin in Santa Clara. Der Überfall auf die Moncada-Kaserne hatte sie politisiert, sie gehörte nun zur städtischen Untergrundbewegung. 1958 gehörte sie schon der Führung der Bewegung M 26-7 in Santa Clara an.

Im Oktober war March enttarnt worden und wurde intensivst von der Polizei gesucht, weshalb die Führung der Bewegung M 26-7 ihr befahl, zur Kolonne von Escambray zu stoßen. Obwohl keine Frauen im Lager der Achten Kolonne übernachten durften, machte Guevara angesichts der problematischen Lage hierin eine Ausnahme. Die schöne Rebellin hatte nicht gerade einen folgsamen Charakter, auch gab es keine ideologische Übereinstimmung unter den beiden. Aleida mochte die Kommunisten nicht und Che maß dem städtischen Aufstand nicht so viel Bedeutung bei. Sträuße

"Was machst Du hier?" fragte er sie. "Ich konnte nicht schlafen", antwortete sie. "Ich fahre, um Cabaiguán anzugreifen", sagte er. "Willst Du mitkommen?" "Sicher", erwiderte sie, und mit einem Satz sprang sie in den Jeep. "Von diesem Moment an", fügt Aleida mit einem verschmitzten Lächeln hinzu, "war ich immer mit ihm zusammen oder hab' ihn zumindest nicht aus den Augen verloren."

Jon Lee Anderson. Che Guevara: A revolutionary life.

Santa Clara, Garnison Leoncio Vidal. Der eindrucksvolle Panzer gibt dem revolutionären Sieg eine andere Qualität.

Die Kräfte des Volkes können einen Krieg gegen das Militär gewinnen. Man muß nicht warten, bis die Bedingungen für eine Revolution gegeben sind, der aufständische foco kann sie schaffen."

Der entgleiste Zug und ein Rebell in Pose, einen Molotow in der Hand. Aleida an der Lokomotive. Che wird ihr gesagt haben: "Ich mach' ein Foto von Dir für die Geschichte." Santa Clara ist in den Händen der Rebellen.

★

TU MANO GLORIOSA Y FUERTE

DESDE LA HISTORIA DISPARA

CUANDO TODO SANTA CLARA

SE DESPIERTA PARA VERTE

Y AQUÍ SE QUEDA LA CLARA

LA ENTRAÑABLE TRANSPARENCIA

DE TU QUERIDA PRESENCIA

COMANDANTE CHE GUEVARA

Carlos Puebla, Hasta siempre.

Berühmtes kubanisches Lied in Gedenken an Che und die Schlacht von Santa Clara, eine Art Abschiedslied als bekannt wurde, daß er Kuba verlassen hatte. "Du wirst immer unter uns sein."

"Nun zum Duschen!" Nach dem Eifer des Gefechts reicht Aleida ihm die Seife.

von wildwachsenden Blumen, liebliche Küsse im Mondenschein: dies erzählten die Zeugen, was heute alles erfundene Geschichte zu sein scheint. Nach Aleidas neuesten Enthüllungen handelte es sich nicht um Liebe auf den ersten Blick, sondern um eine revolutionäre Liebe, jene, die die Nähe von zwei Körpern unter Kugelhagel mit sich bringt. In der besagten Nacht konnte sie nicht schlafen und ging spazieren. Der Kommandant kam mit seinem Jeep vorbei und bot ihr an, sie mitzunehmen: "Ich fahre zum Angriff nach Cabaiguán." Aleida stieg ein. Sie griffen an. "Von diesem Tag an habe ich mich nicht mehr von ihm getrennt." Anfang Dezember 1958, mitten im Kampfgefecht, waren sie ein Paar.

In den letzten Monaten des Jahres 1958 hatten sich die militärischen Kräfte auf beiden Teilen der Insel erheblich verändert. Heute wissen wir, daß sich die gesamte Revolution in diesen Monaten entschied und daß der letzte Anreiz für die Kräfte der Rebellen in der Demoralisierung des gegnerischen Heeres lag, dem nicht mal Batista selbst vertraute und der sich mehr Gedanken über seine eigene Flucht machte. In den Morgenstunden des 16. Dezember griff Che mit nur drei schlecht bewaffneten Trupps, der Rest seiner Männer war in der Nähe versteckt geblieben, die Kaserne Fomento an. Er beginnt mit einem dieser Vorstöße, der so typisch ist für das junge Rebellenheer: er bittet telefonisch den wachhabenden Oberleutnant, sich zu ergeben. Die Antwort ist negativ. In der Kaserne sind 120 Soldaten, die nicht wissen, daß der Feind in der Minderzahl ist. Beide Seiten halten Stand. Die Rebellen haben die Verbindung zwischen der Kaserne und dem Dorf Placetas abgeschnitten und werden von der Luftwaffe bombardiert. Wegen der waghalsigen Order von Che, die Belagerung der Kaserne nicht aufzugeben, ziehen sie sich jedoch nicht zurück. Die Batista-Soldaten machen keine Anstalten zu schießen: sie zweifeln daran, was und wen sie eigentlich verteidigen, angefangen beim Oberleutnant. Am 18. marschiert Guevara in die Kaserne ein. Der Weg nach Santa Clara bleibt offen.

Parallel zu der Eroberung von Escambray und den Aktionen von Fidel und seinem Bruder Raúl in der Provinz Oriente lanciert Camilo am 22. Dezember seine Offensive gegen die Garnison von Yaguajay bei Cruces, begleitet von scharfem Luftangriff.

Eine Woche darauf beginnt Che mit der Belagerung von Santa Clara. Er überfällt die außerhalb gelegenen Kasernen, dann nimmt er das Elektrizitätswerk ein. Die "Befreiung" des nordöstlichen Sektors der Stadt läßt auch einen wichtigen Radiosender in seine Hände fallen, womit er der Bevölkerung persönlich mitteilen kann, daß die Stadt fast ganz von den Rebellen erobert ist. Die Bevölkerung unterstützt die Guerilla, in dem sie die Straßen blockiert, um eine Verschiebung der Batista-Truppen zu verhindern.

Eine Episode, die von den Guevaristen so gern erzählt wird, ist der Überfall auf einen gepanzerten Zug mit Kriegsmaterialien. Der Zug wurde auf den Berghöhen von Cápiro mit Molotow-Cocktails angegriffen. Guevara schreibt: "Die Männer bedrängten den Zug von nahe gelegenen Punkten und Wagen aus und warfen brennende Benzinflaschen auf ihn, so daß er -dank des Panzerblechs - zu einem wahren Ofen für die Soldaten wurde. In wenigen Stunden ergab sich die gesamte Mannschaft mit ihren 22 Waggons, Flugabwehrgeschützen, Maschinengewehren vom gleichen Typ und einer Unmenge an Munition." Ein Rückzug war nicht möglich, da die Rebellen in der Nacht zuvor Schienenteile entfernt hatten.

Die Schlacht von Santa Clara ist eine der entscheidendsten für die Revolution, vor allem deshalb, weil sie den Ausgang vorwegnimmt. Obwohl es keine blutige Schlacht ist - es sterben

ZUR BERUHIGUNG DER FAMILIEN IN SÜDAMERIKA UND DER KUBANISCHEN BEVÖLKERUNG GEBEN WIR HIERMIT BEKANNT, DAß KOMMANDANT CHE GUEVARA AM LEBEN IST UND SICH AN DER FRONT BEFINDET.

Radio Rebelde widerspricht dem Tod von Guevara.

Zwei Kämpfer bewachen den Schlaf des Kommandanten.

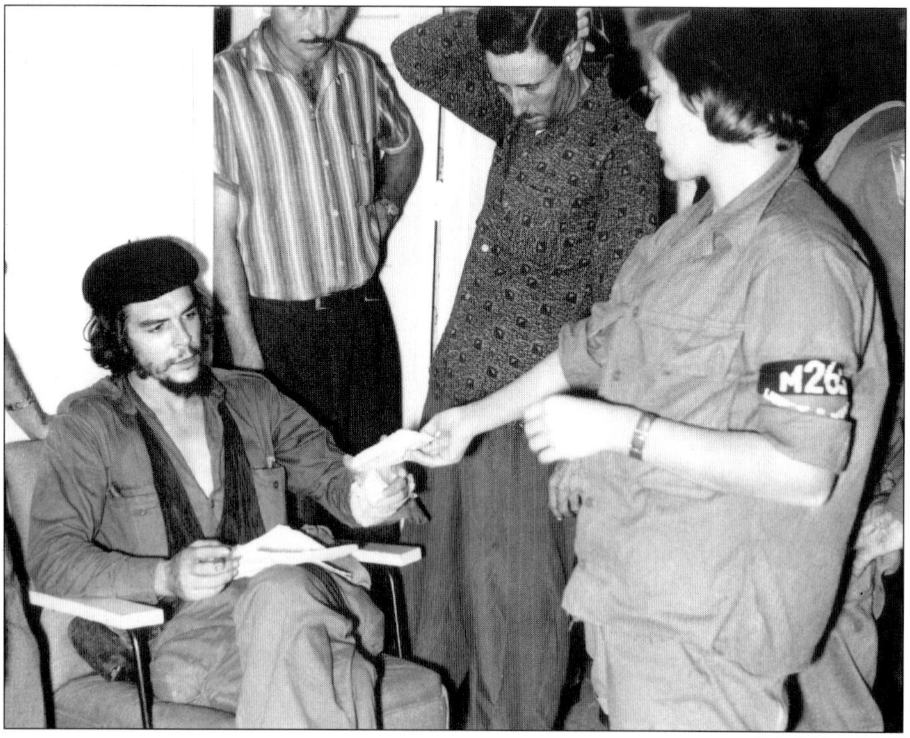

Die Guerrilla steht vor einer neuen Aufgabe: zu regieren.

nur sechs Rebellen - wird sie in der kubanischen Geschichte so ausführlich beschrieben, daß sie mit den großen Unabhängigkeitskämpfen Amerikas vergleichbar ist. Es ist Ches definitive militärische Anerkennung und seine Verankerung im Volk. Von der Bevölkerung wird er als Befreier empfangen. Er ist zum Paradigma eines Guerilleros geworden.

Um 21 Uhr des 2. Januar erreicht die Zweite Kolonne, von Yaguajay kommend, die befreite Stadt. Der Kommandant Cienfuegos betritt das Gebäude der Öffentlichen Verwaltung, der Kommandostelle der Rebellen in Santa Clara, und teilt seinem Freund Che Guevara die Befehle Fidel Castros mit. Die Vereinigung der beiden Kolonnen wird mit 600 belegten Broten für die ganze Truppe gefeiert. Am selben Morgen brechen sie mit dem Auftrag auf, die beiden wichtigsten Kasernen in der Nähe von Havanna zu erobern. Camilo nimmt die Militärstadt Columbia ein, während Che die Festung La Cabaña angreift. Einige Historiker haben sich gefragt, warum Fidel den umfangreicheren militärischen Auftrag dem Kommandanten Cienfuegos erteilte, der eigentlich der drittwichtigste Mann war, oder sogar der vierte nach Raúl Castro, während Che eine relativ einfache Aufgabe zu lösen hatte. Es gibt eine Vielfalt an Vermutungen, mehrere Quellen jedoch sind übereinstimmend der Meinung, daß Fidel den letzten und schwierigeren Auftrag nicht an Che übergeben hätte, da er Ausländer war.

Vor dem Aufbruch reden die Freunde über die letzten Nachrichten aus dem Radio. Wie oft sind der Tod von Fidel, von Camilo oder dem "bekannten kommunistischen Argentinier" über das Radio durchgegeben worden, daß sie zuerst dieser neuen Meldung keinen Glauben schenken wollen. Doch dieses Mal stimmt die Nachricht: Der Tyrann hat Kuba verlassen.

Zu den Besiegten war Che großmütig. Er reichte ihnen die Hand, nicht aber den Blick.

Che hatte sich einen Panzer angelegt zum Schutz vor unseren Hänseleien, vor unserer kubanischen Art des Humors, unserem Spaß, unseren feucht-fröhlichen Festen. Als wir sahen, wie Camilo mit ihm umging, waren wir erstaunt. Ich erinnere mich an eine Begebenheit, als dieser ihn neckte. Che schaute ihn an und sagte: "Camilo, denk' dran, daß meine Männer hier sind." Sie umarmten sich und gingen weg.

Zeugnis von Enrique Acevedo González.

Castro: "Die Panzer gehören jetzt dem Volk... niemand wird es übergehen." Die Havannerinnen, gekleidet in den Nationalfarben, nahmen ihn beim Wort.

Tage des Ruhmes

"Don Quichote der Straßenlaterne" betitelte Korda dieses Bild eines Bauern, der die Aussicht genoß.

Im Morgengrauen des 1. Januar 1959 besteigt Fulgencio Batista ein Flugzeug und fliegt ins Exil. Er wird von dem dominikanischen Diktator Leónidas Trujillo aufgenommen und übergibt die Befehlsmacht an Eulogio Cantillo, der sich in den letzten Stunden gemeinsam mit dem Weißen Haus ein Manöver ausgedacht hat, das den sicheren Sieg des Aufstandes mindern soll. Castro entlarvt dieses Spiel und ruft über Radio Rebelde dem Volk zu: "Revolution, ja! Militärputsch, nein!"

"Fidel gewann, weil das Batista-Regime zerbrechlich war. Es hatte keine wirkliche Unterstützung außer von denen, die einen persönlichen Nutzen davon hatten, und es wurde von einem Mann angeführt, der durch viele Jahre der Korruption faul geworden war... Fidel machte dies sichtbar, und es war klar, daß seine Kräfte die Regierung übernahmen. Ein schlechtes Regime mit nur wenig Rückhalt ist zerbrochen worden", so beschreibt der englische Historiker Eric Hobsbawm den Sieg der Kubanischen Revolution aus seiner heutigen Sicht.

Die militärischen Aufgaben der Vorhut sind einfach. Mit seinem breiträndigen Hut und dem Bart eines Propheten fällt Camilo am Morgen des 3. Januar 1959 in Havanna ein. Das Volk ist in einem wahren Taumel. Am Morgen danach erreicht Che die Hauptstadt, etwas weniger heldenhaft mit seiner zerfetzten Uniform und seinem wenigen Bartwuchs. Die Reisen durch Lateinamerika sind für ihn eine Abenteuergeschichte, doch hier in Kuba ist er der Held eines Epos. Er durchstreift die Hauptstadt dieses unbekannten Landes, das gerade befreit worden war, das Land, das er unter Einsatz seines Lebens lieben gelernt hat.

Die Ankunft von Fidel am 8. Januar war die Krönung eines langsamen Weges seit Oriente. Che wollte Disziplin durchsetzen und verbot den Verkauf von Alkohol und das Glücksspiel. Trotzdem nahm Kuba ihn, diesen distanzierten Argentinier, als seinen Sohn auf. Als erstes rief Che seinen Vater an. Sein Akzent hatte schon so sehr den kubanischen angenommen, daß

Der Jeep der barbudos: Cienfuegos, Chomon, Fidel, Ramiro Valdéz, Raúl, Ameijeiras und ein nachdenklicher Che.

Guevara Lynch ihn im ersten Moment nicht erkannte. "Ich bin's, Vater": Jahre der Verbundenheit sprachen daraus. In einem nie veröffentlichten Interview soll er gesagt haben, daß es der ergreifendste Moment war, als er die Stimme seines Vaters nach sechs Jahren der Trennung wieder hörte.

Der Sieg ist ein Freudentaumel, alle sind zusammen, die Linken und die bürgerlichen Parteien, Arme und Reiche, Arbeiter und Studenten, alles bewegt sich im Rhythmus des Mambo-Tanzes! Che fährt durch Havanna auf einem Panzer, dann auf einem Jeep, Camilo in den Armen, neben sich Fidel. Die Bevölkerung ist auf den Straßen, um den Sieg zu feiern, außer sich vor Freude. Auf den Straßen sind auch die schönen Havannerinnen mit Jakobinermützen, dem Symbol der Freiheit und in rot-blau gekleidet, den Nationalfarben Kubas. Sie sind auf den Panzern als wären es Wagen von Karnevalsumzügen.

Inmitten dieser Euphorie Bilder von Familien, die sich wieder in die Arme schließen. Cienfuegos hatte ein Flugzeug nach Buenos Aires geschickt, um Exilkubaner zu holen. Die Familie Guevara hatte ihren Sohn das letzte Mal beim Abschied auf dem Bahnsteig gesehen - Stolz liegt in den Augen Celias, die Wiedergutmachung für schlaflose Nächte.

Doch der Sieg ist nicht nur angenehm für Che. Es kommen auch Hilda Gadea und die gemeinsame Tochter Hildita nach Havanna, und er sieht sich vor die Tatsache gestellt, ihnen die schlechte Nachricht mitteilen zu müssen. Die Fotos beweisen, daß Aleida ihn wie seine Leibwache begleitet; aber sie ist auch der Kubanischen Revolution verschrieben. In der Zeitschrift Bohemia sind Fotos von ihr abgebildet; nein, sie ist nicht seine Sekretärin, und dann - das Schweigen im Hintergrund. Sie haben keine Zeit, gemeinsam durch Havanna zu streifen, sie schlafen nur eine oder zwei Stunden pro Nacht. Vielleicht auf Grund der Tatsache, daß er Ausländer ist, hat Che noch nicht seinen Platz in diesem revolutionären Sieg gefunden, der sich noch nicht direkt auf die Regierungsbildung ausgewirkt hat.

Der Jeep von Fidel schiebt sich durch die Menge. Die Stadt ist durch den Generalstreik gelähmt.

Das Fest wurde auch von Zweifeln begleitet. Die politischen Ereignisse waren schwindelerregend. Die Regierung lag in Händen des Präsidenten Manuel Urrutia und einem reformistisch ausgerichteten Kabinett. Fidel, 32 Jahre alt, konnte wegen seines Alters nicht die Präsidentschaft übernehmen - hierzu bedurfte es einer Verfassungsreform -, und so war er nur Oberbefehlshaber des Rebellenheeres. Es gab praktisch zwei Mächte, und die politische Situation war dementsprechend unsicher.

Im Ausland erahnte man die gleiche Unsicherheit, und der Sieg der M 26-7 schien begrüßenswert zu sein, wenn auch aus sehr unterschiedlichen politischen Winkeln, wie im Fall von Buenos Aires, wo er von der Militärregierung gefeiert wurde. Die Linke betrachtete den Sieg der Castristen mit Sympathie und sah in ihm den Beweis, daß die letzten Tage der noch verbleibenden Diktaturen in Lateinamerika - Alfredo Stroessner in Paraguay, Somoza in Nicaragua und Trujillo in der Dominikanischen Republik - gezählt seien.

Andererseits hatte Fidel noch Verbindungen zu einigen Teilen der

Einzug in Havanna, 8. Januar 1959. Fidel und Cienfuegos feiern, doch es gibt noch keine Entwarnung.

Familienalbum. Alle wollen ein Foto mit den Bauern und ihren Gewehren.

Letztes Lächeln der Patrizierinnen.Schon bald werden sie die Koffer packen.

nordamerikanischen Regierung gehalten. In den Siegestagen der Revolution erklärte die Konferenz der Kommunistischen Parteien Lateinamerikas und der Karibik, daß das kubanische Phänomen mit "dem Mythos des geographischen Fatalismus' als repressives Joch der Imperialisten und Oligarchen aufräumen würde". Die Kubanische Revolution wird bis zum heutigen Tag dafür leben, diesem Fatalismus zu trotzen. In jenen Tagen waren die Rebellen davon überzeugt, den Lauf der Geschichte in andere Bahnen gelenkt zu haben.

Die Macht des Geldes. Die Nordamerikaner kontrollierten 90% der Nickelvorkommen und andere Minen, 80% des Dienstleistungssektors und 50% des kubanischen Eisenbahnnetzes. Zusammen mit den Engländern besaßen sie die gesamte Ölindustrie und die großen Landwirtschaften, die die Hälfte der gesamten Insel ausmachten. Das Umsatzvolumen der Nordamerikaner betrug 65% der Ausfuhr. Die Kubaner hatten sozusagen ihr Land ausgeliehen. Einige nordamerikanische Geschäftsleute, gewohnt, nicht alles auf eine Karte zu setzen und wegen der Unsicherheit Batista gegenüber, hatten die Revolutionäre während ihres Aufstands unterstützt. Doch kaum eine Woche nach dem triumphalen Einmarsch der Rebellen verhielten sich nordamerikanische Gesetzgeber aggressiv, und machten darauf aufmerksam, daß die zukünftigen wirtschaftlichen Pläne Kubas nicht das Kapital ihres Landes beeinträchtigen dürfen. Castro reagierte sofort und in herausfordernder Art, Vorspiel von dem, was sich im Februar ereignen sollte, als er zum Premierminister ernannt wurde.

Che hatte die Kommandantur von La Cabaña übernommen, einem Festungsbau aus dem 18. Jahrhundert, der in eine Kaserne umgewandelt worden war und in der Nähe der Hauptstadt lag. Er bezieht ein Haus, in dem ein Offizier Batistas gewohnt hatte. Hunderte von Folterern des Batista-Regimes und Denunzianten wurden hier hingerichtet, was für die Exilkubaner und Washington Öl aufs Feuer bedeutete. Durch Schnellverfahren richtet die Revolution über die Unterdrücker, die Zahl variiert je nach Quelle zwischen 200 und 1500. Castro gibt 550 an. Che kontrolliert die Hinrichtungen, die in dem alten Festungsgraben um die Kaserne herum durchgeführt werden. Die Chroniken bezeugen weder Revanchismus noch menschliche Reue. Es

Havanna Hilton, umgetauft auf Havanna Libre. Die Revolution bemächtigt sich der Symbole.

Ich bat Che um die Erlaubnis, nach Oriente gehen zu dürfen, um meine Familie zu sehen. Trocken antwortete er mir: Nein. "Che, die Revolution ist doch schon gewonnen", drängte ich. "Nein, der Krieg ist gewonnen. Die Revolution beginnt jetzt", antwortete er mir, und die Diskussion war für ihn damit beendet.

Zeugnis des Kämpfers Mustelier.

Che spricht im italienischen Radio RAI, neben ihm Alberto Bayo. Dahinter der dunkelhäutige Pombo und der stolze Rogelio Acevedo.

Geheime Zusammenkunft während der Schnellverfahren. "Wenn wir uns gegen die internationale Meinung stellen müssen, nun, wir sind bereit", provoziert Castro.

Die Planungsabteilung, errichtet durch Che und Núñez Jiménez. Fast eine geheime Regierung parallel zu der des Präsidenten Urrutia.

liegt in der Logik der Revolution; die Abschreckung ist notwendig, um eine neue Gerechtigkeit aufbauen zu können.

In dieser Zeit überschlagen sich die Ereignisse, die Kubas Zukunft markieren werden: sämtliche Machtstrukturen werden erneuert. Das Land ist dabei, seine Grundregeln zu erneuern, die jedoch erst noch definiert werden müssen. Über allem steht der Kalte Krieg, der Schattierungen zunichte macht, besonders in wirtschaftlich so abhängigen Ländern wie Kuba. Dieser Taumel kann auch an seinen Protagonisten liegen, die im Durchschnitt 30 Jahre alt und absolut unerfahren im Umgang mit Macht sind. Diese Tatsache, fast einmalig in der Geschichte dieses Jahrhunderts, wirkt als dynamischer Beschleuniger.

In den ersten Tagen des Februar erläßt der Ministerrat ein Dekret, nach dem alle Ausländer die kubanische Staatsbürgerschaft erhalten, die gegen die Diktatur gekämpft haben. Und so gab Ernesto Guevara de la Serna formal seine argentinische Staatsbürgerschaft ab - doch in seinem lautmalerischen Spitznamen hütete er sie wie ein kleines Juwel. Nach den ausgestandenen Kämpfen mußte Che in diesen Tagen des Ruhmes das Bett hüten. Er war anämisch und hatte ein doppelseitiges Lungenemphysem. Er fuhr in den Badeort Tarará nahe der Hauptstadt, um sich zu erholen.

Für Che als Ideologen des neuen Staates war Tarará ein zentraler Ort. Nach unterschiedlichen Quellen zu urteilen ist dies der Ort, an dem die Zukunft Kubas Formen annimmt, angefangen von den Einzelheiten der bevorstehenden Agrarreform bis zu den ersten Plänen, die kubanische Erfahrung auf dem Wirtschaftssektor wie in der Außenpolitik auf den ganzen Kontinent auszubreiten. Bei den geheimen Treffen der wichtigsten Männer des Staates spricht Che die Schlüsselthemen an wie Restrukturierung des Militärs, also die Bildung von bewaffneten revolutionären Streitkräften, und die Konstituierung eines neuen Sicherheitsapparates und einer neuen Polizei: die Revolution muß ihre Errungenschaften nach innen wie nach außen schützen können. Auch findet

Fidel kehrt von seiner Reise in die Vereinigten Staaten von Amerika zurück. Die Kommandanten belagern die Treppe. Mai 1959.

UNSERE REVOLUTION HAT MIT DEN SALONTHEORIEN SCHLUß GEMACHT. JETZT MUß MAN AGRARREVOLUTIONEN DURCHFÜHREN, AUF DEM LAND UND IN DEN BERGEN KÄMPFEN UND VON DORT AUS DIE REVOLUTION IN DIE STÄDTE TRAGEN.

Che, Januar 1959.

✶

Er war sich seiner Persönlichkeit bewußt und wurde zu einem Mann, dessen Glaube in den Sieg seiner Ideale schon fast mystisch war.

Ernesto Guevara Lynch.

Wiedersehen mit seiner Mutter, Celia. Die Familie reiste in einem Flugzeug, das die Exil-Kubaner aus Argentinien wieder zurückbrachte. 9. Januar.

die definitive Annäherung an die kommunistische Partei Partido Socialista Popular statt. Der Linksruck der neuen Regierung geschieht schon im Mai. Washington weiß, daß Guevara das Faktotum der Radikalisierung ist, die "graue Eminenz" von Castro.

Am 17. Februar nach einer Reise Fidels durch die Vereinigten Staaten von Amerika und den am meisten entwickelten Ländern Südamerikas - Brasilien, Argentinien und Uruguay - kündigt die Regierung das Gesetz zur Agrarreform an. Obwohl die Enteignung nicht so rigoros vonstatten geht - sie sieht eine ansehnliche Abfindung der konfiszierten Ländereien vor - wird der Großgrundbesitz abgeschafft, was den Interessen der Nordamerikaner schadet. Für Che ist dies eine Kompromißlösung, da er in bezug auf seine ursprünglichen Ideen Zugeständnisse machen muß. Die Schaffung des Institutes für Agrarreform (INRA), eine Art Superindustrieministerium, das das Volk mobilisiert und eine drastische soziale wie wirtschaftliche Veränderung

Hildita trifft ihren Vater in Havanna, der jetzt Kommandant ist. Freunde Ches hatten Geld gesammelt, damit er ihr die Puppe schenken konnte.

herbeiführt, untermauert das Projekt. Durch dieses Institut wird die Bauernschaft in das politische Zentrum gerückt. Che organisiert Alphabetisierungsprojekte für die Landbevölkerung. Niemand ist über den Rücktritt von Präsident Urruti im Juli erstaunt. Sein Amt übernimmt der Sozialist Osvaldo Dorticós bis 1976.

Ches Interesse liegt nicht im städtischen Bereich, doch es gibt nicht nur Bauern auf Kuba. Havanna hatte eine relativ große, vitale Mittelschicht, eine intellektuelle Elite, die die Ereignisse mit Unruhe verfolgte. Der bekannte Film Memorias del subdesarrollo (Aufzeichnungen über die Unterentwicklung) (1962) des Cineasten Tomás Gutiérrez Alea beschreibt diesen schwierigen Übergang des Intellektuellen, der dazu gezwungen ist, die Machtergreifung durch die Opposition hinzunehmen. Einige Jahre später wird genau das das Problem sein: entweder zum angepaßten Intellektuellen zu werden oder zu emigrieren. Doch Ende der 50er Jahre gab es einen Ausweg aus diesem Dilemma: künstlerische wie politische Avantgarde gingen in die gleiche Richtung. Der Marxismus schloß die Kluft, vor allem für die Kunstrichtungen, die sich selbst ein Bild von der Realität machen konnten. So besteht in der Fotografie eine der produktivsten und funktionalsten Beziehungen zwischen Politik und Kunst. Alberto Díaz, bekannt unter dem Namen Korda und Autor des symbolhaften Fotos von Che, erinnert sich, daß es für die kubanischen Fotografen sehr frustrierend gewesen war, die Rebellen nicht in der Sierra Maestra aufnehmen zu können. Und plötzlich waren sie alle in Havanna, mitten im Gewühl, ein wahres Fest für die Porträtsucher. Die neue Fotografie hat ihren Ursprung in der Revolution und reproduziert Momentaufnahmen des Prozesses der Regierungsbildung. Sie ist eng mit ihren Anführern verbunden. Korda wurde zum persönlichen Fotografen Fidels, und zusammen mit anderen wie Osvaldo Salas und Raúl Corrales einer der Hauptfotografen der kubanischen Regierung. Führer und Fotografen bauen gemeinsam das Image der Regierung auf, sie sitzen im gleichen Boot.

Die, die mit ihren ausstaffierten Ehefrauen karavanenhaft emigrierten, waren die Großkapitalisten, die Handlanger der Investoren, die alten Besitzer

WENN DU GROß BIST, WIRD DIESER GANZE KONTINENT GEGEN DEN FEIND KÄMPFEN, GEGEN DEN YANKEE-IMPERIALISMUS, DU WIRST AUCH KÄMPFEN MÜSSEN.

Che, Brief an seine Tochter.

der Spielhöllen und des Rums. In Miami warteten sie vergebens auf den Sturz von Fidel. Das Hilton-Hotel heißt heute Habana Libre (Freies Havanna).

Nach seiner Genesung heiratet Ernesto Aleida March. Einer der Trauzeugen ist Fidel, der unterzeichnet und noch vor Anschneiden der Torte das Fest verläßt. Die anderen beiden sind der gerade ernannte Polizeichef Efigenio Ameijeiras und Raúl Castro, der seit den Tagen der Sierra Che in seinen marxistischen Überzeugungen sehr nahe steht. Aleida ist in Weiß gekleidet und strahlt, während ihr Ehemann wie ein Schauspieler wirkt, der im falschen Film mitmacht. Es gibt wohl keinen größeren Stolz für eine Verlobte in diesen Tagen, als einen Mann in der Uniform eines Revolutionärs zu heiraten. Alle tragen die Uniform, Sinnbild des Befreiungskämpfers, olivgrün, die neue Farbe Kubas.

1959 ist die Zeit, in der sich Che als Erbauer des kubanischen Sozialismus' erweist. Die Tatsache, wieder geheiratet zu haben, macht aus ihm keinen häuslichen Mann. Es scheint, als fühle er sich am angewiesenen Platz immer unwohl, egal ob als Ehemann oder Minister. Aus welchem Blickwinkel man es auch betrachten mag, es ist eine unbestreitbare Eigenschaft Ernesto Guevaras, sich nicht der Bürokratie zu verpflichten. Er akzeptiert keine

Angelwettkampf Hemingway, Mai 1960. Ein Nachmittag des Müßiggangs, um mit Fidel und Celia de la Serna zu plaudern, Fotos zu machen, in Ruhe zu lesen: alles andere nur nicht fischen. Diese Szenen wurden von Korda und Salas festgehalten.

★

Hochzeitsfest. Die Frauen haben sich hübsch gemacht. Die Männer - wie immer.

Institutionalisierung, auch nicht die, als Held auf einen Thron gesetzt zu werden. Diese Autonomie ist es, die ihn immer Außenseiter sein läßt.

Welche politischen Motive hat Fidel, um in so entscheidenden Monaten auf Che zu verzichten? Eine Reise ohne festen Rückflugtermin. Am 12. Juni, wenige Tage nach seiner Hochzeit, bricht Che als Entsandter Kubas zu einer Reise durch die Dritte Welt und Japan auf. Mehr als einmal wird er als der wahre Vizepräsident Kubas vorgestellt. Diese Rundreise ist ein Zeichen an die Welt, daß Kuba ein von den Großmächten unabhängiger Staat ist und sich an die wendet, die Neutralität üben: der Mittlere Osten, Indien, der Südosten Asiens und Jugoslawien, das am wenigsten prosowjetische der sozialistischen Länder. Che besucht die Pyramiden, einer seiner Reiseträume, und schüttelt die Hände von Staatschefs, die vor ihm die Aufgabe erfüllt hatten, ihr Land zu befreien. Gamal Nassar betitelt ihn als den "großen Botschafter der Unterdrückten", quartiert ihn im Palast des ehemaligen Königs Faruk ein, zeigt ihm die Flugzeuge Mig und ein U-Boot, das er den Sowjets abgekauft hatte. Mehr als nur herumzureisen oder sich bekannt zu machen, scheint Ernesto sich auf einem Weltjahrmarkt zu befinden; er ist auf Ideenklau. So auch in Indien, wo er von Jawarlahal Nehru empfangen wird. er interessiert sich für die Eisenbahnen und dafür, Waffen aus indischer Produktion zu importieren, ein Antrag, der jedoch abgelehnt wird. Man weiß nicht, ob seine Unverschämtheit Taktik ist oder bloße Naivität. Er ist ehrlich und geradeheraus und stößt mit der realen Politik zusammen, als er Nassers Agrarreform kritisiert und Nehru

Ernesto Guevara de la Serna und Aleida March sind schon verheiratet. 2. Juni 1959.

Niemals allein. Pombo und Hernando López begleiten die Eheleute, die das Haus von Alberto Castellanos verlassen, wo sie gefeiert hatten.

Aufgenommen von Raúl Corrales, 1959.

ICH MACHTE ALEIDA EIN KOMPLIMENT UND SO, WIE CHE MICH ANSAH, DACHTE ICH: "MACH', DAß DU VON HIER FORTKOMMST, ALBERTO, DU HAST HIER NICHTS ZU SUCHEN."

Alberto Castellanos, Monate später wird er Trauzeuge bei der Eheschließung sein.

Kairo, Juni 1959. Neugierde und Notwendigkeit verschwimmen ineinander. Für das neue Kuba ist alles nützlich.

nach seiner Meinung über Mao fragt. In einem Brief aus Indien, der erst vor kurzem bekannt wurde, schreibt Guevara seine innigsten Gedanken an seine Mutter - die Welt der Alltäglichkeiten verenge sein Leben, vertiefe jedoch in gleichem Maße seine Überzeugung der historischen Sichtweise.
Er macht auch einen kurzen Abstecher nach Japan, das seine Industrie im Rekordtempo aufgebaut hatte. Er bewundert die Schwermetallindustrie, eines seiner Sorgenkinder, dessen er sich als Industrieminister annehmen wird. Eines der Länder, das ihn stark beeindruckt hat, ist Indonesien; unter anderem aus dem Grund, weil das Archipel die gleichen Produkte herstellt wie Kuba: Zucker, Kaffee und Tabak. In Jugoslawien trifft er auch Josip Broz. Elf Jahre zuvor und nach dem Widerstand gegen die Naziokkupation hatte Marschall Tito mit Stalin gebrochen, und seine Regierung schuf ihren eigenen Sozialismus. Che hat seine eigene scharfsinnige Wahrnehmung über den zerbrechlichen Zusammenschluß der Balkanföderation, deren einzige Verquickung in dem Charisma des Führers liegt und in ihrer Sorge, die ethnischen Unterschiede auszugleichen.

Ende Oktober 1959 verliert die Revolution eines ihrer wichtigsten Mitglieder. Auf dem Weg von einer Provinz zur anderen verschwindet das Sportflugzeug mit Camilo Cienfuegos als Passagier, ohne Spuren zu hinterlassen. Er ist Opfer eines Unfalls oder eines Attentats, der Fall wird nie aufgeklärt. Fidel selbst nimmt an der Suche teil. Bei der Eroberung der Provinz Oriente ist Camilo einer der engsten Genossen Guevaras gewesen. Ein einfacher Mann, der das Leben liebte, Protagonist in den Aktionen, ist Camilo

Ein Flugzeugschaden hält ihn in Madrid fest. Che sieht ohne großes Interesse einem Stierkampf zu.

Nach seiner Rückkehr aus Japan: "Alles, was man über Hiroshima sagen kann, habe ich in diesen vier Filmen festgehalten."

Che entdeckt Indien mit seiner Kamera.
Eine andere Reise als die, von der er in seiner Jugend geträumt hatte.

Ich bin derselbe Einzelgänger von früher, der seinen Weg suchte, aber heute bin ich mir meiner historischen Pflicht bewußt. Ich habe weder Zuhause noch Frau, Kinder, Eltern oder Geschwister. Meine Freunde sind die, die politisch so denken wie ich, und trotzdem bin ich zufrieden. Ich fühle, daß ich etwas im Leben darstelle, nicht nur die starke innere Kraft, die ich immer gespürt habe, sondern auch die Fähigkeit, anderen etwas zu geben, sowie eine absolut klare Vorstellung von meiner Mission, die mir jede Angst nimmt. Ich weiß nicht, warum ich diese Zeilen schreibe, vielleicht ist es einfach nur die Sehnsucht nach Aleida: Nimm ihn, wie er ist, als einen Brief, der bei nächtlichem Gewitter geschrieben wurde.

Che. Brief an seine Mutter aus Indien.

Zurück. 8. September 1959.

Camilo ist der Gefahr nie aus dem Wege gegangen, er spielte mit ihr, hat sie wie ein Torero verhöhnt und sich ihr im Zweikampf gestellt; es wollte einfach nicht in sein Guerrillabewußtsein eingehen, daß ihn irgend etwas von seinem Weg abbringen könnte.

Che, nach dem Tod von Camilo.

Das Flugzeug, in dem Camilo Cienfuegos reist, geht am 28. Oktober 1959 verloren, ohne Spuren zu hinterlassen. Che widmet ihm das Buch Der Guerrillakrieg.

Gegenpart zu den nachdenklichen Zügen des Argentiniers, teilt aber mit ihm die witzige Seite eines jungen Mannes, der nie erwachsen wird. Nach zwei Wochen intensivster Suche wird das Flugzeug für vermißt erklärt. Che widmet ihm einen seiner wichtigsten Aufsätze, ein praktisches Handbuch für den Aufstand: "Der Guerillakrieg". Camilo ist der erste im Mausoleum der Revolution, später wird Guevara ihm folgen. Camilo geht in die Geschichte ein als Mann des Volkes, ein Guerillero aus Fleisch und Blut, während Che den Ideologen verkörpern wird, das ethische Paradigma.

In der zweiten Hälfte des Jahres 1959 muß die Regierung aus dem Nichts heraus aufgestellt werden. Sie verfügt über treue Soldaten, nicht aber über Spezialisten. Die Funktionäre werden nicht gewählt auf Grund ihrer Kenntnisse oder ihrer Erfahrung: jede Revolution ist ideologisierend und maßlos, das Gegenteil eines Technokraten. Che weiß soviel über Ökonomie, wie er bei Marx gelesen hat. Wie die anderen Mitglieder des Kabinetts muß er durch den Prozeß des Regierens erst lernen. Es handelt sich um das Erlernen von Macht durch das Tun. Im September 1959 kehrt Che nach Kuba zurück und übernimmt die Abteilung Industrie innerhalb der INRA. Die Regierung hat schon die Verstaatlichung aller Tabak- und Zuckerrohrplantagen angekündigt, die nordamerikanischen Unternehmen gehörten. Die bürgerlichen Politiker fallen von der Ungeduld in die Hoffnungslosigkeit. Die Würfel sind gefallen. Che wird zum Funktionär.

Aufgenommen von Raúl Corrales, 1959.

Raúl Castro, der schickste unter den Genossen, die gerade aus der Sierra gekommen zu sein scheinen. Ramiro Valdéz trennt sich nicht von seiner Russenmütze.

1. Mai 1959 in Santiago de Cuba. Ein klassisches Bild aus den ersten Tagen: Die Regierungsoberhäupter führen die Demonstration an.

Aufgenommen von Osvaldo Salas.

"...DIESE REVOLUTION IST DIE ERSTE WAHRE SCHÖPFUNG DER IMPROVISATION... DAS AM BESTEN ORGANISIERTE CHAOS DES UNIVERSUMS."

Che.

DIE TÄGLICHE REVOLUTION

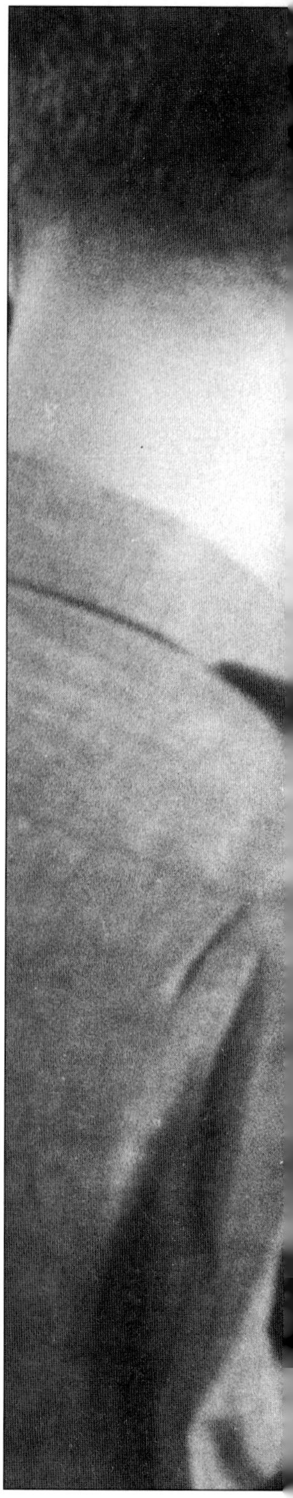

Fidel ist verrückt. Jedesmal, wenn ein Guevara ein Unternehmen eröffnet, geht es pleite", dies sagt der Vater des frischgebackenen Funktionärs. Am 28. November 1959, elf Monate nach dem Sieg der Revolution, ist Guevara zum Präsidenten der Nationalbank ernannt worden. Che wurde nicht müde, eine Geschichte zu erzählen, die, wenn sie vielleicht auch nicht wahr war, so doch wahr hätte sein können. Bei einer Sitzung der revolutionären Führung fragte Fidel, ob es einen Ökonomisten unter ihnen gäbe. Der Kommandant, etwas zerstreut, verstand "einen Kommunisten" und erhob die Hand. So wurde er in das Amt ernannt. Matthews, der Korrespondent der New York Times, schrieb über diese Ernennung: "Es gab Verwunderung und man war sich der Lächerlichkeit der Situation bewußt... Che verstand nichts von Banken, doch Fidel brauchte einen Revolutionär, und es gab keine revolutionären Bankiers". Dieser Scherz zeigt Ches bissigen und antibourgeoisen Charakter, mit dem er auch seinen Schwiegervater in Córdoba verschreckt hatte. Und er spiegelt den kreativen Improvisationsgeist dieser ersten sprunghaften Jahre wider.

Er ist ein Bankier, der das Geld als Symbol der Ausbeutung verachtet: "Der Lohn ist ein altes Übel..., das durch den Kapitalismus entsteht... und auch nicht mit dem Sozialismus untergeht", schreibt er 1962. "Das Problem wird erst dann ausgemerzt sein, wenn es kein Geld mehr gibt, wenn man am idealen Ziel angekommen ist: dem Kommunismus." Seine Präsidentschaft in der Nationalbank zwingt ihn dazu, seine Arbeit in der INRA an einen anderen Funktionär, Orlando Borrego, abzugeben. Nachdem Borrego sich im Oktober 1958 der Kolonne Ciro Redondo angeschlossen hat, steht er im Bann von Ches Persönlichkeit und ist einer der Männer, denen Che das meiste Vertrauen entgegenbringt. In seinem

Time, 8. August 1960. Guevara zwischen Chruschtschow und Mao.

Euphorie angesichts der neuen Geldscheine. Sie waren von der American Banknote gedruckt und von Che unterzeichnet worden. Osvaldo Salas, 1960.

ALS CHE ERFUHR, WIE VIELE WCS FÜR DEN NEUEN SITZ DER NATIONALBANK GEPLANT WAREN, SAGTE ER: "DAS KÖNNEN WIR MINDESTENS AUF DIE HÄLFTE REDUZIEREN." "ABER AUCH WÄHREND DER REVOLUTION GEHEN DIE LEUTE AUF DIE TOILETTE, GENAU WIE VORHER", SAGTE ICH. "NICHT DER NEUE MENSCH, ER KANN SICH OPFERN", ERWIDERTE CHE IRONISCH, DER GEGEN DEN BAU DIESES MONUMENTALEN GEBÄUDES MIT 32 STOCKWERKEN WAR.

Zeugnis des Architekten Nicolás Quintana.

einfachen Appartement in Havanna erinnert er sich heute an die gemeinsamen Jahre mit Che als Jahre des Glanzes. "Nie hatte ich einen besseren, aber auch anspruchsvolleren Chef. Ich glaube, daß er einem Ideal nach dem perfekten Mensch nacheiferte, wodurch er diese außerordentliche Kraft besaß und diese Fähigkeit, auf alles zu verzichten, sogar auf seine Familie."

"Noch bin ich mehr Guerillero als Präsident der Nationalbank", sagte Che. Der Satz spricht Bände. Um sein Büro sind Leibwachen postiert, Bauern aus den Bergen, durch Che alphabetisiert und zu Oberleutnanten aufgestiegen. In diesen ersten Monaten macht er sich den Spaß und unterschreibt auf dem neuen Geld mit seinem Spitznamen, eine offene Herausforderung an den Kapitalismus. Die Unterschrift auf den Geldscheinen, etwas kindlich und unwillig, ist fast wie ein Ideogramm. Die Opposition macht ein Kreuz davor, so daß es sich wie ein Homophon von Chruschtschow liest ("cruz-Che" klingt im kubanischen Spanisch wie "Kruschev", A.d.Ü.), eine Anspielung auf die Sowjetisierung der Regierung. Der Präsident der Nationalbank muß sich für dieses Verhalten verantworten, aber die Unterschrift wird über Jahre auf den Scheinen bleiben.

Die freiwillige Arbeit, Kernpunkt der neuen Kultur, die Che ins Leben rief.

Wie lebte der Revolutionär in seiner Machtposition? Täglich arbeitete er sechzehn Stunden in der Bank, und am Wochenende war er bei der Zuckerrohrernte dabei. Zu diesem Zeitpunkt waren schon die freiwilligen Arbeitsbrigaden ins Leben gerufen worden. Diese Initiative war eine seiner zentralen Ideen. Er beteiligte sich daran als Agitator, als Pädagoge der Massen für die Erbauung eines neuen

Ausgezeichnet für 242 Stunden freiwilliger Arbeit.

CHE FORDERTE AUẞERORDENTLICH VIEL, ABER ICH HABE NIE EINEN BESSEREN CHEF GEHABT. ICH BIN DAVON ÜBERZEUGT, DAẞ ER ZU DEN BESSEREN MENSCHEN GEHÖRTE, UND ICH ERINNERE MICH, DAẞ WIR UNS OFT ÜBER MARX UNTERHIELTEN, DER FÜR SEIN WERK ALLES GEOPFERT HATTE, SOGAR SEINE FAMILIE.

Zeugnis von Orlando Borrego.

Arbeit im Hafen am Wochenende. Spiegelbild mit Borrego, seinem Freund und engsten Mitarbeiter. In Bolivien sagte er einem anderen Kämpfer über ihn: "Er hat sich so mit mir identifiziert, daß ihm nur noch mein Asthma fehlt."

Etwas frisches Wasser während der Arbeit.

Bei dem Bau des Viertels "Martí", außerhalb von Havanna, 1961.

Vaterlandes. In seiner Weltanschauung war die Arbeit für ihn philosophische Besessenheit, so, wie die militärische Aktivität Disziplinierung seines stoischen Körpers war. Bilder zeigen ihn, wie er in der Weberei spinnt, Wollsäcke schleppt und bei der Zuckerrohrernte arbeitet. Die einzigen Veränderungen an ihm sind sein Körperumfang, da er durch das Kortison aufgeschwemmt ist. Er zeigt sich bei den unterschiedlichsten Arbeiten, um zu beweisen, daß die Individualität ein bürgerliches Streben ist, nebensächlich und sogar im Widerspruch steht zum Allgemeinwohlsein. Der Revolutionär ist überall Revolutionär, unabhängig von seiner Arbeitsstelle: "Der Individualismus muß abgeschafft werden". In dieser Etappe der Revolution muß die Bevölkerung durch die Begeisterung an der Solidarität ständig von der Idee überzeugt werden. Guevara schreibt: "die freiwillige Arbeit stellt eine wirkliche Verbindung zwischen Hand- und Kopfarbeit dar und ist ein erster Schritt zum Abbau der sie traditionell trennenden Barrieren." Später verleiht die Regierung Auszeichnungen für den "revolutionären Wetteifer" unter den freiwilligen Arbeitern, und Che beteiligt sich an einigen dieser "Wettkämpfe". Che steigert dies, in dem er die Parole ausgibt, der revolutionäre Arbeiter würde durch die moralische Anerkennung entlohnt und nicht durch "materiellen Anreiz". Diese ethische Überlegenheit ist ein zentraler Gesichtspunkt in seiner Vorstellung vom Neuen Menschen.

Wir kennen Ernesto Guevaras Hang zum Nomadendasein; seine Posten als Industrieminister und Präsident der Nationalbank waren die einzigen, die ihn an eine Institution banden. Doch eigentlich war er nie richtig seßhaft, weiterhin hatte er das Amt des Botschafters inne. In der Zeit von 1959-1964 war er der Ideologe

DIE MÄẞIGUNG IST NOCH EINES DIESER WÖRTER, DAS DIE VERTRETER DER KOLONIALISTEN SO GERN BENUTZEN. ALLE, DIE ANGST HABEN ODER AUF DIE EINE ODER ANDERE ART VERRAT ÜBEN, SIND GEMÄẞIGT. DAS VOLK IST GANZ UND GAR NICHT GEMÄẞIGT.

Che. Botschaft an die Jugend, 28. Juli 1960

Erster Kongreß der Lateinamerikanischen Jugend, Juli 1960.

und Erbauer des neuen Staates. 1960 wurde fast die gesamte Wirtschaft des Landes verstaatlicht. Er schuf die Grundlagen der kubanischen sozialistischen Ökonomie; seine Geradlinigkeit bot Reibungsfläche innerhalb der Regierung. In Kuba gründete er auch eine große Familie, die ihn in dem Land noch mehr verwurzelte.

In den vier Jahren seines Weges vom Kämpfer zum Ideologen verfaßt Che unzählige Schriften, die großen Einfluß auf die Politik und die Jugendbewegung haben. Er ist der Anstoß zu mehreren bewaffneten Aufständen, und seine Parolen werden von der Studentenrevolte im Mai '68 aufgenommen. In diesen Jahren schafft Che sein eigenes Konzept vom Neuen Menschen. Wie in den 60er Jahren die künstlerische und politische Avantgarde zwei unbestreitbare Seiten einer gleichen Vorstellung von Veränderung sind, ein kurzes Aufleuchten der 20er Jahre, so muß die Ideologie vom Neuen Menschen mit seiner Lebensphilosophie übereinstimmen. Das vorgenommene Paradigma, die Verpflichtung des Individuums gegenüber den Umständen, hat einige Ähnlichkeit mit dem existentiellen Engagement Sartres. Che spannt die Saiten seiner Zeit und gibt ihr schon vorweg den Klang.

Kehren wir zur Realpolitik zurück. Ende 1959 wurde die Nachrichtenagentur "Prensa Latina" geschaffen, an der Che mitwirkte und die ein wichtiges Mittel zur Institutionalisierung der Revolution war. Sie hatte zum Ziel, den Informationsboykott der nordamerikanischen Agenturen auszugleichen. Die bekanntesten jungen Journalisten Lateinamerikas wurden zur "Prensa Latina" unter der Leitung von Jorge Ricardo Masetti eingeladen.

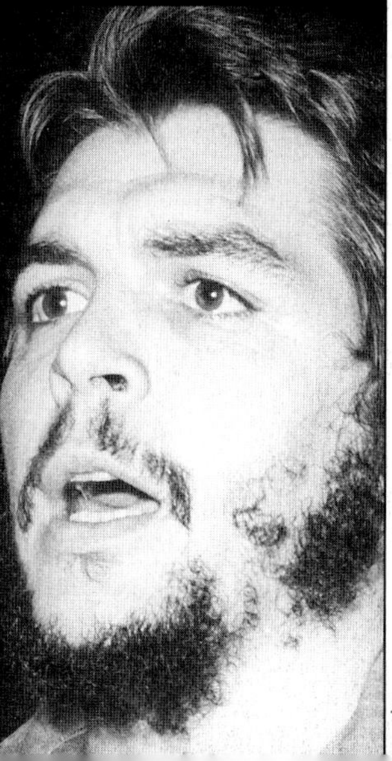

"Wenn mein Asthma mich sehr quält, habe ich die Angewohnheit, nachzudenken." Ein seltenes Foto, Che mit seinem Inhalator.

Zu Beginn des Jahres 1960 hatte das Kabinett Fidel Castros einige sowjetische Experten an seiner Seite, die vor allen Dingen in ökonomischen Fragen berieten. Die Regierung nahm diplomatische Beziehungen zur UdSSR auf, es gab ein sowjetisches Handelsamt. Über Aufrüstung wurde noch nicht gesprochen. Der Auftrag für Kriegsmittel wurde erst zu dem Zeitpunkt erteilt, als Havanna sich über seinen unsicheren Stand bewußt geworden war. Am 4. März brannte im Havanna das Schiff La Coubre nieder, ein Waffenlager der Regierung. Sofort wurde von einem Attentat der CIA gesprochen. Als das Schiff vor den Augen der Bevölkerung in Flammen aufging, war es im Dock festgemacht. Mehr als 130 Menschen verloren das Leben, und es gab hunderte von Verletzten. Während des Trauermarsches verkündet Castro die sinnbildliche Parole: "Patria o muerte. Venceremos!" (Vaterland oder Tod. Wir werden siegen!) Hier war es auch, als der Fotograf Alberto Korda das Foto von Che aufnahm, das Bild, das später zur internationalen Ikone des Protestes wurde. Es ist kein Zufall, daß dieses Attentat Ursprung gewesen ist für das dauerhafteste Symbol der Kubanischen Revolution.

Doch es ist noch zu früh, um vom Mythos zu sprechen. Am 8. August 1960, zwei Tage nach der Verstaatlichung der Erdölfirmen, hält Che einen hitzigen Diskurs vor dem Ersten Kongreß der Lateinamerikanischen Jugend in Havanna. Er lanciert die Parole: "Kuba ja, Yankees nein", die über 15 Jahre nicht an Gültigkeit verlieren wird. Eine Woche später reagieren die Vereinigten Staaten von Amerika mit dem Wirtschaftsembargo. Kuba wird all' seinen Zucker zu Bonbons verarbeiten und sie selber essen müssen - wenn sie nicht einen anderen Absatzmarkt finden. Und

Eine skurrile Figur, von Che aufgenommen i Jahr 1955, schaut auf den Funktionär, in de sich sein Fotograf verwandelt hat: Guevara i seinen Büroräumen der Nationalbank

Privatleben gibt es für Aleida March und Guevara nicht. Die Revolution nimmt ihre ganze Zeit in Anspruch.

Versammlung der Föderation der Kubanischen Arbeiter, 1962.

DER FASZINIERENDSTE UND GEFÄHRLICHSTE DES TRIUMVIRATS. MIT SEINEM SANFTEN, MELANCHOLISCHEN LÄCHELN, DAS DIE FRAUEN UMWERFEND FINDEN, FÜHRT CHE KUBA MIT BERECHNENDER KÄLTE AN, MIT UMFASSENDER KOMPETENZ, HOHER INTELLIGENZ UND VIEL SINN FÜR HUMOR.

Time, 8. August 1960.

wieder einmal schickt Fidel einen von der Norm etwas abweichenden Botschafter auf die Suche nach Verbündeten. Ist es eine Auszeichnung oder ein politisches Ruhigstellen? Wie auch immer, wie auf der Reise 1959 trennt Fidel seine rote Eminenz von der Schaltstelle der Realpolitik. Außerdem verfügt Fidel nicht über so viele berühmte Funktionäre wie Che, und zweifellos erweckt keiner so viel Interesse bei der Presse wie er. Und vergessen wir nicht seinen außergewöhnlichen Stil!

Psychologie der Macht. Er ist die ewige Nummer 3 der Revolution, der Dritte in der Diskordanz - während des Aufstands im Kongo gibt er sich selbst die Tarnnamen Tatu, Nummer Drei. Die Brüder Castro - eine zweistirnige Einheit - gemeinsam mit Che und Cienfuegos: vier Menschen, die in Wirklichkeit ein wechselndes Terzett sind. In der Sierra hat Guevara den dritten Platz von Camilo eingenommen. Später sind Fidel, Raúl und Che ein Triumvirat, deren persönliche Allianz immer zu wechseln scheint. Wegen seiner Aufrichtigkeit oder seines Schematismus verfügt Che nicht über die Kunst des Verhandelns. Seine Distanziertheit entschärft die Spannung nicht nur innerhalb des Terzetts, sondern auch innerhalb einiger Teile der Regierung. In dem Fidel Che, den radikalsten von allen, auf Reisen schickt, ohne ihn als latente Drohung zu verlieren, kann er die Erwartungen abschwächen, die an ihn nicht zuletzt auf Grund seiner eigenen Vergangenheit gestellt werden. Als Schatten ist Che nützlicher als in persona: der beste Che ist der, der weit weg ist. Fidel geht wie ein Chirurg vor, er macht alles akribisch exakt.

Seine neue diplomatische Mission, die am 21. Oktober 1960 beginnt, ist sowohl politischer als auch wirtschaftlicher Art: er reist nach China, in die Sowjetunion, die Tschechoslowakei und den kommunistischen Teil von Deutschland und Korea. In

Liebe Hildita... Denk' daran, daß noch viele Jahre des Kampfes vor uns liegen, und wenn Du groß bist, mußt auch Du Deinen Teil dazu beitragen. Während man sich darauf vorbereitet, revolutionär zu werden, was in Deinem Alter bedeutet, viel zu lernen, alles nur Mögliche zu lernen, und immer bereit zu sein, um die gerechten Sachen zu unterstützen.

Papa

Hildita, zwischen ihrem Vater und Núñez Jiménez.

Mit dem Cineasten Tomás Gutiérrez Alea während der Dreharbeiten von *Historias de la Revolución*, 1960

Bekanntes Gespräch mit Jean-Paul Sartre und Simone de Beauvoir um drei Uhr morgens in den Räumen der Bank, aufgenommen von Korda. 1997 entnahm der Fotograf aus seinen Negativen per Zufall dieses zweite Bild: der Wachmann war eingeschlafen.

Die in Brand stehenden Depots nach der Explosion auf dem Schiff La Coubre, auf dem Waffen gelagert waren. 4. März 1960.

der DDR nimmt er Kontakt zu der deutsch-argentinischen Dolmetscherin Tamara Bunke auf, einer hübschen, jungen Kommunistin, die von der Kubanischen Revolution begeistert ist. Sechs Monate später wird sie nach Havanna reisen, um an den von Kuba entworfenen Plänen des bewaffneten Kampfes teilzunehmen. In Prag erzielt Che einen Kredit mit günstigen Bedingungen. Überall prüft er die Maschinen, als sei er von der Inspektionsbehörde und möchte sie am liebsten gleich mitnehmen. In Moskau trifft er zu den Oktoberfestlichkeiten ein. Die Sowjets behandeln ihn wie einen Bruder, führen ihn auf die Ehrentribüne und ins Präsidium. Die Moskauer feiern ihn auf dem Roten Platz. Moskau kauft nochmals 3 Millionen Tonnen Zucker. Die Verführung nimmt ihren Lauf.

China aber war die Krönung der Reise. Nikita Chruschtschow hatte den Slogan der "friedlichen Koexistenz" lanciert, ein harmloser Spruch, der den Kalten Krieg mit den Vereinigten Staaten verschleiern sollte. Dieser scheinbare Frieden ließ China außen vor, mit dem man in Uneinigkeit war. Peking machte der bürokratischen Elite von Chruschtschow heftige Vorwürfe wegen ihrer "revisionistischen" Doktrin. Aus seiner kritischen Sicht und wegen der prekären wirtschaftlichen Situation der Insel war der Disput zwischen der UdSSR und China eine bittere Wahrheit für Ernesto, der an die dringende Notwendigkeit einer vereinten Linke gegen den nordamerikanischen Imperialismus glaubte. In Peking fährt er mit dem Auto in die Verbotene Stadt, die ehemalige Hochburg der Kaiser, in der Mao zurückgezogen lebt. Doch an diesem Morgen kann er den Großen Steuermann nicht persönlich sprechen. Er muß sich mit der Handbewegung des Grußes zufriedengeben und, hinter einer durchsichtigen Spanischen Wand stehend, darf er ihn beim Teetrinken beobachten - ein bizarrer chinesischer Vorläufer der Peep

Empörung über das Attentat. Che, auf seinem Weg in die Bank, kommt an dem Ort des Geschehens vorbei und hilft sofort, die Opfer zu bergen.

Eine junge Koreanerin prüft die Tanzkünste des Kommandanten. Pyongyang, Dezember 1960.

Guevara begrüßt Mao Tse-Tung beim ersten offiziellen Abendessen mit der chinesischen Regierung. 1. Dezember.

"Kuba wird alles Notwendige erhalten." Nikita Chruschtschow.

Erste Reise nach Moskau, November 1960.

Als er in Rußland sagte, daß Kuba die Rohstoffe für die Produktion von Deodorant fehlen, sagten die Russen: Deodorant? Sie sind an zu viel Wohlstand gewöhnt.

Ernesto Cardenal

Es gibt so offensichtliche Wahrheiten, daß sie nicht mehr diskutiert werden müssen. Man muß mit derselben Natürlichkeit Marxist sein, mit der man in der Physik Newtonianer oder in der Biologie Pasteurianer ist.

Che

Show. Um diese Szene sehen zu können, wird ein Samtvorhang zur Seite gezogen, der nach einer Weile wieder fällt. Danach hat Che die Möglichkeit, mit hohen Funktionären der Regierung zu sprechen, unter ihnen der einflußreiche Verteidigungsminister Lin Piao, dessen politische Texte Ähnlichkeit haben mit den seinen. Während er in Peking weilt, kommt Aleidita, später Aliusha genannt, seine erste gemeinsame Tochter mit March zur Welt. Er kann noch eine Million Tonnen Zucker verkaufen.

Ende 1960 schmeichelte Moskau seiner neuen Freundin in der Karibik mit großartigen Versprechungen, Fazilitäten und entgegenkommenden Preisen, brachte ihr Vertrauen entgegen und fühlte sich für sie verantwortlich. Es scheint noch nicht so, doch schon hier beginnen die Daumenschrauben für die kubanische Wirtschaft anzusetzen. Chruschtschow baute Fabriken und versprach, die kubanische Stahlproduktion von 40.000 auf 200.000 Tonnen jährlich zu erhöhen. Da die Ölgeschäfte mit den USA annulliert waren, sollte die Insel die Rohölraffinerie der Sowjetunion sein. Trotz der Schenkungen wußte Che, daß die alleinige Ausrichtung auf die Zuckerproduktion eine Schwächung der kubanischen Wirtschaft bedeuten würde. Zwei Projekte sorgten ihn: die Vielfalt in der Landwirtschaft und die Industrialisierung.

Das Entgegenkommen Moskaus und die Reise Ches und

Eine tiefe Ergebung, die Schattierungen nicht ausschließt: Che strebt immer einen radikaleren Kurs an.

Castro, allgegenwärtig. Er hatte immer das letzte Wort.

anderer Funktionäre der kubanischen Regierung wurde von der anderen Hälfte der Welt mit Besorgnis verfolgt. Guevara wurde in nordamerikanischen Zeitschriften mit "der Zar der kubanischen Ökonomie" betitelt, "der Kopf" hinter Castro. Die nordamerikanische Außenpolitik war nicht dem Ausgang der Wahlen unterworfen. In den letzten Tagen des Jahres 1959 hatte Dwight Eisenhower, bevor er das Weiße Haus verließ, damit begonnen, einen Plan für die Invasion auf der Insel zu erstellen. Am 3. Januar trat der Plan, die Beziehungen zu Kuba einzustellen, in Kraft. Beide Maßnahmen setzten den Nachfolger John F. Kennedy unter Druck. In Kuba nahmen die Sabotageakte zu. Zuckerrohrplantagen wurden in Brand gesetzt, und es gab Bombenattentate auf mehrere Fabriken. Es war offensichtlich, daß das State Departement die emigrierten Anticastristen in Miami unterstützte, die ihre Angriffe mit den aktiven Oppositionellen in Kuba koordinierten. Die Regierung wie das ganze Land leben in einer nervlichen Anspannung. Sie wissen, daß das Pentagon den Plan zur Landung bereithält.

In diesem Jahrhundert gab es schon drei Interventionen der Vereinigten Staaten in Kuba, doch die der Schweinebucht an der zentralen Küste gelegen (oder Playa Girón, wie sie in der kubanischen Geschichte heißt), mußte speziell Guevara vertraut klingen. Der militärische Einfall hatte sehr viel Ähnlichkeit mit dem Überfall auf Guatemala, den er 1954 miterlebt hatte. Am Morgen des 15. April 1961 bombardierten nordamerikanische Flugzeuge vom Typ B26, geflogen von kubanischen Exilierten, die Flugstützpunkte in Santiago, San Antonio de los Baños und die Ciudad Libertad, die ehemalige Kaserne Columbia. Es sind die Manöver, die

"Milizen im Malecón." Das Foto, aufgenommen von Corrales, hält einen historischen Moment fest, 200.000 Kubaner marschieren auf, um alle etwaigen Landepunkte des Feindes zu besetzen.

Miguel Ydígoras Fuentes, in Girón, um einen Stützpunkt am Strand zu errichten. Che ist in Pinar del Rio stationiert und verantwortlich für die Verteidigung von Havanna und der Provinz Oriente, wo ein schwerer Angriff erwartet wird. Fidel schickt 3000 Soldaten zur Bucht um die gusanos (Würmer), wie die Miami-Kubaner genannt werden, an der Errichtung des Stützpunktes zu hindern. Persönlich überwacht er die Aktionen, die ganze Insel ist in den Widerstand miteinbezogen. Die Revolution ist noch zu frisch, um schon den Glanz verloren zu haben, und Tausende von Freiwilligen lassen sich aufstellen. Von Girón aus kann man die feindlichen amerikanischen Kriegsschiffe erkennen, die niemals in Aktion treten werden und sich darauf beschränken müssen, über ihr Scheitern vor der eigenen Haustür nachzudenken. Che wird an diesen Kämpfen auf Grund seiner geographischen Position nicht teilhaben. Trotzdem trifft ihn ein verirrter Schuß an der Wange. Die Invasion scheitert, ehe sie recht begonnen hat.

Die barbudos haben wieder einmal gewonnen. Es ist der erste militärische Mißerfolg der Supermacht, den sie politisch bezahlen muß. Die Insel hat 161 Kämpfer verloren, und es gab 107 tote gusanos. Die Armee macht fast 1200 Gefangene, die gegen ein Lösegeld von 52 Millionen Dollar in Nahrungsmitteln und Medikamenten freigelassen werden. Es ist ein Vorspiel von dem, was später in viel größerem Ausmaß in Vietnam geschehen wird: die USA hat den Faktor Mensch unterschätzt, das nationale Epos, das jedem Rekruten die Kraft und das Durchhaltevermögen von vielen verleiht und die waffenmäßige Unterlegenheit ausgleicht. Die Schweinebucht wird in die Geschichte eingehen als Posse einer Invasion, gegen eine Regierung, die die Mehrheit der Bevölkerung hinter sich hat. Es ist das Spiel der Geschichte, daß gerade die Ermordung des Präsidenten Kennedy schließlich dazu verhelfen, diesen Schandfleck verblassen zu lassen. Über die nächsten 15 Jahre wirft die Verhöhnung des Onkel Sam Öl auf das lateinamerikanische Feuer.

Der kubanischen Regierung bringt die Invasion politischen Zulauf. Die Bevölkerung geht wieder auf die Straße, um den Sieg zu feiern, überzeugt, das Schicksal auf seiner Seite zu haben.

Bilder der Niederlage. Versenkung des Frachtsschiffes Houston. Die Gefangenen werden gegen Lebensmittel und Medikamente ausgetauscht.

FIDEL CAMPEÓN, TE COMISTE EL TIBURÓN!

Reim auf den Sieg
(Fidel, Meister, Du hast den Hai gegessen!)

Castro geht gestärkt aus dieser ausländischen Bedrohung hervor. Die Landung ist der Grund, warum er immer radikaler wird. Die Revolution kann die Waffen nicht ruhen lassen, solange es Sabotageakte gibt und ein neuerliches Auftreten von Konterrevolutionären in Escambray "Kampf gegen die Banditen" zur Folge hat. Was mit einem Ausbau der Sicherheitspolizei gegen den inneren Feind beginnt, ist der Beginn der Allgegenwärtigkeit des Staates über die zivile Gesellschaft. Kuba ist zum Geisel der Geopolitik geworden. Es weiß, daß es ohne Moskaus Fürsorge nicht überleben kann. Schließlich wird es sich vom "geographischen Fatalismus" befreien aber unter der Bedingung, sich dem historischen Fatalismus zu unterwerfen, der ihm durch den Kalten Krieg aufgezwungen wird. Seit den 90er Jahren und trotz der Enttäuschung der neuen Weltordnung ist es nur möglich, ein Fragezeichen an die Stelle eines Kommentars zu setzen: "Was ist besser: eine Möglichkeit oder zwei?"

Inmitten der Girón-Krise proklamiert Fidel den sozialistischen Charakter der Kubanischen Revolution. Die Parole ist einstimmig: Vaterland oder Tod! 16. April 1961

Am 23. Februar 1961 übernimmt Che das neu errichtete Industrieministerium, um hunderte von verstaatlichten Unternehmen zu verwalten. Die Industrialisierung wird zu seinem großen Projekt.

Den Kapitalismus mit seinen eigenen Fetischen zu besiegen, die ihrer wirksamsten Eigenschaft, des Gewinns, beraubt wurden, scheint mir ein schwieriges Unterfangen... (Vielleicht wird mein Gedanke durch ein anderes Beispiel klarer:) der Hebel des materiellen Interesses im Sozialismus ist wie ein Los: es reicht nicht, die Gier der Strebsamsten zu wecken noch die anderen aus ihrer Gleichgültigkeit zu rütteln.

Antwort auf einen kritischen Brief eines kubanischen Bürgers, 1964

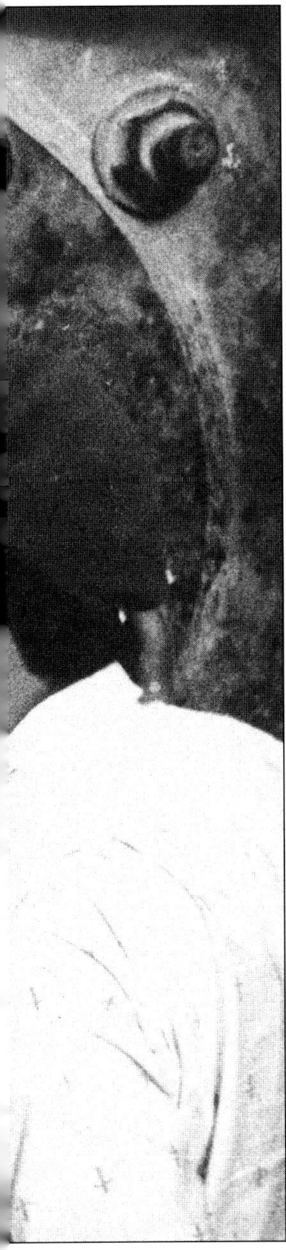

Der freiwillige Minister

Am 4. August 1961 reist der Botschafter nach Uruguay. Vor acht Jahren war er das letzte Mal am Rio de la Plata, und Jugenderinnerungen steigen auf. Der kubanische Cineast Enrique Pineda Barnet, der in seiner Funktion als kubanischer Diplomat aus Uruguay verbannt worden war, erinnert sich, daß Che ihn anrief, damit er ihn begleite: "Ich trug einen langen Bart, doch einen Tag vor der Abreise bat uns Che, wir sollten uns rasieren. Er war der einzige Bärtige." Pineda erinnert sich weiter, daß der Minister auf dem Hinflug das Flugzeug lange Zeit selbst steuerte - und alle zitterten - und sich den Rest der Zeit mit Schachspielen vertrieb. "Die ganze Delegation, Che inbegriffen, bekam nur zehn Dollar Reisekostenerstattung. Wir reisenden Kubaner waren alles andere als reich."

Die Erste Interamerikanische Wirtschafts- und Sozialkonferenz fand in Uruguay in Punta del Este statt, einem eleganten Badeort an der Atlantikküste. Nach dem

Trimmen von Rohstoffen auf dem Kai von Machina.

Die besondere Behandlung, die Ihren Delegationen widerfahren ist und die zugestandenen Kredite haben Sie Kuba zu verdanken, ob es Ihnen gefällt oder nicht.

Che, Punta del Este, 8. August 1961

Pause bei der Konferenz der Wirtschaftsminister in Punta del Este.

Das späte Treffen mit Tante Beatriz. Seine gesamte argentinische Familie findet sich in Uruguay ein.

Angriff auf Playa Girón kam diesem Treffen besondere Bedeutung zu. Che war hier die Berühmtheit schlechthin. Eine Menge erwartete ihn am Flughafen und folgte karawanenhaft, seine Parole aufnehmend: "Kuba ja, Yankees nein". Die Delegation war in dem Hotel Playa untergebracht, das aus Sicherheitsgründen als ganzer Komplex für sie angemietet worden war.

Der argentinische Journalist Rogelio García Lupo, der Che aus Havanna kannte und auch in dem Hotel wohnte, erinnert sich: "Vor dem Hotel waren die Wachen postiert, die in der nächtlichen Kälte froren. Wenn wir spät kamen, mußten wir uns mit lauten Rufen nähern, da sie Befehl hatten, sofort das Feuer zu eröffnen." Mit seinem feurigen Diskurs gegen die nordamerikanische Regierung, dem jeglicher diplomatische Ton fehlte, war Guevara der Stern, der Mittelpunkt dieser Konferenz. Hierin sprach er sich gegen die "Allianz für den Fortschritt" aus, einem Plan zur wirtschaftlichen Integration, der in Washington erarbeitet worden war und Kuba ausschloß. Er nannte ihn ironisch die "Planung der Litrine", da er Verbesserungen im Sanitärbereich vorsah anstatt Entwicklungspolitik zu betreiben.

Die Uniform des Kämpfers, Baskenmütze, Schnürstiefel, ein Patronengürtel: sein Aussehen paßt zu seiner Rolle. Bis zu welchem Punkt waren das intellektuelle Prestige und der Glanz

Ehrung der besten Teilnehmer am "revolutionären Wetteifer", "Wettkämpfe" der freiwilligen Arbeitsbrigaden. Lenin und Martí, in karibischer Synthese.

Sehnsüchtige Erinnerungen an die Poderosa II?

In Euren Vorschlägen liegt ein Fehler
Die Arbeiter, verantwortlich für die
Herstellung irgendeines Artikels, sind
nicht Besitzer desselben. Auch die
Bäcker haben kein Recht auf mehr Brot,
auch die Arbeiter in den Zementfabriken
haben kein Recht auf mehr Zement; und
Ihr nicht auf mehr Motorräder.'

Che. Brief an die Arbeiter
des Montagewerkes für Motorräder

Absentismus und niedrige Produktion, Feinde der Industrialisierung. Che tadelt "die Apathie" der Arbeiter.

Ein Minister, der sein Büro verabscheute und einen kritischen Austausch mit den Fabrikarbeitern bevorzugte. Aufgenommen von Korda.

"Technisch waren wir absolute Laien", sagte er über die kubanische Industrie.

Die Schönheit geht nicht mit der Revolution unter. Einen Gebrauchsgegenstand häßlich herzustellen, wenn man ihn schön machen könnte, ist wirklich ein Fehler.

Che

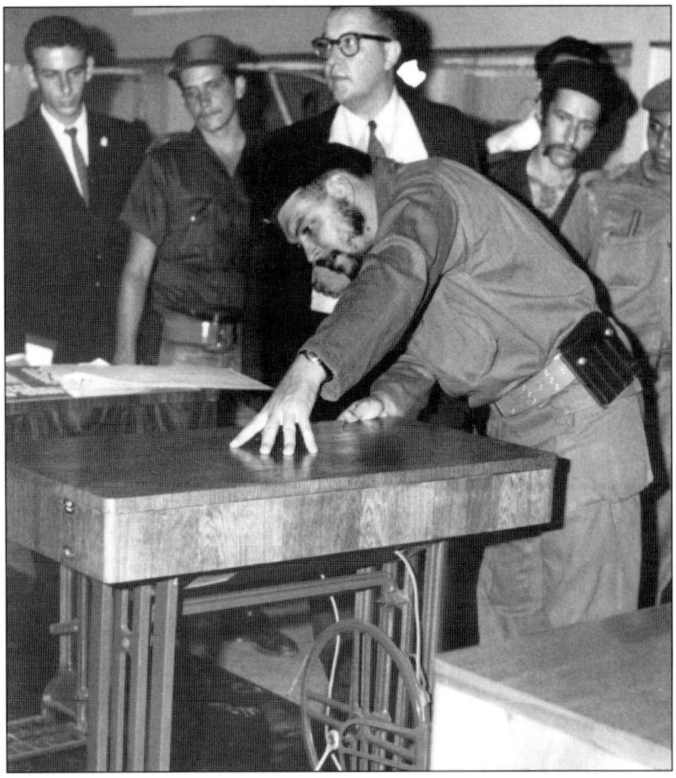

Auf einer Ausstellung der Tschechoslowakei in Havanna. Die Qualitätskontrolle, eine Besessenheit Guevaras.

der Kubanischen Revolution nicht ursprünglich in dem Herausfinden dieser ästhetischen Sammlung, diesem Modell von ausgesuchter Perfektion und bemerkenswerter Verteilung von nur wenigen Attributen? Diese Physique du rol hatte auf der Ebene der politischen Realität wenig mit Kunstfertigkeit zu tun, da die Revolution ihre Waffen wirklich nicht ruhen lassen konnte. Die revolutionäre Mystik hatte auf jeden Fall ihren Repräsentanten gefunden. Es ist wahr, daß die diplomatischen Reisen und die internationalen Foren ein anderes Bild von Che aufgebaut haben. Obwohl er niemals diese Attribute beiseite gelegt hat, löste die Macht eine kleine Metamorphose aus. Zum Beispiel hatte er ein paar Kilo mehr auf der Waage. Der Bart war gestutzt. Er trug das Haar etwas kürzer, streng nach hinten gekämmt, so daß die Baskenmütze das V des Haaransatzes gut sichtbar ließ: er hatte etwas Mephistophelisches. Die kleinen Veränderungen zeigen, bis wohin ein Revolutionär bereit ist, mit seiner Umgebung zu verhandeln, das heißt, mit seiner eigenen Überzeugung zu verhandeln. Auf jeden Fall trug sogar Che einen Aktenkoffer und einen Herrenmantel und hatte fast ein bißchen Ähnlichkeit mit einem Sowjetfunktionär - eine Rolle, die er niemals einnehmen wird.

In Punta del Este sprach er, abgesehen von Richard Goodwin, einem persönlichen Gesandten von Kennedy, mit drei Präsidenten. Er hatte ein freundschaftliches Gespräch mit dem Präsidenten von Uruguay, Eduardo Haedo, mit dem er Mate trank und reiste in den frühen Morgenstunden des 18. August in das Landhaus des argentinischen Präsidenten, Arturo Frondizi. Wegen der Wahlen hatte Frondizi mit dem Peronismus

Der Minister probiert persönlich die Maschinen in einer Textilfabrik aus.

Im August 1962 bereist Che Prag und Moskau. Die Unterstützung des sozialistischen Blocks ist für Kuba fundamental, um die Monokultur abzuschaffen.

Bildnis Mann mit Havanna. Der Fotograf Korda.

und der Linken kokettiert, wurde aber wegen seines späteren politischen Kurswechsels von diesen als "Verräter" bezeichnet. Frondizi wollte mit diesem Gespräch deren Unterstützung wieder zurückgewinnen, er sah sich selbst aber als Vermittler zwischen Kuba und dem Weißen Hauses. Bevor Che Buenos Aires verläßt, ißt er ein saftiges Steak, gegrillt von der Ersten Dame, und begrüßt eine Tante in dem Vorort San Isidro. Am nächsten Tag wird er vom brasilianischen Präsidenten Janio Quadros mit dem Großen Kreuz des Südens ausgezeichnet.

Beide Gesprächspartner zahlten für ihr Gespräch mit Che. Quadros wurde in der gleichen Woche gestürzt, da er einen Kommunisten ausgezeichnet hatte. Die Rechte in Argentinien überbewertete die Wichtigkeit dieses Treffens und nahm es als Vorwand, um Frondizi sieben Monate später durch einen Staatsstreich zu entmachten. Trotzdem war die Reise nach Punta del Este im Bereich der internationalen Guerrillabewegung eine Investition für Kuba. Der Diskurs in der Universität von Montevideo - die Versammlung wurde durch die Polizei mit Tränengas aufgelöst - schuf den Boden für einen aktiven Guevarismus am Rio de la Plata; es war, wenn wir so wollen, die symbolische Gründung eines breiten Dialoges zwischen der lateinamerikanischen Linken und Havanna.

Wieder in Havanna, nimmt er seine Arbeit als Industrieminister auf. Die Wirtschaft wird immer schwächer. Abgesehen vom geographischen Schicksal gibt es Verwirrung, Unwissenheit und zu viel Voluntarismus. Obwohl die Agrarreform die Situation der Bauern substantiell verändert hat und der allgemeine Konsum erhöht wird, ist die städtische Mittelschicht unzufrieden. Zwischen 1960 und 1963 unternimmt die Regierung Anstrengungen in Richtung einer landwirtschaftlichen Diversifizierung weg von der Zuckermonokultur. Weite Zuckerrohrplantagen sind abgeholzt, frei für den Anbau von Baumwolle und Reis. Die Politik der INRA unterstützt die Eigeninitiative der Bauern, die nun Eigentümer der Ländereien sind. Die freiwillige Arbeitsbrigade ruft alle auf, sich am Zuckerrohrschneiden zu beteiligen, doch die Arbeit wird nicht fachgerecht durchgeführt, was sich bei späteren Ernten bemerkbar machen wird.

So zieht er am Wochenende hinaus, den Zucker zu schneiden, der die Samoware in Moskau versüßen soll. Es ist ein zwölf Stundentag am eigentlich freien Wochenende. Als Teil der Propaganda für die Mechanisierung, probiert Che im Februar 1963 persönlich eine neue Schneidemaschine aus. Die Schwierigkeiten, vor denen Kuba stand, um seine eigene

Technologie zu produzieren, waren unendlich, so Borrego. Die Maschinen waren höchstens dazu geeignet, in einer Enzyklopädie von Unsinnigkeiten aufgeführt zu werden. Borrego erinnert sich speziell an einen Arbeitseinsatz von zwölf Stunden, als Che eine Schneidemaschine ausprobierte, die einer "Brigade von Mechanikern" bedurfte, die alle fünfzehn Minuten zum Einsatz kam.

Die Bilder von Che in der freiwilligen Arbeitsbrigade sind zentral in der kubanischen Ikonographie und weiterhin offiziell im Umlauf. Sie stellen einen Dialog her zwischen der Vergangenheit des Kämpfers und dem Revolutionär in der zivilen Gesellschaft als Erbauer des Sozialismus. Die Aufgaben erforderten nicht mal das Wechseln der Uniform: olivgrün in der Sierra, olivgrün bei der Zuckerrohrernte; der gleiche Kampf mit anderen Mitteln. Sie bilden die perfekte Einheit mit Guevaras Bild vom Neuen Menschen. Das Aufgeschwemmtsein von Che durch das Kortison läßt ihn wie einen vom Kapitalismus ausgebeuteten Arbeiter wirken. Er ist irgendein Zuckerrohrschneider, irgendein Maurer. Wie alle Bilder von Che sind auch die des freiwilligen Arbeitseinsatzes antikapitalistische Propaganda. Trotzdem gibt es Zweideutigkeiten. Vor der wachsenden Kritik über die nicht bezahlte Arbeitskraft distanziert sich Fidel von den freiwilligen Arbeitsbrigaden, er läßt den Minister allein.

In bezug auf die Industrialisierung stand der Staat vor dem Problem, über keine Führungskräfte zu verfügen. Geschäftsführer und die ausgebildetsten Experten hatten gemeinsam mit den ausländischen Unternehmen das Land verlassen. Eine langer Kampf des Ministers gegen die Unfähigkeit beginnt. Che wußte sehr wohl, daß die importierten Maschinen aus der UdSSR, verglichen mit denen der Japaner oder Nordamerikaner, nichts taugten, daß die UdSSR die Materialien nach Kuba schickte, die veraltet waren. Um die Maschinen in Betrieb zu nehmen, mußten außerdem noch einige Rohstoffe importiert werden, die wiederum in Devisen bezahlt werden mußten, also aus dem Erlös des Zuckerverkaufs... Guevara stand mit einer unnachsichtigen Selbstkritik für eigene und fremde Fehlentscheidungen ein. Jahre später, auf einer Reise nach Ägypten, erklärte er dem Führer Gamal Nasser, daß die Revolution Fehler begangen habe und daß die Hauptverantwortung dafür bei ihm läge: "Wir haben 98% von allem verstaatlicht."

Die Industrialisierung, seine große Versprechung, wird nicht in die Tat umgesetzt werden. Doch nicht aus Schwäche, sondern auf Grund von Machtlosigkeit einer Situation

"WASHINGTON SPIELT MIT DEM FEUER."

Fidel Castro

Guevara sieht Fidel durch seine Kamera.

Am 22. Oktober 1962 verkündet John F. Kennedy die Schiffsblockade und verlangt von der Sowjetunion den sofortigen Abzug der Raketen mit nuklearem Sprengkopf. Während Kuba sich darauf vorbereitete, eine neue Invasion zu vereiteln, verhandelte Moskau einseitig über die Beendigung der Krise.

"Das ist das schaurige Beispiel eines Volkes, das bereit ist, sich im Atomkrieg aufzuopfern, damit seine Asche als Fundament zum Aufbau neuer Gesellschaften dient."
Che

Moskau und Havanna vereinbarten die Stationierung von Atomraketen auf der Insel. Guevara beklagte den sowjetischen "Verrat".

Wir dachten, Ihr würdet damit zufrieden sein. Wir haben alles Erdenkliche getan, um die Zerstörung Kubas zu verhindern. Ihr seid willens, eines schönen Todes zu sterben, wir denken jedoch, daß es sich nicht lohnt.

Anastas Mikoyan, sowjetischer Vizepremier, zu Che und anderen hohen Funktionären, November 1962.

✶

DAS WETTEIFERN WAR SEHR AUSGEGLICHEN; WIR STELLTEN FEST, DAß CHE LEUTE SCHICKTE, UM UNS AUSZUSPIONIEREN, UND SO TATEN WIR DAS GLEICHE. ES WAR EIN KOPF-AN-KOPF-RENNEN, UND ICH MUß BEDAUERLICHERWEISE ZUGEBEN, DAß ICH MICH FREUTE, ALS ICH VON SEINEM ASTHMAANFALL ERFUHR.

Zeugnis von Rosario Cueto,
Freiwillige bei der Zuckerrohrernte.

Beim Zuckerrohrschneiden in Camagüey, 1963.

gegenüber, auf die weder er noch Fidel Einfluß haben - der Kreml entscheidet. Also weiter Zuckerrohr schneiden und Tabak rollen. Nach der sowjetischen Weltanschauung ist Osteuropa für die industrielle Produktion vorgesehen, dafür garantiert Moskau Kuba seine territoriale Unabhängigkeit.

Dieser Handel paßt in die Theorie der nuklearen Abschreckung, nach der nur ein ausgewogenes militärisches Kräfteverhältnis ein Gleichgewicht zwischen den Supermächten und ihren jeweiligen Gebieten schaffen kann. Zu Beginn des Juni 1962 akzeptiert Castro das sowjetische Angebot, Atomraketen auf der Insel zu stationieren. Moskau muß den in der Türkei stationierten nordamerikanischen Raketen etwas entgegenstellen, und gleichzeitig besitzt Kuba nun eine Abschreckung im Fall einer zweiten Landung durch die USA. In den letzten Tagen des August unterzeichnet Guevara auf der Krim den Vertrag über die Raketenstationierung. Kurz danach beginnt der Aufbau der Basen, was dem Pentagon ganz und gar nicht verborgen blieb. Kubas Ansinnen lag genau darin, daß die nordamerikanischen Aufklärungsflugzeuge die Basen schnell ausfindig machen sollten, ein Mechanismus der Abschreckung. Die Eskalation der Spannung zwischen den beiden Supermächten - Kuba wie als Geisel mittendrin - wird unter dem Namen "Raketenkrise" bekannt. Dieses internationale Ereignis bedeutet für Che das Ende jeglicher Naivität und seine Enttäuschung in bezug auf Moskau; seine politische Radikalität nimmt extremere Formen an.

Am 22. August 1962 richtet sich Kennedy an die nordamerikanische Öffentlichkeit, um sie in ausmalenden

Minister mit Machete.

Freiwillige Arbeit im Familienverband, gemeinsam mit Aleida und seinem Jugendfreund Alberto Granado.

Die einzige Möglichkeit, den Minister zu bremsen, war, ihm von der Erschöpfung der Arbeiter zu berichten. Trotz der Anstrengungen war die Ernte von 1963 die schlechteste des Jahrhunderts.

Castro hält sich in der Debatte um den materiellen Anreiz und die Organisation der Wirtschaft im Hintergrund.

"Wir bleiben fünf Jahre hier, und dann gehen wir. Mit fünf Jahren mehr auf dem Buckel können wir immer noch eine Guerrilla aufbauen." Che zu seinem Sekretär Juan José Manresa, als er das Amt des Ministers übernimmt.

ENTWEDER KÖNNEN WIR DIE GEGENTEILIGEN MEINUNGEN DURCH ARGUMENTE AUSRÄUMEN, ODER WIR MÜSSEN ZULASSEN, DAß SIE AUSGESPROCHEN WERDEN. MAN KANN ANDERE MEINUNGEN NICHT MIT GEWALT AUS DEM WEGE SCHAFFEN, DA DIES JEGLICHE FREIE ENTWICKLUNG DER INTELLIGENZ HEMMT.

Che. Der Sozialismus und der neue Mensch.

Raúl Castro und Che in den Nickelbergwerken von Nicaro.

Worten über die dramatische Situation zu informieren, daß kaum 150 km von ihrer Küste entfernt sowjetische Raketen stationiert sind. Der Präsident gibt bekannt, daß man Kuba mit Kriegsschiffen einkreisen werde. Die sowjetischen Schiffe beachten diese Drohung nicht und fahren weiter in die Karibik. Erneut Panik. Che wird wieder als Kommandant nach Pinar del Rio geschickt, wo eine Invasion befürchtet wird. Die Bevölkerung bereitet sich auf eine neue Landung vor. Das Gespenst des "roten Knopfes" und eines zweiten Hiroshima geht auf dem ganzen Kontinent um. Die Politik wird aufgeschoben angesichts der bevorstehenden Katastrophe.

Und plötzlich überwog die Vernunft. Nicht durch Fidel, der Moskau darum bat, bei einem eventuellem Angriff mit den gleichen Waffen zurückzuschlagen, noch durch Che, der dies als einen sowjetischen Verrat ansah. Gänzlich unvorhergesehen änderten die Schiffe mit der Raketenfracht am 24. Oktober ihren Kurs. Ohne Havanna darüber zu informieren hatte Chruschtschow einen Vertrag mit Kennedy über die Demontage der Basen geschlossen. Im Gegenzug unterzeichneten die USA einen Nichtangriffspakt für die Karibik und sagen zu, die in der Türkei stationierten Raketen abzuziehen. Die Gefahr war abgewendet. Die Kubaner wissen, daß sie noch einsamer sind, als sie glaubten und gehen auf die Straße: "Nikita, Feigling, was man gibt, nimmt man nicht wieder weg".

Zwischen dieser "Feigheit" und der Weitsichtigkeit liegen mehr als 35 Jahre. Aus heutiger Sicht scheint die Handlung Chruschtschows überlegt, und wir können ihm nur einen großen Mangel an Taktgefühl vorwerfen. Über die Radionachrichten erfuhr Fidel von dem Handel zwischen Kreml und Weißem Haus, was eine berechtigte Wut in ihm auslöste. Washington hielt sein Versprechen, nicht einzumarschieren, blutete aber Kuba durch das Embargo aus. Dieses Ausbluten ist langsamer, aber süßer als der direkte Angriff. Guevara macht Moskau heftige Vorwürfe und kehrt von seiner Kommandantur wieder an den Schreibtisch zurück.

Seine Familie vergrößert sich. Im Mai dieses Jahres ist sein drittes Kind zur Welt gekommen namens Camilo in Gedenken an den Held der Revolution. Nach mehreren Umzügen wohnt die Familie nun in der Straße 37 in Nuevo Vedado, einem Bezirk mit Einfamilienhäuschen, in dem auch andere Regierungsfunktionäre wohnen. Doch das zweistöckige Haus sieht nur von außen bürgerlich aus, innen gibt es wenig Möbel. Che ist nur selten hier. Jeden Tag, auch am Samstag, kommt er erst gegen Mitternacht nach Hause, am Sonntag ist er bei den Arbeitsbrigaden. Sonntagnachmittags, in den

Guevara wendet sich an die Massen. Er ist ein Redner, der eher den ruhigen und nachdenklichen als den überschwenglichen Stil bevorzugt.

Alle sitzen in Reih und Glied außer Che. II. Jahrestag der Vereinigung der Kommunistischen Jugend. 20. Oktober 1962.

Nach der schlechten Zuckerrohrernte im August 1963 erklärt Castro: "Kuba muß sich von den Träumen der Industrialisierung verabschieden."

"Man muß sich in einen Schwarzen verwandeln, in einen Mulatten, in einen Arbeiter, in einen Bauern...", zu Professoren und Studenten in der Universität von Havanna.

✶

Aleidita, ältestes Kind von Che mit Aleida March: die Geschichte als etwas Alltägliches.

kurzen Pausen, die er sich von seinem Schreibtisch gönnt, sieht er seine Kinder. Montags bei Morgengrauen verläßt er das Haus. Die Bescheidenheit ist die ethische Prahlerei des Revolutionärs: er erlaubt Aleida March weder die Lebensmittelkarten zu überziehen noch das von der Regierung gestellte Auto für private Zwecke zu nutzen.

Über das ganze Jahr 1962 vertiefte Guevara seine Pläne, die Guerilla an andere Orte Lateinamerikas zu verlegen. Im Oktober gibt er bekannt: "die Anden werden die Sierra Maestra Amerikas sein". Es lag im Einklang mit dem Wesen und Denken Guevaras, mit der Außenpolitik Fidels und der Entwicklung der 60er Jahre - nicht aber mit den Plänen der Sowjetunion.

Alle Anhänger, auch Castro, wußten von der Wichtigkeit, die Che darin sah, einen revolutionären foco (Herd des Aufstands) in seinem Land zu errichten, wie er es schon in seinem Konzept der bewaffneten Avantgarde beschrieb. Doch die Möglichkeit, daß Kuba den bewaffneten Kampf nach Lateinamerika tragen sollte, war für die Sowjetunion auf Grund des Übereinkommens der "friedlichen Koexistenz" unannehmbar. Dieses Gebiet gehörte in den Bereich der Nordamerikaner; die UdSSR begnügte sich damit, einige sehr folgsame kommunistische Parteien zu unterstützen. Havanna wußte, daß seine einzige Überlebenschance auf weite Sicht darin lag,

Camilo, erster Sohn, feiert seinen ersten Geburtstag. Die Familie feiert mit dem traditionellen weißen Kuchen und gönnt sich die Coca Cola.

Lateinamerika ideologisch zu überzeugen: kontinentale Strategie, rein und hart, in nahtloser Übereinstimmung mit dem kämpferischen Ideal.

1963 war für Che ein bewegendes Jahr in bezug auf seine argentinische Vergangenheit. Am 14. Juni, am Tag seines Geburtstages, kommt seine dritte Tochter, genannt nach seiner Mutter Celia, zur Welt. Auf ihrem Weg zur politischen Radikalisierung war Celia de la Serna einige Monate wegen kubanischer Propaganda in Haft. Die Verbreitung der guevaristischen Idee war für die Mutter die Möglichkeit, an der Seite ihres Sohnes zu sein. Im September stand endlich das Projekt eines argentinischen foco, persönlich entworfen von Guevara und angeführt von Jorge Masetti, der in die an der Grenze zu Bolivien gelegene Provinz Salta mit einer Handvoll Kämpfern fuhr. Schon im April 1964 wurde diese Gruppe von der argentinischen Sicherheitspolizei zerschlagen.

Währenddessen wurde der Streit über die Wirtschaft Kubas zu Ungunsten des Ministers beigelegt. Sein Ende kam im auslaufenden Jahr 1964, als Che sein Amt im Ministerium der Zuckerindustrie verlor, das wichtigste im Kabinett. Die Niederlage war ehrenhaft, da er das Amt an einen Mann seines Vertrauens weitergab, Orlando Borrego. Der Wirtschaftsplan von Havanna stieg in die Etappe des Pragmatismus gegenüber Moskaus Investitionen ein, anders gesagt, Havanna machte keine Anstalten mehr, sich für Industrialisierung und landwirtschaftliche Diversifizierung einzusetzen.

Zu diesem Zeitpunkt mußte Guevara nicht nur den Sowjets gegenüber mißtrauisch sein, die auf seine autonome Meinungsbildung und seinen Einfluß auf die kubanische Außenpolitik mißtrauisch waren, sondern auch gegenüber den vielen Feinden im Inland aus dem sowjetischen Lager der Regierung, die das Bild des Maoisten, des Trotzkisten, eben eines Dissidenten aufbauten. War er einer? Sagen wir, ja und nein. Auf jeden Fall lagen diese Diskrepanzen noch nicht in der Person Fidel. Nichts kränkte Ches Intelligenz mehr, als als einfacher Mitwirkender der Kubanischen Revolution angesehen zu werden. Es war leichter, die Macht abzugeben, als sein stoisches "Ideal des perfekten Menschen", das Borrego ihm zuschreibt. Wie 1954 er fühlte sich als Fremder in seinem eigenen Haus. Der Weg, der alles heilt, lockt ihn. Auf diesem einsamen Weg findet der Stoiker die Versuchungen, die ihm seine Kraft wieder zurückgeben. Der Körper verlangt nach Läuterung durch Bewegung. Guevara geht den Schritt, der ihn wieder in den Mythos verwandeln wird: er verläßt das sichere Territorium.

SELBST CHE KONNTE NICHT IMMER SO SEIN WIE CHE. MANCHMAL WAR AUCH ER MÜDE UND KAM ERSCHÖPFT NACH HAUSE, UM MIT SEINEN KINDERN ALLEIN ZU SEIN.

Haydeé Santamaría. Heldin des Überfalls auf die Moncada-Kaserne und später Leiterin des Kulturinstituts Casa de las Américas.

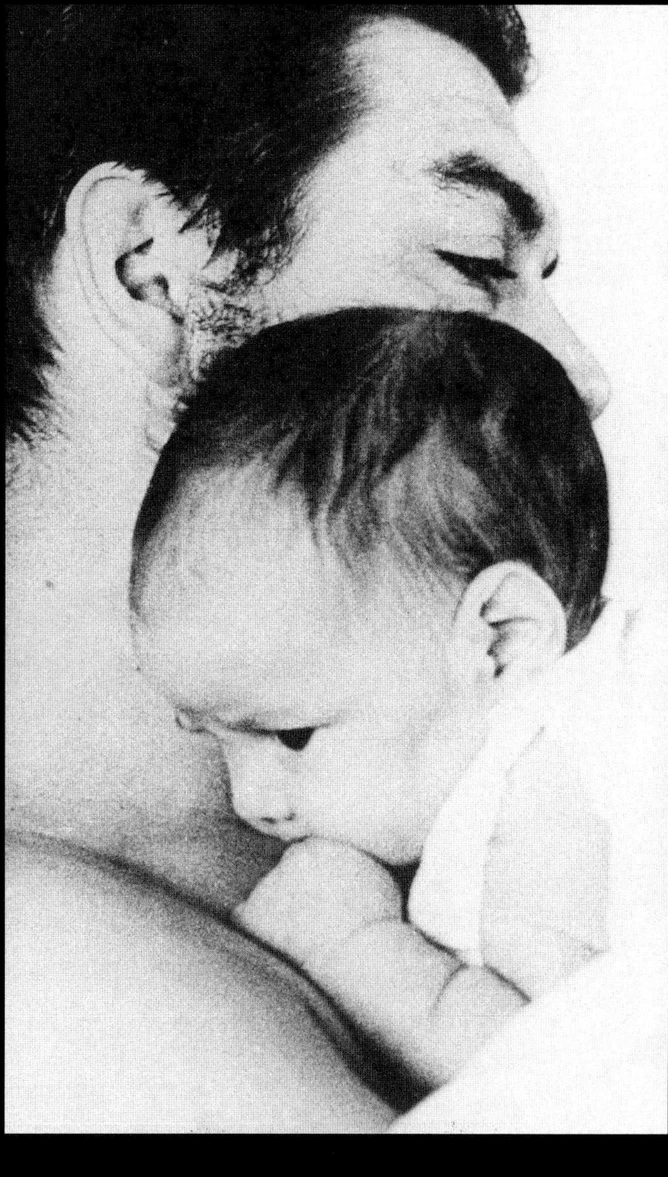

WIEDER RUFT DIE FERNE

Am 4. November 1964 reiste Che in diplomatischer Mission, die in Moskau begann und sich während der Reise auf drei Monate ausweitete. Seit seinem ersten Besuch vor vier Jahren hatte sich auf dem Roten Platz vieles verändert. Einmal, weil Chruschtschow von dem konservativeren Leonid Breschnew aus seinem Amt gedrängt worden war. Doch vor allen Dingen, weil Che die Beziehungen zwischen Moskau und Havanna äußerst kritisch betrachtete. Ziel der Reise war es, das erste - und einzige - Treffen der Kommunistischen Parteien Lateinamerikas vorzubereiten, das in Havanna stattfinden sollte und die Verbindlichkeit der kubanischen Regierung gegenüber der Sowjetunion zu garantieren.

Am 11. Dezember trifft Che in New York ein, um Kuba vor den Vereinten Nationen zu vertreten. Sein Auftreten ist explosiv. Er greift die Gutsverwalter des nordamerikanischen Imperialismus in Lateinamerika an, fordert die Aufhebung des Wirtschaftsembargos und der Base in Guantánamo, Herd ständiger Sabotagen. Vor diesem Forum spricht er auch über den kongolesischen Führer Patrice Lumumba, der am 17. Januar 1961 ermordet wurde: die afrikanischen Freiheits- und Unabhängigkeitskämpfe werden von Kuba mit Spannung als geeigneter Schauplatz für den Internationalismus beobachtet. Ches Worte, seine Kleidung und seine lockere Haltung wirken in der Umgebung wie eine Anklage gegen das, was um ihn herum geschieht, enthüllen die Komödie der Vereinten Nationen.

Eine Woche später ist er schon in Algier, wo er mit dem Anführer der Unabhängigkeitsbewegung Ahmed Ben Bella zusammentrifft. Hier beginnt seine afrikanische Rundreise durch die Länder Tansania, Ägypten, Mali, Ghana, Dahomey (heute Benin). Die Reise ist eine Vorbereitung für den Aufstand im ehemaligen belgischen Kongo, damals

Letzter Spaziergang über den Roten Platz. 1960 war Che mit Ehren empfangen worden. Vier Jahre später war zwischen ihm und den Sowjets nur noch Argwohn.

Zu diesem Zeitpunkt (1964) hatte Che sich eine klare und endgültige Vorstellung von den sozialistischen Ländern von innen heraus gemacht. Im Vergleich zum Westen hatten sie verloren, nicht wegen ihrer erstickenden Liebe zum Marxismus-Leninismus, sondern aus Verrat oder Aufgabe

✶

Militäruniform inmitten eines Meeres von Anzügen. Die Vereinten Nationen, Dezember 1964.

UNSERE FREIEN AUGEN SIND HEUTE IN DER LAGE, ZU SEHEN, WAS WIR VORHER WEGEN UNSERER SITUATION DER SKLAVEREI IM KOLONIALISMUS NICHT SEHEN KONNTEN; DAß DIE "WESTLICHE ZIVILISATION" HINTER IHRER GUT AUSSEHENDEN FASSADE HYÄNEN UND SCHAKALE VERBIRGT.

Che bei der UNO

"Ich hoffe, daß der Vertreter von Nicaragua keinen nordamerikanischen Akzent in meiner Rede gehört hat. Das wäre wirklich gefährlich", sagte Che ironisch.

"Wir haben gesagt, daß die friedliche Koexistenz zwischen Nationen nicht die Koexistenz zwischen Ausbeutern und Ausgebeuteten, zwischen Unterdrückern und Unterdrückten beinhaltet." Ein Seitenhieb auf die UdSSR.

Ankunft in New York, 9. Dezember 1964.

Kongo Leopoldville. Guevara bespricht mit einigen Führern erste Pläne zur Unterstützung eines afrikanischen Aufstands, die Prognosen fallen jedoch nicht sehr positiv aus: besonders Nasser ist pessimistisch und weist auf die Schwierigkeit hin, daß ein Weißer in Afrika als "Tarzan" angesehen werden würde.

Inmitten der Reise macht er einen sonderbaren Abstecher nach Peking. Die Situation zwischen China und der Sowjetunion ist äußerst gespannt. Kuba, die kleine Geisel, steht mehr und mehr auf der Seite der Sowjetunion, ohne bisher offiziell Teil des sozialistischen Blocks zu sein. Che sieht sich gezwungen, diese Haltung, die er persönlich nicht vertritt, zu erklären, daß Kuba im Grunde genommen selbst Geschädigte sind. Diesmal begrüßt Mao ihn nicht einmal.

In Abwesenheit des Ministers wird Mitte Februar in Moskau der Handelsvertrag unterzeichnet, der die wirtschaftliche Abhängigkeit Kubas besiegelt. Für das Streben nach Industrialisierung und landwirtschaftlicher Diversifizierung, für die sich die Gruppe um den Minister so stark gemacht hat, ist dieser Vertrag der Anfang vom Ende. Der Zuckerexport in die UdSSR wird erhöht, die Insel verfällt wieder in die Monokultur. Die sowjetische Hilfe ist massiv, in den bilateralen Beziehungen bleibt jedoch ein Konfliktpunkt, in dem der Seiltanz eines Landes sichtbar wird, das sich nicht ganz der Fremdherrschaft unterwerfen will: die Außenpolitik, geleitet von der Idee des "proletarischen Internationalismus", Ches Verantwortunsgbereich.

Am 24.Februar reist er zurück nach Algerien, wo er die Nachricht erhält, Aleida habe einen Sohn geboren, der seinen Namen trägt. Es ist sein letztes Kind und die zweite Geburt, bei der er außer Landes ist. Die Afro- Asiatische Konferenz der Solidarität in Algier rechtfertigt dieses Opfer. Hier wird

In dem Schlangenpalast von Benin, Januar 1965.

Die sozialistischen Länder haben die moralische Pflicht, ihre stillschweigende Komplizenschaft mit den westlichen Ausbeuterländern zu kündigen... Die Frage des bewaffneten Befreiungskampfes von einer politischen Unterdrückungsmacht muß nach den Regeln des proletarischen Internationalismus behandelt werden.

Che, Rede von Algier, 27. Februar 1965.

über die Problematiken der Dritten Welt diskutiert und, im Geheimen, die Hilfe für einige afrikanische Befreiungskämpfe organisiert. Klugheit und Abneigung: Che merkt, daß er nicht mehr die Fäden der Macht in der Hand hält. In seiner Rede bezeichnet er den sozialistischen Block als einen zweiten Imperialismus, der die zu unterstützenden Länder ausbeutet. "Wenn wir diese Art von Beziehung zwischen beiden Gruppen von Ländern annehmen, müssen wir uns darüber im klaren sein, daß die sozialistischen Länder in gewissem Sinn Komplizen der imperialistischen Ausbeutung sind... Die sozialistischen Länder haben die moralische Pflicht, ihre geheime Komplizenschaft mit den westlichen Ausbeuterländern zu kündigen." Aber er verleiht auch seinem Glauben an den Internationalismus der Guerilla Ausdruck. Er schlägt einen "starken, kompakten Block" von Ländern vor, die sich im Befreiungsprozeß befinden und die durch die waffenproduzierenden sozialistischen Länder unentgeltlich ausgerüstet und unterstützt werden sollten. Che fordert die Zustimmung Havannas heraus und geht gleich von der höchsten Forderung aus. Bis zu welchem Punkt kann Fidel es zulassen, daß ein Mitglied seiner Regierung öffentlich die UdSSR kritisiert? Tatsache ist, daß die Rede in Algier klar aufzeigt, daß es kein Zurück zur Realpolitik gibt.

Am 15. März, wieder in Havanna, gibt man ihm kaum Gelegenheit, seine Frau auf dem Flughafen zu begrüßen. Hinter verschlossenen Türen erwartet ihn ein Tribunal. Fidel, begleitet vom Präsidenten Dorticós und Raúl Castro, holte ihn zu einer langen Unterredung über die Algerienrede ab, die zwei Tage und zwei Nächte dauerte. Das Industrieministerium spielte wohl keine große Rolle bei dieser Sitzung. Die Brüder treten geschlossen auf. Che tritt von seinen Posten zurück. Sein Entschluß, die Insel zu verlassen, ist gefaßt. Im Jahr der definitiven Biographien über Che, die vier Werke mit jeweils

In Ghana, 1965.

mehr als 500 Seiten, etlichen Essays und außerdem noch die Neuauflagen umfassen, kommt jedes neue Buch an dieser Stelle ins Stolpern und muß diese Sitzung nochmals durchleuchten, die so zukunftsweisend für den Minister ist. Es ist vor allen Dingen das Verhältnis in dieser Situation zwischen Castro und Guevara, das die Historiker beschäftigt, da es den Grund seines Aufbruches bestimmen wird. Und genau an diesem Punkt offenbart sich die Tendenz des Autors. Anderson, der in faktischem Stil schreibt und nicht dazu neigt, die Diskrepanzen innerhalb der kubanischen Regierung emphatisch aufzuzeigen, ist der Meinung, daß Fidels Kritik sich nur auf Ches Stil bezöge. Nach seiner Auffassung war die algerische Rede eine "Gemeinschaftsarbeit" von Fidel und Che, an der ihn nur der übermäßige Gebrauch von Adjektiven störte. Anderson schreibt weiter, daß in Hinsicht auf den inneren Druck gegen den "Maoisten" Che, dieser nicht mehr haltbar sei und Fidel ihm "angeraten" habe, Kuba zu verlassen, um die Guerilla zu unterstützen. Der Franzose Jean Cormier, der offen mit Castro sympathisiert, schreibt, daß "Che in Kuba nicht bleiben kann und will, er belastet Fidel mit seiner Einstellung, die Moskau stört". Der Mexikaner Castañeda führt den Entschluß des Weggehens allein auf den scharfen Disput mit Fidel, aber vor allem mit Raúl Castro, der noch prosowjetischer eingestellt war, zurück. Der Biograph Paco Taibo versucht, das Rätsel zu lösen, in dem er uns vor ein anderes Rätsel stellt. Auf die Frage, warum Che Kuba verlassen habe, antwortet er mit einer anderen: Warum blieb er so lange? Es gibt unter anderem aus dem Grunde keine kubanische Biographie, da sie gerade diesen Punkt hätte erklären müssen.

Die Entscheidung Guevaras, auf seinen Weg zurückzukehren, findet Fidels Unterstützung. Dieser weiß, daß die Unabhängigkeit seines Landes ganz von der Fähigkeit abhängt, seinen Einfluß ausweiten zu können. Für Che ist dies die Chance, "am heißesten Punkt der Welt zu kämpfen". Es ist die bemerkenswerte Einheit zwischen seinen Texten und seinem Leben: beide sind ein einziges

Mit dem Präsidenten Nasser. Kuba versucht, gemeinsam mit Kairo, Tansania und Algier eine antiimperialistische Front aufzubauen.

Wohin er auch geht, findet Che Solidaritätsbezeugungen für Kuba.

Rückkehr nach Havanna, 15. März 1965. Guevara muß für seine Algerien-Rede geradestehen.

Lebenswerk. Auch wenn die Utopie wegen eines Irrtums, wegen dieses paradoxen Verdienstes seines unfertigen Charakters zerbricht, immer bleibt der Einklang zwischen Tat und Ideen.

Über 30 Jahre blieben Ches Aufzeichnungen aus dem Kongo verschlossen, erst 1990 tauchten sie auf, als Paco Taibo sie in einem Buch in Auszügen zitieren durfte. Sie sind nie veröffentlicht worden und auch weiterhin schwer zugänglich: niemand ging kritischer mit seiner kongolesischen Erfahrung um als sein Protagonist.

1965-1966 sind ein Zurück in sein Nomadenleben. Dieses Mal wirft ihn sein Prozeß des Suchens und des Findens in eine metaphysische Leere. Er zieht aus, um sein eigenes Mythos wieder aufzubauen. Doch vorher muß er seine Staatsangehörigkeit abgeben, seine Kleidung als Funktionär, als Gründer, als Ideologe der ersten Stunde, um wieder die Identität des Guerillero annehmen zu können. Es ist die Stunde des Abschieds. Durch einen Sekretär gibt er eine Anthologie an den Schriftsteller Fernández Retamar zurück. Dieser erzählt dem Schriftsteller, daß Che ihn gebeten hatte, das Gedicht "Farewell" des Chilenen Pablo Neruda zu kopieren. Guevara schreibt einen doppeldeutigen Brief an seine Mutter, zwischen dessen Zeilen sie die politische Niederlage erkennt. Er kündigt an, erst zur Zuckerrohrernte nach Oriente zu fahren und will danach, gemeinsam mit seinem Freund Granado, ein staatliches

1. Mai 1963, mit Raúl und Fidel Castro. Zwei Jahre später ist der Zusammenhalt des Triumvirats nicht mehr derselbe. Che zieht fort, auf der Suche nach seinem "afrikanischen Vietnam".

MEINE IST DIE ALTE STIMME DER ERDE.

DU BEHÄLTST ALLES, LÄSST MICH NACKT ZURÜCK, DER DURCH DIE WELT IRRT...

ICH NEHM DIR DIE STIMME... LASS DICH STUMM!

UND WIE WILLST DU DEN WEIZEN LESEN

UND DAS FEUER SCHÜREN

WENN ICH DAS LIED MITNEHME?

León Felipe. Antología rota.

Wenig weiß man über diesen Abschied, über den es auch keine Fotos gibt. Umarmungen, wichtige Briefe, langes Schweigen. Zwei Männer, die einmal den gleichen Weg eingeschlagen hatten. 31. März 1965.

Verabschiedung des Ministers, 22. März. Guevara erzählt von seiner Afrika-Reise und spricht nicht über seine Zukunftspläne.

Unternehmen verwalten. Celia ist beunruhigt, spürt, daß er in Ungnade gefallen ist: sie hat niemals übermäßig mit Fidel sympathisiert. Über Aleida versucht sie, mit ihrem Sohn in Kontakt zu treten. Man antwortet ihr jedoch, daß das nicht möglich sei. Ihr wird nicht einmal mitgeteilt, daß er sich in einem Militärstützpunkt befindet, um dann später seine Reise in den Kongo anzutreten. Trauriges überschattet dieses Nicht-Wiedersehen. Celia, die Anstifterin, wird im Endstadium ihrer Krankheit ins Krankenhaus eingewiesen. Sie wird nicht mehr mit ihm sprechen. Einen letzten besorgten Brief schreibt sie an ihren Sohn, in dem sie ihm vorschlägt, seine Dienste als Wirtschaftsberater in Ghana oder Algerien anzubieten. Der Brief kreuzt sich mit dem von Ernesto, den sie jedoch nie lesen wird. In ihm kündigt Ernesto seine Abreise mit einem Zitat von Cervantes und einem von Rubén Darío an: "Liebe Eltern: Wieder einmal spüre ich unter meinen Fersen die Rippen Rosinantes; mit dem Schild am Arm nehme ich meinen Weg wieder auf". Erst im Kongo erfährt Che von dem Tod seiner Mutter. Von diesem Moment an wird er im Untergrund leben. Seine Kinder werden ihn nicht mehr sprechen.

Die große Melancholie spart er sich für den bekannten Abschiedsbrief an Fidel auf, sein vielleicht bestes geschriebenes Werk. Der Brief läßt sehr gefühlvoll den ganzen Zeitraum seiner revolutionären Ausbildung Revue passieren und ist eine glühende Freundschaftserklärung. Aber er ist auch ein Bekenntnis, von dem er nicht wieder zurück kann, der Brief, der vorletzte

MEIN WANDERNDES HAUS HAT NOCH ZWEI BEINE, UND MEINE TRÄUME HABEN KEINE GRENZEN, ZUMINDEST SOLANGE, WIE DIE KUGELN NOCH NICHT DAS LETZTE WORT GESPROCHEN HABEN... SEßHAFTER ZIGEUNER, ICH ERWARTE DICH, WENN DER PULVERDAMPF SCHWÄCHER WIRD.

Inschrift eines Buches für Alberto Granado

Gefallen, den der Argentinier Castro macht. "Ich erinnere mich in diesem Moment an viele Dinge, seitdem ich Dich im Haus von María Antonia kennengelernt habe, ich erinnere mich daran, wie Du mir vorschlugst mitzukommen, an die ganzen Spannungen während der Vorbereitung. Eines Tages fragten sie uns, wer im Todesfalle benachrichtigt werden sollte, und die konkrete Möglichkeit unseres Todes machte uns alle betroffen. Später erkannten wir, daß es wahr ist, daß man in einer Revolution (wenn es eine richtige Revolution ist) entweder siegt oder stirbt... Ich betone noch einmal, daß ich Kuba von jeglicher Verantwortung freispreche, außer von der, die sich aus ihr als Beispiel ergibt. Sollte meine letzte Stunde unter anderen Firmamenten anbrechen, so wird mein letzter Gedanke diesem Volk und besonders Dir gelten. Hasta la victoria siempre. Patria o muerte! Ich umarme Dich mit all' meiner revolutionären Inbrunst: Che." Der Brief ist voll von Demut, von der bewegendsten Liebe, die ein Mann mit einem anderen verbinden kann. Che gesteht seine Verehrung als Schüler und erkennt Fidel als seinen Lehrmeister an. Als Beweis seiner Dankbarkeit verzichtet er auf seinen Ministerposten und seinen militärischen Rang, auf die kubanische Staatsangehörigkeit, auf alles, was er aufgebaut hat: eine Familie, einen Platz in der Revolution, die Hingabe eines Volkes. Er hat seinen Namen verloren und ist bereit für seine nächste Reise.

Es ist interessant, daß er das erste Mal nach zehn Jahren seine Kampfuniform ablegt und sich bei seiner geheimen Abreise als Kapitalist verkleidet, um in einen anderen Krieg zu ziehen. Ein Kurzhaarschnitt, glattrasiert und eine unbequeme Prothese im Mund verwandeln ihn in den, der er niemals sein wird: ein Bourgeois

ICH GEH FORT. ICH BIN TRAURIG;
DOCH TRAURIG BIN ICH JEDERZEIT.
ICH KOMME AUS DEINEN ARMEN.
WEIß NICHT, WOHIN ICH JETZT
GEH.
AUS DEINEM HERZEN SAGT
LEBWOHL MIR EIN KIND.
UND ICH SAGE IHM: LEBE WOHL!

Pablo Neruda, Farewell

Letztes Bild der Familie, März 1965. Ernestico, Camilo, Aliusha und Celia mit ihren Eltern.

✶

auf Geschäftsreisen. Diese Verkleidung ist die notwendige Verwandlung, um sich zu Dekubanisieren, das spöttische Mittel in der gleichen Sprache des Klassenkampfes: um meinen Feind zu überlisten, werde ich mein Feind. Auf den Bildern hat er erstaunliche Ähnlichkeit mit einem Fotogramm aus Citizen Kane von Orson Welles.

Die internationale Presse verbreitet die unmöglichsten Versionen. Einige, geschürt von der alten prosowjetischen Garde in Havanna, stellen Che als Gespenst Fidels dar, seinen Trotzky, seinen chinafreundlichen Dissidenten. Die internationalen Nachrichtenagenturen schreiben, er sei in einer psychiatrischen Anstalt in Mexiko, oder er sei nach einem heftigen Streit mit Fidel in einem Gulag in Havanna eingesperrt oder in Santo Domingo tot aufgefunden worden. Man sieht das Sehrohr seines U-Bootes im Golf von Mexiko, bestimmt plant er eine neue Landung, um die Verräter zu verjagen. Währenddessen spielt der falsche Bürger Ramón Benítez über den ganzen Erdball mit den Geheimdiensten Katz und Maus. Nach 17 Tagen erreicht er Tansania.

Neueste Studien besagen, Castro hätte sich des Kongos bedient, um Che von der Idee abzubringen, in Lateinamerika zu kämpfen. Zweifellos hatte die Niederlage des foco von Masetti in Argentinien Che gezeigt, daß der Moment für den Aufstand noch nicht gekommen war. Andererseits war der Kongo ein Brennpunkt der internationalen Situation und die Reise nach Afrika paßte in die These des proletarischen Internationalismus. Jeder Ort des Planeten, wo es unterdrückte Völker gab, war für den Kampf gegen den nordamerikanischen Imperialismus geeignet. Auch Castro begann zu glauben, daß eine gute Erfahrung im Kongo Moskau davon überzeugen würde, seine Außenpolitik zu ändern. Zu den Anden über den Tanganikasee... Doch auch wenn Fidel die Reise Guevaras in den Kongo vollkommen unterstütze, brachte dies ihm gewisse politische Schwierigkeiten ein. Mit den Worten Ches Leibwächters Ulises Estrada: "Ein toter Che im Kongo war ein internationaler Skandal; tot in Bolivien war er ein Märtyrer."

Am 19. April 1965 kam Che in Tansania an, wo er vor einem Jahr schon einmal gewesen war. Die Grenze zum Kongo war der Treffpunkt aller revolutionären Führer des Kontinents. Die Rebellion schien durch die Anhänger Patrice Lumumbas, dem ermordeten kongolesischen Anführer, wieder aufzuerstehen. Das Land war eine Halbkolonie präsidiert von Moises Tshombe, der mit der belgischen und nordamerikanischen Unterstützung rechnen konnte. Aus der Sicht der Guerilla lag das Hauptproblem darin, daß der Aufstand in zwei Gruppen geteilt war, die des ehemaligen Ministers unter Lumumba Pierre Mulele, die im Westen agierte, und dem Nationalen Befreiungskomitee. Dieses operierte im Norden und Osten des Landes und brachte unterschiedliche

ETWA ZEHN JAHRE IST ES HER, SEIT ICH EUCH EINEN ANDEREN ABSCHIEDSBRIEF SCHRIEB... MAG SEIN, DAß DIES MEIN LETZTER IST. ICH SUCHE ES NICHT, ABER ES LIEGT IN DER LOGIK DER WAHRSCHEINLICHKEITEN.

Che. Abschiedsbrief an seine Eltern

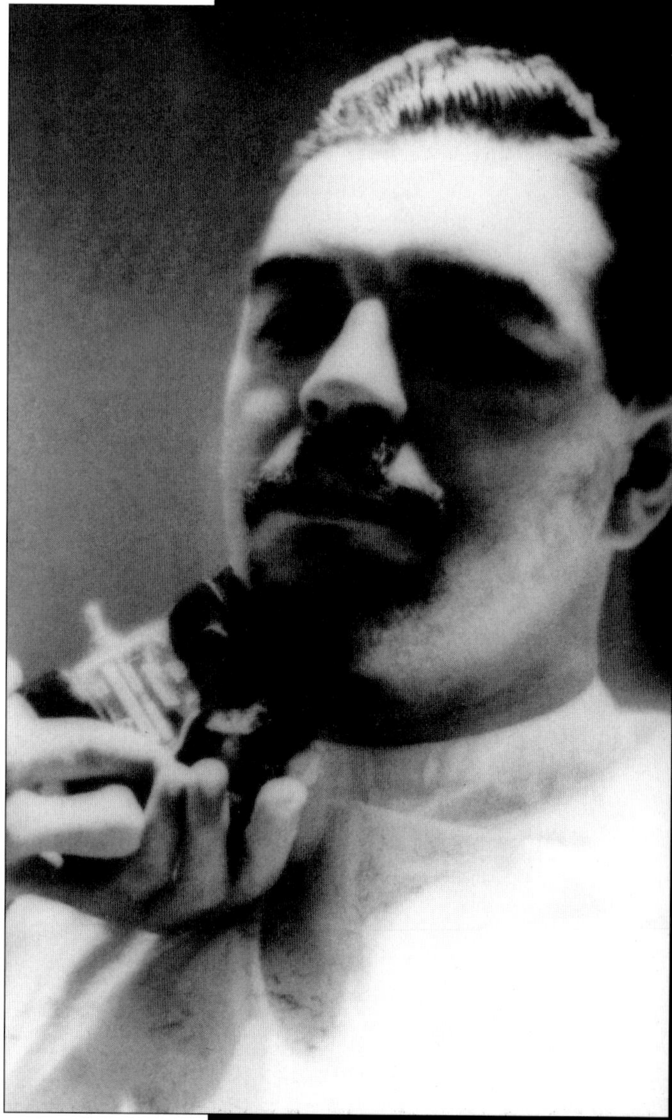

Ein nicht wiederzuerkennender Che verläßt Kuba am 1. April 1965.

Führer zusammen, unter ihnen auch Laurent Desireé Kabila, der schließlich 1997 an die Macht kommen wird. Im Gegensatz zu einer eher lustlosen Guerilla war dieses Land förmlich übersät von chinesischen und sowjetischen Waffen: Moskau unterstützte das Komitee, Peking unterstützte Mulele.

Der Argentinier war von den Anführern der Revolte bald enttäuscht. In seinem Kongo-Tagebuch schreibt er über diese Revolutionäre, die er abwertend "freedom fighters" nennt, daß sie ein angenehmes Leben in Hotels führen würden und hauptsächlich "eine militärische Ausbildung in Kuba wollten und finanzielle Hilfe". Wenn er ihnen vorschlägt, doch vor Ort zu trainieren, fühlen sie sich betrogen. Der kubanische Botschafter in Tansania, Pablo Ribalta: "Sie wollten raus aus dem Kongo, nicht wirklich rein." Dem ersten kubanischen Kontingent von 30 Ausbildern folgen hundert weitere.

In seinem Zeugenbericht erinnert sich Kommandant Víctor Dreke an unglaubliche Anekdoten über die Kongolesen, die belegen, daß es überhaupt keine Berührungspunkte zwischen dem afrikanischen Aufstand und der kubanischen Revolution gab: "Wir hatten vorgefertigte Ideen, die nicht funktionierten. Man konnte nicht in Hängematten schlafen, da einem sofort drei Schlangen auf den Kopf fielen... Sie glaubten, Fidel sei ein Schwarzer, bis wir ihnen ein Foto zeigten. Die Analphabetismusrate war hoch, es gab kein Radio, sie wußten nichts über Che." Für sie war er nur der Muganga Tatu, der Arzt Nummer drei, ein Deckname in der Suahelisprache, den die Kämpfer ihm gleich nach der Ankunft gegeben hatten. Wie schon in der Sierra Maestra fand der Arzt Zeit, um die kranken Bauern zu behandeln: und Zeit gab es genug.

Und es ist nicht die Mutter, die dies sagt. Es ist eine alte Frau, die den starken Wunsch hat, daß sich die ganze Welt zum Sozialismus bekenne... Wenn aus irgendeinem Grund die Wege in Kuba für Dich versperrt sind, so lebt in Algerien ein Herr Ben Bella, der Dir danken würde, wenn Du ihm seine Wirtschaft aufbauen würdest... Ja, Du wirst immer ein Fremder sein. Dies scheint Dein ewiges Schicksal zu sein.

Brief von Celia de la Serna, April 1965.

Die kubanische Teilnahme entwickelte sich inmitten eines kulturellen Irrtums. Die Kubaner waren erstaunt über den animistischen Glauben der Rebellen und betrachteten mit gewisser Verachtung ihre Rituale gegen den Tod und die Dawas - auf Kisuaheli Medizin- die vor einem Kampf in Aktion traten. Vor allem Tatu schätzte den Müßiggang der Guerilleros ganz und gar nicht, die die Bauern als Lastenträger benutzten. In seinem Tagebuch schreibt er über die "Faulheit, sie gingen nicht einmal zur Basis, um Lebensmittel zu holen... Wenn man ihnen etwas zu Tragen gab, sagten sie: Mimi apana motocari (ich bin kein Lastwagen) oder Mimi apana cuban (ich bin kein Kubaner)." Oft bestreikten sie einfach die Guerilla: "Es gibt kein Essen, es gibt keine Arbeit."

Es gab nur vereinzelt kleinere Kämpfe, bemerkenswert war die Niederlage des Forts Bendera, bei der vier Kubaner ums Leben kamen. Die kubanische Teilnahme artete in Warten aus, mit einem Guevara, der um "Erlaubnis betteln" mußte, um sich in dem Gebiet bewegen zu dürfen. Was am meisten an ihm zehrte, war, nicht selbst kämpfen zu können, wie er es doch gewohnt war, sondern sich schützen zu müssen ("meine wertvolle Person"), da seine Popularität die Konterrevolutionäre hellhörig machen würde. Es gab keine Aktionen, sondern Stillstand: "Ich bin hier ein kleiner Stipendiat."

Che selbst bezeichnete diesen Krieg als eine Parodie, als er den Besuch des Dorfes Mbolo beschrieb, wo die örtlichen Kämpfer eine Parade für einen der Anführer organisiert hatten - er nannte es "Show". General Maulana präsentierte sich mit einer einzigartigen Kopfbedeckung, einem Motorradhelm, bedeckt mit Leopardenfell: "Die Lächerlichkeit hatte etwas Chaplineskes an sich; ich hatte das Gefühl, eine schlechte

Es ist es gut, die Glücklichen dieser Welt hin und wieder wissen zu lassen, und wäre es nur, um ihren törichten Hochmut ein wenig zu schmälern, daß es ein höheres Glück gibt als das ihre, umfassender und erlesener.

Charles Baudelaire. Le spleen de Paris.

Moises Tshombe, Vertreter des Kolonialismus, wurde nach der Ermordung von Lumumba zum Premierminister des Kongos ernannt.

Joseph Mobutu. Seine Diktatur wird über dreißig Jahre andauern.

Komödie zu sehen, gelangweilt und hungrig, während die Chefs Schreie ausstießen, auf den Boden stampften und sich im Kreis drehten und die armen Soldaten kamen und gingen, verschwanden und wieder erschienen und ihre Geister beschwörten."

Es ist bewegend, bis zu welchem Punkt der Sinn für Lächerlichkeit bei Che eine tragische Dimension annimmt. Während die Rebellen beim ersten Schuß ihre Waffen fortwerfen, lernt Ernesto Guevara de la Serna Kisuaheli, gibt Französischunterricht und "Nachhilfe in Allgemeinbildung". Dreke erinnert sich an den Kommandanten: "...er war sehr zurückhaltend mit der Truppe... 'Man muß rennen, aber mit einer gewissen Eleganz. Du bleibst stehen, schießt zweimal, bleibst stehen, rennst. Es geht nicht darum, einfach zurückzuweichen, man muß wissen, wie'." Hinter seinem Rücken machten die Kubaner ironische Sprüche: "Kommandant, ich bin zurückgewichen, aber soldatisch." Che weiß, daß die Besonnenheit auf dem Wie beruht. Nur die Eleganz - die Kunst der Taktik - hält die Verbindung zur Realität.

Die kongolesischen Rebellen verlieren schnell ihre eroberten Positionen. Che bezeichnet den Oktober als "einen Katastrophenmonat ohne Ausnahme" und schreibt einen Brief

Für die Kongolesen, die Ches Identität nicht kennen, ist er Tatu. Er gibt ihnen Unterricht in Mathematik, Französisch und "Allgemeinbildung" in Luluaburg in der Nähe des Tanganikasees, 1965.

Patrice Lumumba, antikolonialistischer Anführer, wurde 1961 umgebracht.

Emilio Aragonés, Parteiführer, wollte Che begleiten. Guevara lehnte ab. Aragonés im Kongo. "Als Dein trojanisches Geschenk kam...", schreibt Che an Fidel.

★

Castro verliest den Brief öffentlich am 3. Oktober 1965 bei einer Versammlung des Zentralkomitees der Kommunistischen Partei.

"Ich kann Dir versichern, daß, wenn es nicht nach mir ginge, dieser schöne Traum inmitten der Katastrophe ausgeträumt wäre", schreibt er Fidel im Oktober.

Ich verzichte hiermit auch formell auf meine Position in der Leitung der Partei, auf meinen Posten als Minister, auf meinen Rang als Kommandant, auf meine kubanische Staatsangehörigkeit. Nichts Rechtliches bindet mich mehr an Kuba, nur Fesseln anderer Art, und die stehen nicht auf Urkunden... Ich betone noch einmal, daß ich Kuba von jeglicher Verantwortung freispreche, außer von der, die sich aus ihr als Beispiel ergibt. Und falls dann meine letzte Stunde unter anderen Firmamenten anbrechen sollte, dann wird mein letzter Gedanke diesem Volk und ganz besonders Dir gelten.

Che. Abschiedsbrief an Fidel Castro.

"Che erzählte mir von seiner neuen internationalistischen Mission auf dem Tanganikasee ", berichtet Pombo.

an Fidel mit einer unverblümten Auswertung der Erfahrung: "...im Namen des proletarischen Internationalismus' haben wir Fehler begangen, die uns teuer zu stehen kommen können. Außerdem beunruhigt mich persönlich, sei es aus mangelnder Präzision beim Schreiben oder weil Du mich nicht richtig verstehst, daß man von mir glauben kann, ich unterläge dieser schrecklichen Krankheit des grundlosen Pessimismus'... man muß wirklich einen sehr ausgeglichenen Charakter haben, um die Dinge hier auszuhalten; man braucht keine guten Männer, hier werden Supermänner gebraucht."

Ende des Monats, Guevara ist noch im Lager, erfährt er, daß Castro seinen Abschiedsbrief auf der Gründungsfeier der neuen Kommunistischen Partei Kubas öffentlich verlesen hat. Fidel macht wieder alles chirurgisch genau, ganz korrekt, um seinen eigenen Verbleib zu sichern.

Die Entscheidung des Freundes traf Che. Die Verlesung des Briefes entzog ihm jegliche Macht. Nach Castros eigener Version von 1987 war das Verlesen der Notwendigkeit unterworfen, der internationalen Kampagne in ihren unterschiedlichen Versionen zu widersprechen. Sein Zweck lag wohl darin, die Orthodoxen im Land in Schach zu halten. Guevara schreibt, daß die sofortige Konsequenz für ihn im Kongo die war, daß "die Genossen in mir einen Ausländer mit Kontakt zu Kubanern sahen, wie damals, als ich in der Sierra Maestra begann; damals war ich der, der kam, heute bin ich der, der geht".

Ende November verließen die Kubaner den Kongo in einem Boot über den Tanganikasee und standen über tausend Kilometer unter Feuerbeschuß. Kurz danach übernahm Mobutu die Macht, der das Land, nun Zaire genannt, bis 1997 regierte. Die Ausbilder wurden in die Hauptstadt von Tansania gebracht worden. Sieben Monate waren sie in einem fremden Krieg gewesen, einem verlorenen. Aufgerieben von Ruhr und Asthma wog Che nur noch 50Kg. Und wieder entdeckte er, daß er verletzbar war. "Wer war ich?"

WIR ÜBERNEHMEN DIE VERANTWORTUNG FÜR DIE UNTERSTÜTZUNG DER REVOLUTIONÄREN BEWEGUNG, DIE WIR IHR MIT ALL UNSEREN KRÄFTEN ENTGEGENBRINGEN. WIR ÜBERNEHMEN DIE VERANTWORTUNG UND DIE KONSEQUENZEN UND DIE GEFAHREN.

Fidel Castro. Öffentliche Antwort auf Ches Abschiedsbrief.

Selbstbildnis in Daressalam zu Beginn des Jahres 1966. Che lebt zurückgezogen in der kubanischen Botschaft, erholt sich von den Strapazen im Kongo und wertet die Erfahrungen aus. Er ist 37 Jahre alt.

Es gibt Schläge im Leben, so hart... Ich begreife es nicht!
Als schlüge Gott zu in seinem Haß; als trieben sie der Seele die
Brandung alles Erlittenen zu
und stauten sie auf in ihr... Ich begreife es nicht!

Und der Mensch ist elend... elend! Er wendet die Augen,
es trifft ihn wie ein Handschlag auf den Rücken;
er wendet die irren Augen, und alles Erlebte staut sich,
wie eine Pfütze von Schuld, in seinem Blick.

Es gibt Schläge im Leben, so hart... Ich begreife es nicht!

Vom Epos zum Roman

Im obersten Stock der kubanischen Botschaft in Tansania. In den folgenden drei Monaten erholte sich Che, physisch wie psychisch. Er gedachte seines Abschiedsbriefes an Fidel, der in Havanna öffentlich verlesen worden war. Die Trennung, einmal angekündigt, war unwiderruflich. Daressalam wurde zum Beginn einer Verbannung. Unter keinen Umständen wollte er mehr nach Kuba. Nur nach einem Guerillasieg könnte er wieder zurück. Er hatte alles aufgegeben, eine Rückkehr käme einem Wortbruch gleich. Er besaß nicht einmal mehr die kubanische Staatsangehörigkeit. Er war ein Revolutionär ohne Heimat.

Fidel verhält sich wie ein Freund mit Schuldgefühlen. Wiederholt schickt er ihm Briefe, seine Rückkehr sei willkommen. Aleida March reist nach Daressalam, um ihn davon zu überzeugen, daß seine Familie auf ihn wartet. Der Botschafter Ribalta sieht sie, sie umarmen sich, lachen, reden über die Kinder. Doch Che erhält Vorschläge der kubanischen Geheimpolizei, seinen Weg fortzusetzen. Die Witwe von Guevara Lynch, Ana María Erra, glaubt, daß seine Entscheidung, den bewaffneten Kampf fortzusetzen, vom Alter und Asthma beeinflußt war: "Ernesto wußte, daß er zuviel Medikamente zur Bronchialerweiterung genommen hatte und daß auch sein Herz nicht mehr so stark war. Er wußte, daß er nicht mehr der Jüngste war und daß, gab es noch eine Chance, zu kämpfen, dies seine letzte war."

Guevara nutzt die Zurückgezogenheit, um das Kapitel über den Kongo in "Passagen des revolutionären Krieges" zu überarbeiten, ein Buch, das bisher noch nicht veröffentlicht worden ist. Mit dem Selbstauslöser macht er wieder ein Foto von sich. Dieses Bild spiegelt das existentielle Abdriften des 20. Jahrhunderts wider. Die Fotografie mit Selbstauslöser, Zeichen der Moderne par excellence, ist das Mittel des Reisenden, der an keine andere Botschaft mehr glaubt als an seine eigene, sein Körper eingefroren in der Zeit: das Porträt des Künstlers als verlorene Figur. Die kongolesische Erfahrung bedeutet für den Mythos ein Wechsel im Genre. Vom revolutionären Sieg zur

Der Historiker würde an dieser Stelle gern die Stimme Ches erklingen lassen. Man kann sich diesem erzählenden Ton nicht entziehen, dieser schockierenden Aufrichtigkeit, diesem bissigen Humor, aber... die hypothetischen "Prager Tagebücher", wenn es sie denn gibt, sind nicht veröffentlicht worden.

Paco Taibo II.

SEIN WILLE HAT IHM EINE STRENGE DISZIPLIN AUFERLEGT, ER WIRD BESTIMMTE HANDLUNGEN VOLLBRINGEN, UM VORHERSEHBARE ECKEN BIEGEN, EINEN BAUM ODER EINEN ZAUN ANFASSEN, DAMIT DIE ZUKUNFT SO UNWIDERRUFLICH WIE DIE VERGANGENHEIT WIRD.

Jorge Luis Borges. 20. Mai 1928

Niederlage, vom Epos zum Roman. Die siegreiche Figur hat verloren und der Held ist ein Antiheld. Er weiß nicht, wohin. In sein Tagebuch schreibt er: "Wer war ich?" Er will nach Hause.

Daressalam und später Prag sind die Kehrseite von Guatemala und Mexiko. 1955 hatte Ernesto die Möglichkeit, zwischen vielen Optionen zu wählen, 1966 war ihm die Zukunft versperrt. Dieser Zeitraum, seine für ihn persönlich intensivste Zeit, zeigt einen reifen Mann, der blinde Gewißheiten und niemals zugelassene Zweifel in die Waagschale wirft. Ein Che im Teufelskreis der Zweifel, ein beeinflußbarer Mensch und deshalb von einer erstaunlichen Modernität. Der Kongo, die erste revolutionäre Niederlage, hat einen Sprung im Genre seiner Biographie ausgelöst. Er ist nicht mehr das Epos des kubanischen Volkes, sondern die Romanfigur eines Ausländers in der Sackgasse. Seine feste Entschlossenheit erinnert uns an die inneren Geister des Kapitäns Ahab, der nicht mehr den Weißen Wal verfolgt, sondern das Weiße des Wals.

Anfang März reiste Che inkognito nach Prag. Beschützt von Juan Carretero und Ulises Estrada verbrachte er hier dreieinhalb Monate im Untergrund in einer Einzimmerwohnung. Beide hatten die Guerilla von Masetti von Bolivien aus unterstützt, Kuba hatte dort also noch mutige Männer. Obwohl es keinen spontanen aufständischen Kern gab, hatten die Brüder Guido "Inti" und Roberto "Coco" Peredo, bolivianische Kommunisten mit Beziehungen zu Havanna, 1965 Che vorgeschlagen, einen foco in ihrem Land auf die Beine zu stellen. Die Freunde um Che, darunter auch Fidel, hatten ihn davon überzeugen können, daß es für einen bewaffneten Kampf in Argentinien noch zu früh sei. Bolivien war die bessere Alternative. Da das Land inmitten von Lateinamerika liegt, könnte diese Revolution auf benachbarte Länder übergreifen. Es ist offensichtlich, daß die geographischen Vorteile für dieses Unternehmen wichtiger waren als eine politische Situation, die sich später als ungünstig entpuppen wird.

Obwohl alle Quellen besagen, Che habe in Prag nicht geschrieben, ist es schwierig, ihn sich in dieser Situation ohne sein Tagebuch vorzustellen. In den unendlich langen Tagen nahm er sich ein Buch über Schach zur Hand und spielte wie besessen Zug um Zug nach. Einmal kam Estrada mit zwei Schallplatten nach Hause, einer von Miriam Makeba und einer anderen von den Beatles. Che mochte keine Popmusik, gab aber zu, daß diese Musik ihren Reiz hätte und lernte sie zu lieben. Dann brauchte er sie, um den Tag zu beginnen.

Besessen von der Angst, entdeckt zu werden, wurde Che nervös, wenn einer seiner Begleiter ihn mit Kommandant ansprach anstatt mit seinem Decknamen Ramón. Zu Anfang machte Estrada das Appartement sauber, doch Che schlug ihm bald vor, sich diese Arbeit zu teilen. Nur abends gingen sie zum Essen aus. Da Estrada der einzige Schwarze in der ganzen Stadt war, war er ein Exot, und Che bat um einen Austausch.

In diesen Monaten seines Pragaufenthaltes traf er vermutlich Tamara Bunke "Tania", die Deutsch-Argentinierin, die ihn während seiner Reise durch die DDR als Dolmetscherin begleitet hatte. Schon während dieser Zeit war sie als Geheimagentin tätig. Nachdem sie sich meisterhaft in die bolivianischen Regierungskreise eingeschleust hatte, war sie mit Che in den Bergen untergetaucht.

Nach langem Widerstand willigt Che ein, inkognito nach Kuba zurückzukehren. Er fährt weder zu sich nach Hause, noch wird er seine Kinder wiedersehen - nur verkleidet. Er beginnt mit dem Training. Er verbirgt sich in Pinar del Río, um seinen Körper wieder in Form zu bringen. Die Sackgasse öffnet sich.

Prag bedeutet für Che endloses Warten, ausgefüllt mit Lesen, Schachspielen und dem Traum, in Argentinien zu kämpfen.

"Wo bist Du, Ritter, Du edler,
der beste unter den Rittern?"
"Ich entfache das Freudenfeuer der
Guerrilleros in der Dunkelheit, Señora, in
der Dunkelheit."

Mirta Aguirre. Altes Lied für Che Guevara.

DIE EINSAMKEIT DES KÄMPFERS

Nur wenige wissen, daß Che sich in Kuba befindet. Einer von ihnen ist sein Freund Orlando Borrego, Minister der Zuckerindustrie, der sich anbietet, ihn nach Bolivien zu begleiten. Guevara verspricht, ihm einen Platz zu reservieren. Aus diesen Tagen stammt ein Foto, das Borrego über seinem Schreibtisch hängen hat und unter keinen Umständen aus den Händen gibt, ein Foto, das sie per Selbstauslöser von sich gemacht haben. Che trägt kurzes Haar und keinen Bart, er ist hübsch und körperlich gut in Form. Sie sitzen auf zwei Sesseln. Der Freund bereitet die Einstellung der Kamera vor und setzt sich schnell neben Che; im Moment des Auslösens bricht der Sessel zusammen und beide unterdrücken ein Lachen. Ches letztes Lächeln. Durch das Training wird der Körper gestärkt, doch sich selbst bei Laune zu halten, war wesentlich schwieriger, so Borrego. Guevara beginnt, seine letzten Abschiedsbriefe zu schreiben, die der kubanische Staat unter Verschluß hält. Im Juni 1997 veröffentlicht die Zeitung Juventud Rebelde ein kurzes Schreiben, gerichtet an Carlos Rafael Rodríguez, einen orthodoxen Kommunisten, mit dem er harte Auseinandersetzungen in der Wirtschaftsdebatte gehabt hatte: "Carlos: in den Steigbügeln Rosinantes nehme ich Haltung an und grüße Dich. Andere Sonnen werden meine Theorien erhellen, und sie werden sich als wahr erweisen. Jedoch habe ich den Eindruck, daß Dir etwas fehlen wird, wenn Du niemanden zum Diskutieren hast. Um mich wie immer zu verabschieden: Ja, ich habe Recht, ja, man kann einen Krieg wie diesen gewinnen (und wir werden ihn gewinnen). Es umarmt Dich, Che."

Fidel hält einen von Ches falschen Pässen in der Hand. Che hier als Adolfo Mena.

Selbstporträt im Hotel Copacabana am Tag seiner Ankunft in La Paz, 3. November 1966.

Man muß den Krieg dorthin tragen, wohin der Feind ihn trägt: in sein Haus, in seine Vergnügungsviertel, muß ihn zum totalen Krieg machen. Man darf dem Feind keine ruhige Minute lassen, keine Verschnaufpause außerhalb seiner Kaserne oder auch innerhalb. Man muß ihn angreifen, wo immer er sich befindet. Man muß erreichen, daß er sich wie ein gehetztes Tier fühlt, wo immer er sich bewegt.

Che, Schaffen wir zwei, drei, viele Vietnam.

"Ramón" auf der Reise von La Paz nach Ñancahuazú, 6. November 1966. Am darauffolgenden Tag wird Che mit seinem Tagebuch beginnen, in einem Kalender, den er auf der Durchreise in Frankfurt gekauft hatte.

Che wählte seine Begleiter für Bolivien aus: Harry Villegas, im Kongo bekam er den Tarnnamen Pombo, Carlos Coello alias Tuma und Benigno, beide Rebellen aus der Zeit der Invasion und Genossen des Ministers. Sie kamen aus dem Umfeld von Guevara und hießen allgemein "Ches Männer". Zwanzig Freiwillige kamen zusammen. Den Rekruten gestellte sich ein unbekannter Herr mit Brille vor, der wie ein Handelsreisender aussah und über dessen Identität sie erst am Schluß aufgeklärt wurden.

Prothese im Mund und eine sorgsam enthaarte Glatze. Diese vorletzte Darstellung von Guevara hat die Unbarmherzigkeit eines düsteren Witzes. Es ist seine zweite unmögliche Verwandlung: niemals wird er glatzköpfig und alt werden. In einem Akt von äußerstem Stoizismus probierte er die Verkleidung mehrere Male vor seinen Kindern, die ihn auf der Hazienda besuchten. Nachdem er sich als ein gewisser "Ramón" vorgestellt hatte, als einen Onkel, der Nachrichten des Vaters übermitteln sollte, ließ Che sich von ihnen küssen, ohne ein Wort über seine Identität zu sagen. All' sein Verzicht liegt in dieser tragischen Szene, in der Disziplinierung seiner Gefühle, in dem Schweigen.

Das letzte Abendessen mit Fidel am Tag seiner Abreise. Der oberste Chef Kubas sprach unablässig über Stunden, um den Abschied zu überbrücken. Im Morgengrauen mußte Che zum Flughafen. Castro entfernte sich von dem Tisch, einige Gäste waren noch zugegen, und wartete, bis das Flugzeug außer Sichtweite war. Che war in den Krieg gezogen.

Wir wissen von der Hingabe, mit der Ernesto Guevara den Plan für den foco ausgearbeitet hatte, den Jorge Masetti 1963 anführte. Die Vorbereitungen seiner bolivianischen Guerilla erinnerten ihn wieder an die Niederlage der Gruppe aus Salta und seine eigenen Träumen, die Revolution in sein Land zu tragen. Ein Wortspiel fängt diese Träume ein, das er nur mit Bitterkeit aussprechen konnte. Der Deckname im Krieg von Masetti war Comandante Segundo in Anspielung auf Don Segundo Sombra, eine Gaucho-Figur der Nationalliteratur. Der wirkliche Anführer des foco sollte sich wie verabredet der Gruppe anschließen, wenn diese schon vorangeschritten war: dies war "Martín Fierro". Es ist nicht schwierig, dessen Identität ausfindig zu machen: im Januar 1955 hatte Ernesto Hilda Gadea ein Exemplar des argentinischen Nationalgedichts geschenkt und mit einer vielsagenden Widmung versehen: "Damit Dir bei meinem Abschied ein Auszug meiner Lebenseinstellung und meines kämpferischen Fatalismus' bleibt." Der Traum des Revolutionärs war es, in seiner Heimat ein solcher zu sein, doch diese Eroberung wird erst sein Mythos schaffen.

Zwei Jahre nachdem die Guerilla von Masetti zerschlagen worden war, blieb ein Netz von

Falscher Paß, ausgestellt auf den Namen Ramón Benitez, uruguayischer Handelsreisender. Che hatte diese Identität in Tansania und Prag angenommen.

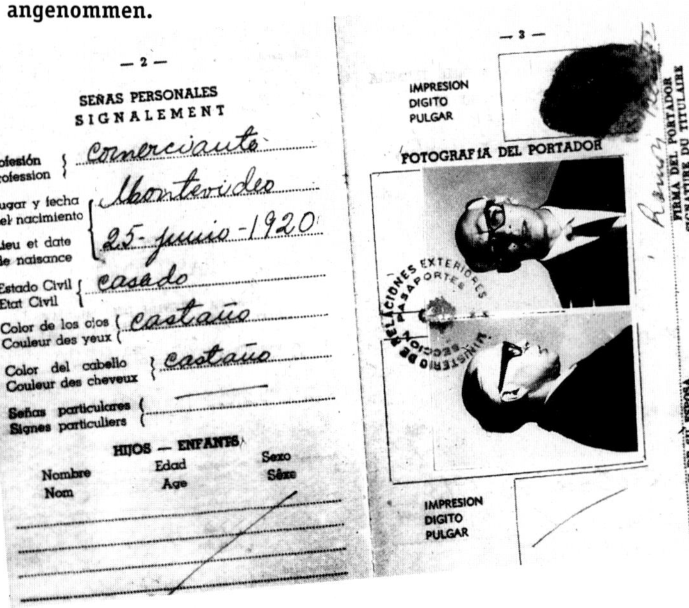

DIE AUSSICHTEN SIND GUT IN DIESER ABGELEGENEN REGION, WO ALLES DARAUF HINDEUTET, DAß WIR PRAKTISCH SO LANGE BLEIBEN KÖNNEN, WIE WIR ES FÜR RICHTIG HALTEN. DIE PLÄNE SIND: AUF DEN REST DER LEUTE ZU WARTEN, DIE ZAHL DER BOLIVIANER WENIGSTENS AUF 20 ZU ERHÖHEN UND DIE OPERATIONEN ZU BEGINNEN.

Che, Bolivianisches Tagebuch, Analyse des Monats November, 1966.

Das Haus in Ñancahuazú, das einzige der Region mit einem Wellblechdach. Che notiert, daß ein Nachbar wohl die Vermutung hegt, sie würden Kokain herstellen.

"Ramón" wird in Bolivien weder seine Baskenmütze noch den Stern des Kommandanten tragen. Auf allen Bildern trägt Che eine Schirmmütze, die die nachwachsenden Haare verdeckt.

Reiterbild. Die Maultiere wurden von "Loro" Vázquez Viaña gekauft. 6. Januar 1967.

Guerillaunterstützern in den Städten aktiv und war an der regionalen Koordination des neuen bolivianischen Kerns beteiligt. 1966 gab es in Bolivien noch nichts, was der Beginn eines bewaffneten Kampfes hätte sein können. Die Diktatur des Generals René Barrientos basierte auf einem Pakt zwischen den Militärs und den Bauern, denen man die Eroberungen der Landwirtschaftsreform von 1952 garantierte. In dem am meisten politisierten Land des Kontinents führten die Bergarbeiter den radikalen Protest, eine Minderheit, jedoch mit großem politischen Einfluß.

Die Hörigkeit der Kommunistischen Parteien gegenüber den Anordnungen aus Moskau zog eine Zersplitterung in viele meist maoistische oder trotzkistische Gruppen in ganz Lateinamerika nach sich. Auch die bolivianische KP folgte den Anweisungen aus Moskau. Der Generalsekretär der bolivianischen Kommunistischen Partei, Mario Monje, hatte 1963 nur eine unwesentliche Aufgabe bei der Deckung von Masetti zu erfüllen. Jetzt forderte Kuba ein größeres Engagement von ihm (er sollte eine freiwillige Kampftruppe zusammenstellen), wohingegen die Sowjetunion ein bewaffnetes Vorgehen auf dem Kontinent nicht unterstützte. Che mit all' seiner revolutionären Ausstrahlung war für die

31. Dezember 1966. Später Besuch von Mario Monje, Generalsekretär der KP Boliviens. Die Ablehnung Monjes, die Guerrilla zu unterstützen, war entscheidend für ihre Niederlage.

Tania macht ein Foto ihres Fotografen. Die Angewohnheit, das tägliche Leben der Guerrilla festzuhalten, wird für sie verhängnisvoll sein.

"Man braucht eine sehr hohe Leiter, um bis an den Himmel zu gelangen", sagte mein Freund Roque Dalton, der salvadorianische Guerrillero und Dichter, "und hundert kleine." Ramón wollte nur die erste.

Régis Debray, Les Masques

Führungsposition des Generalsekretärs eine Bedrohung. Che stellt ihn vor die Entscheidung: entweder folgt Monje ihm oder der Sowjetunion. Monje zögert nicht. Dies ist, kurz gesagt, der "Verrat", den Mario Monje begangen hat, so zumindest erklärt Castro öffentlich die ausbleibende Unterstützung der bolivianischen KP und die Niederlage Ches, und es wird von der Linken akzeptiert. Die Vereinfachung ersparte eine Bilanz der in Bolivien begangenen Fehler.

Am 3. November 1966 kommt in La Paz ein gewisser Adolfo Mena an, ein Uruguayer, Funktionär der Organisation Amerikanischer Staaten. In seinem Zimmer im Hotel Copacabana nimmt er ein Foto von sich selbst auf. Er schafft Distanz, in dem er sich im Spiegel aufnimmt, im Zentrum eines Holztürrahmens: er ist ein anderer.

Havanna konnte nur 27 Kämpfer auf die Beine stellen, 15 Kubaner und 12 Bolivianer. Der Argentinier Ciro Bustos, Mitkämpfer des Aufstandes von Masetti, war mit der Aufgabe betraut, den Kontakt zu Buenos Aires herzustellen. Der französische Philosoph Régis Debray sollte den Kontakt zwischen dem revolutionären foco und Kuba und den europäischen Unterstützern gewährleisten. Die Gruppe hat ein Haus in Ñancahuazú im bolivianischen Südosten gekauft. Niemand wohnt hier mit Ausnahme der Gendarmen und einiger weniger Bauern. Che hat auf beide Staatsangehörigkeiten verzichtet und befindet sich im doppelten Exil: Che als Apostel, der das Ende der Grenzen verkündet, ohne Identität und ohne Wurzeln. In diesem stark nationalistisch geprägten Land hat die Identität der Indios eine starke politische Bedeutung. Der Widerstand gegen die Macht, der äußerst subtile Formen hat, drückt sich in den Sprachen Quechua und Aymara aus. Das Fremde bricht in Bolivien ein: Guevara ist hier ein Ausländer.

Es gab keine durch Monje abgefangene Freiwilligenlegion, wie Castro behauptet

Tamara Bunke "Tania", Tochter deutscher Kommunisten, geboren in Argentinien. In ihrer Jugend zog sie mit ihrer Familie nach Ost-Berlin, wo sie Che 1960 kennenlernte.

NACHDEM TANIA FÜR DIE KUBANISCHE REVOLUTION ALS SPIONIN GEARBEITET HATTE, ERHIELT SIE 1964 VON CHE DEN AUFTRAG, NACH BOLIVIEN ZU GEHEN, WO SIE SICH MEISTERHAFT IN DIE REGIERUNG EINSCHLEUSTE. DOCH TANIA TRÄUMTE VOM KAMPF UND KAM SCHLIEẞLICH IN DIE NACHHUT DES FOCO. "TANIA WAR EINE SEHR SCHWIERIGE FRAU, DIE DIE ANWEISUNGEN NICHT UNTERWÜRFIG ENTGEGENNAHM. SIE HATTE EINE EIGENE MEINUNG ZU ALLEM UND LIEBTE DIE DISKUSSION. SIE WAR SEHR STARK, UND ICH LIEBTE SIE."

Zeugnis von Ulises Estrada

hatte, aber eine mangelnde Bereitschaft, Leute zur Guerilla zu schicken. Che, ungeduldig, lockert die Sicherheitskriterien, um Rebellen rekrutieren zu können. Die Bolivianer sind unerfahren. Che stellt ebenfalls fest, daß es nur wenig Waffen gibt und die Kommunikationsmöglichkeiten äußerst beschränkt sind.

Am 7. November 1966 beginnt Che sein bolivianisches Tagebuch in einem deutschen Kalender. Die Basis des foco wird in dem Haus in Ñancahuazú eingerichtet, Waffen, Lebensmittel und Medikamente werden gelagert. Die Guerilleros lernen Quechua. Am 1. Februar zieht die Gruppe nach Norden, um das Gebiet kennenzulernen. Die Kommunikation unter ihnen funktioniert nicht, das Radio ist schon in diesem Monat defekt. Obwohl Havanna die Situation seit Februar kennt, wird kein Ersatzradio geschickt. Die Guerilla aus den Bergen wird isoliert ins Leben gerufen und stirbt genauso; sie zieht sich in sich selbst zurück, ohne Austausch mit der Realität.

In den ersten Tagen des März desertieren drei Bolivianer, geben Informationen über die Operation und die Identität ihres Kommandanten preis. Obwohl sowohl die bolivianische Regierung als auch das Weiße Haus sehr wohl wissen, daß Ramón niemand anderes ist als Guevara, hüten sie sich davor, dies der Presse gegenüber zu erwähnen. Sie wissen, daß sein Name eine große Anhängerschaft auslösen könnte. Die Regierung ruft für dieses Gebiet den Notstand aus.

Das ganze Gebiet war von Soldaten umgeben, und Che entschloß sich am 3. April, die Gruppe aufzuteilen. Mit 30 Männern ging er in Richtung Süden, nach Muyupampa. Régis Debray und Ciro Bustos waren bei ihm. Seine Nachhut, angeführt von Juan Vitalo Acuña "Joaquín", schlug mit 17 Rebellen einen anderen Weg ein, um die Armee in die Irre zu leiten. Später würde er sich mit Che treffen. Tania, die vorher in Buenos Aires gearbeitet hatte, war nach Bolivien zurückgekehrt. Ihre merkwürdige Schönheit konnte nicht über

ihren starken und dominierenden Charakter und ihren mangelnden Humor hinwegtäuschen; außerdem war sie schwerkrank. Ihre fieberhaften Ausbrüche zwangen sie, bei der Nachhut unter dem Befehl von "Joaquín" zu bleiben.

In diesen Tagen unternimmt die Gruppe von Guevara die bedeutendsten Aktionen, bei denen sie Waffen sicherstellen können und 18 tote und 20 verletzte Soldaten der gegnerischen Seite das Resultat sind. Der heftigste Schlag findet in Iripití am 11. April statt. Doch vorrangig ist die Kontaktaufnahme mit der Bevölkerung der kleinen Dörfer und die Beschaffung von Lebensmitteln.

Im Lager: Alejandro, Pombo, Urbano, Rolando, Che, Tuma, Arturo und Moro (v.l.n.r.) "Annehmbares Essen haben wir nur noch für drei Tage; Ñato hat heute mit einer Schleuder einen kleinen Vogel erlegt, für uns beginnt die Ära des Vogels." Che, Bolivianisches Tagebuch.

In dieser Woche veröffentlichte die Zeitung Granma auf seiner Titelseite Ches "Botschaft an die Völker der Welt" für das Treffen von Delegierten aus Asien, Lateinamerika und Afrika, genannt die Trikontinentale. "Die Parole ist: Schaffen wir zwei, drei, viele Vietnam", was einer seiner einflußreichsten Sätze sein wird. Auf diesen Seiten entwickelt Guevara eine postume Vision von sich selbst, in einer Situation, in der die Gewalt die einzige Alternative für die unterdrückten Völker ist. "Jeder Tropfen Blut, der in einem Lande vergossen wird, in dem man nicht geboren ist, ist eine Erfahrung, die jeder Überlebende mitnimmt und die er später im Kampf für die Befreiung des eigenen Volkes anwendet... Wo immer uns der Tod überrascht, er sei willkommen, wenn unser Kriegsruf nur auf ein offenes Ohr gestoßen ist..." Die Veröffentlichung des Diskurses ist eine offene Unterstützung von Castro für die bolivianische Kampagne, eine Ratifizierung der Außenpolitik und eine Ohrfeige für die prosowjetischen Sektoren.

Am 20. April verließ das Glück die Aufständischen

Die ersten Monate in Ñancahuazú waren damit ausgefüllt, in langen Fußmärschen das Gebiet zu erkunden.

endgültig. Debray und Bustos, die sich in der Nähe von Muyupampa von der Kolonne getrennt hatten, um die vereinbarten Aufgaben zu erfüllen, wurden gefangengenommen. Für das Überleben des foco war dies eine Katastrophe. Über Bustos wird für immer der Verdacht des Verrats schweben. Nach den ersten Androhungen von Folter zeichnete Bustos Phantombilder von Che, Benigno und Juan Pablo Chang, einem kurzsichtigen und tauben Peruaner mit chinesischen Vorfahren. Che schreibt in sein Tagebuch, daß der Verlust dieser beiden Genossen, Debray und Bustos, das Ausmaß der Isolierung der Gruppe bezeichnet, da nun der Kontakt zu Kuba und Argentinien unterbrochen ist. Die Geständnisse Bustos führen die Armee zu den Höhlen in der Nähe des Hauses in Ñancahuazú.

Unterstützt von Soldaten und Offizieren der CIA will Präsident Barrientos frühzeitig den foco zerstören und schickt Tausende von Soldaten. Sie sind nicht wie die demoralisierten Batista-Soldaten. Eine Kompanie von 600 Rangers ist schon seit Mai von der CIA militärisch ausgebildet worden. Die Soldaten haben ein ausgeprägtes nationalistisches Empfinden und sind davon überzeugt, gegen einen ausländischen, atheistischen Feind zu kämpfen. Im Juli beginnt die Hetzjagd.

Che im Dschungel, belagert in einem kleinen Gebiet, systematisch verraten von Bauern, die von der Härte der Rangers eingeschüchtert sind. Auf Drängen Debrays, am Kampf teilzunehmen, hatte Guevara geantwortet, daß zehn städtische Intellektuelle an der Front weniger nützen als ein Schäfer, doch er kann nicht einen einzigen Bauern auf seine Seite ziehen. Auf der anderen Seite gab es einen sozialen Konflikt bei den Bergarbeitern der Zinnbergwerke. Im Mai besetzten die Arbeiter die Bergwerke und erklärten sie als "befreites Gebiet" als Unterstützung für den foco der Guerilla.

Mal litten die Guerrilleros Hunger, mal hatten sie ausreichend zu essen. Nicht häufig trafen sie Bauern, von denen sie Lebensmittel kaufen konnten.

Fast dreißig Jahre später habe ich nochmals das Kriegstagebuch von Che gelesen. Es ist, als hörte ich ein starkes Solo eines Instrumentes mit tiefem, schwerem Klang, oder eines Genaralbasses, dieser Ton des Schriftstücks ohne Verzierungen, daß heißt, ohne jede andere Strategie als die, den täglichen Ablauf im Lager zu beschreiben und ohne irgendeine literarische Anwandlung, die die Sache verfälschen könnte.

Tununa Mercado, El Diario de Bolivia

Mit Loyola Guzmán bei einem Besuch im Lager, zwischen dem 26. und 28. Januar. Von Che wurde sie auf den Namen Ignacia getauft, sie war Militantin der kommunistischen Jugend von Bolivien und war mit den Finanzen der Guerrilla beauftragt.

Barrientos antwortete mit aller Härte. Die Armee eröffnete das Feuer gegen die Streikenden. 26 Bergarbeiter kamen ums Leben, und der Streik war beendet.

Ches Tagebuch ist das Heft eines Kartographen und das eines einsamen Gerechtigkeitskämpfers, der ausschließlich mit den täglichen Abläufen in der kleinen Truppe beschäftigt zu sein scheint. So ist der blutige Ausgang des Streiks nur ein lakonischer Kommentar wert, während er sich darüber ausbreitet, die Einzelheiten seiner Truppenbewegung zu beschreiben: wie bekommt man die Maultiere über den Fluß, wie kommt man an Lebensmittel heran. Die Wochen scheinen sich auf diese Überlebensstrategien zu beschränken. Ein großer Teil des Tagebuches enthält Notizen über die Moral der Rebellen, Che ist über die Willensschwäche seiner Leute enttäuscht.

Doch auch nicht unter diesen Umständen läßt sich der Reisende von seinem Weg abbringen: "Diese Art des Kampfes gibt uns die Möglichkeit, uns zu Revolutionären zu machen, die höchste Stufe in der Entwicklung des Menschen, aber auch, uns als Menschen zu bewähren", schreibt er in seinem Tagebuch am 8. August. Er ist sich aber bewußt, daß er sich nicht mehr vollkommen unter Kontrolle hat. Am gleichen Tag schreibt er über eine unentschuldbare Entgleisung, als seine Stute - wir kennen sein Verhältnis zu

Guevara, zwei Tage "übermäßigen Zahnziehens" bei den Bewohnern des Dorfes Morocos.

Die Überquerung des Río Grande. Mehrere Kämpfer ertrinken; der Fluß nahm ebenfalls Tiere und Ausrüstung mit sich.

Pferden - nicht mehr laufen will: "Einmal habe ich ihr einen Messerstich in den Hals gegeben und sie ziemlich verwundet."

Wer sind die Guerilleros von Che? "Wir sind an einem Tiefpunkt unserer Moral und unserer revolutionären Legende angelangt", schreibt er. Wenig "Legende" bleibt diesen Rebellen, diesen seltsamen Bettlern, die aus Wassermangel ihren eigenen Urin trinken müssen. Beim Durschstreifen des Dschungels sind sie kaum mehr als Wilderer. Sie können nicht kämpfen, sondern sich nur verstecken und dabei das Territorium erkunden. Der foco geht der Niederlage entgegen, nicht nur wegen der militärischen Verfolgung, sondern wegen des inneren Exils, auf Grund dessen sie nicht die einzige einleuchtende Entscheidung fällen können: das Projekt abzusagen und irgendwie nach Hause zurückzukehren.

Das Ende der Kämpfer kam unaufhaltsam, als die Soldaten, geleitet von Bustos Zeichnungen, die Höhle mit den Lebensmittel und Medikamenten aushoben. Das Asthma hatte sich täglich verschlimmert, und es gab keine Anzeichen dafür, die Medikamente jemals zurückzuerhalten oder sie in den Dörfern zu erstehen: die Apotheken der Region kannten das Kortison nicht. Die Krankheit war die persönliche Hölle innerhalb der kollektiven Hölle.

Außer der Ausrüstung fanden die Soldaten wertvolle Dokumente, wie zum

"Danton und Carlos fielen ihrer Eile, ja fast ihrer Verzweiflung um wegzukommen zum Opfer, und wegen meiner mangelnden Energie konnte ich sie nicht aufhalten." Che denkt an die Gefangennahme von Régis Debray und Ciro Bustos.

Man spürt weiterhin das Fehlen von Neuzugängen aus der Landbevölkerung. Wir befinden uns in einem Teufelskreislauf: um diese Neuaufnahme zu erreichen, müssen wir permanent unsere Aktionen in einem bevölkerten Gebiet durchführen. Aber dazu brauchen wir mehr Leute.

Che, Bolivianisches Tagebuch, 30. Juni.

Beispiel Filmmaterial über das erste Lager. Die Fotos waren die stichhaltige Rechtfertigung der Regierung, ihre ganze Waffengewalt in dieses Gebiet zu verlegen. Nachdem die Fotos bei der Organisation Amerikanischer Staaten und später in der Zeitschrift Life veröffentlicht worden waren, wußte die ganze Welt, daß Che in den bolivianischen Bergen war. Der kleine Guerillakern war ein klarer Fall von ausländischer Einmischung.

Die Vorhut von Joaquín wird zweimal von dem selben Bauern verraten und in die Furt Vado del Yeso geführt. Die Rebellen sind in einen Hinterhalt geraten und sterben durchlöchert von Gewehrsalven im Wasser. Tanias Körper wird Tage später am Flußufer gefunden. In seinen Aufzeichnungen lesen wir, daß Che den Radionachrichten über die Toten erst nicht glaubt. In seiner Zusammenfassung des Monats September sieht er den Tatsachen jedoch ins Gesicht: "Einige der Nachrichten über Tote der anderen Gruppe scheinen wahr zu sein, man muß sie wohl als vernichtet betrachten, obwohl es möglich ist, daß eine kleine Gruppe umherirrt und vor der Armee flieht, denn die Nachricht vom Tod aller sieben kann falsch oder zumindest übertrieben sein."

Der Zustand des Kranken war nicht mehr auszuhalten. Zum Asthma war noch ein schrecklicher Durchfall hinzugekommen. Er war bewußtlos und mußte getragen werden. Auf Grund der fehlenden Vitamine wegen der schlechten Ernährung war die Gruppe allgemein geschwächt. Che sah sich der letzten Möglichkeit gegenüber, noch eine Entscheidung treffen zu können. Nachdem sieben Kämpfer bei der Überquerung des Flusses Rio Grande getötet worden waren, setzte er sich mit seiner dezimierten Truppe zusammen, um die Situation zu analysieren. Die Guerilleros hatten diesen Mann gesehen, der auf alle Machtprivilegien verzichtet hatte. Sie hatten ihn gesehen, wie er sich an den Schwanz seines Pferdes geklammert hatte, als er wegen seines Asthmas nicht mehr laufen konnte; sie waren seiner Aufforderung gefolgt, ihm mit dem Gewehrkolben vor die Brust zu schlagen, um einen Asthmaanfall zu überwinden. Kein anderer Guerillero konnte sich mit ihm messen. Wie konnte man ihm dem Rücken kehren, ohne sich wie ein Schuft vorzukommen? Guevara wurde von allen unterstützt.

Im Morgengrauen des 8. Oktober brechen die Rebellen, in drei Gruppen aufgeteilt, in die Schlucht von Yuro auf. Es ist ein Gebiet von ausgewaschenen Flußbetten, die der Länge nach geteilt sind, so daß sich die Gruppen der Rebellen untereinander nicht sehen können. Bei Sonnenaufgang gelangen sie an ein Kartoffelfeld; der Bauer informiert schnell die Soldaten, von denen hunderte in der Nähe sind, angeführt von dem Hauptmann Gary Prado Salmón. Der Kampf beginnt.

Die Gruppe um Harry Villegas, Pombo, schafft es, sich zurückzuziehen. Che, begleitet von zwei Männern, rückt weiter vor. An der rechten Wade hat er eine Schußverletzung. Simeón Cuba, an dessen aufrichtiger Guerillaüberzeugung Guevara

Nachdem Ciro Bustos vom Heer gefangengenommen war, fertigte er mit all seinem Talent als Maler Phantombilder der Guerrilleros an.

Soldaten der Kompanie Rangers, von nordamerikanischen Ausbildern trainiert, vor einer Patrouille.

zweifelte und dies mehrmals in sein Tagebuch schrieb, trägt den Kommandanten, dessen Bein blutet und der einen schrecklichen Asthmaanfall hat. In diesem Moment liegt alle Lyrik in der Zufälligkeit des Namens und der letzten Entwicklung seiner Verwegenheit: Cuba trägt den Kommandanten und gibt ihn nicht auf. Als drei Soldaten auf ihn zielen, hört man die Schreie des Bolivianers: "Verdammt, das ist der Kommandant Guevara, respektiert ihn gefälligst!" Kurz danach werden sie zusammen mit dem Peruaner Chang gefangengenommen.

Um sieben Uhr abends werden die drei in die Schule von La Higuera gebracht. "Papa verwundet": Hauptmann Gary Prado schickt eines seiner vielen Telegramme zu seinen Vorgesetzten nach La Paz und erwartet weitere Instruktionen.

Sogar ein Auto wie Castañeda, der die Person demythologisieren will, schwankt an dieser Stelle, und er fragt sich, ob Guevara "mutig und resigniert sein unausweichliches Ende akzeptierte" oder ob er nicht doch den Tod suchte.

Nach den politischen Memoiren von Régis Debray, die eher eine Abrechnung mit seiner eigenen Vergangenheit sind als eine historische Untersuchung, entschied Che sich nicht für das Leben, sondern für das Opfer. Seine geringen Sicherheitsvorkehrungen und der fehlerhafte Rückzug lassen Debray annehmen, daß Che, bewußt oder unbewußt, der

Ende September. Die Dorfbewohner betrachten Che mit Zurückhaltung, als er einen Plan studiert: "Die Angst regiert die Leute."

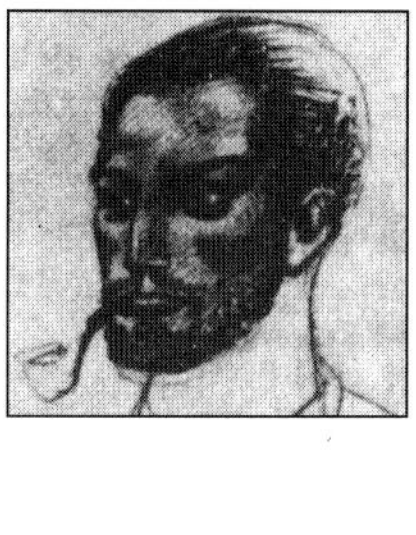

Im April entdeckt das Heer das Haus in Ñancahuazú; Monate später bemächtigt sie sich der Ausrüstung, Medikamente und Lebensmittel. "Ich bin jetzt dazu verdammt, für eine unabsehbare Zeit unter Asthma zu leiden. Sie haben uns auch Dokumente aller Art und Fotografien weggenommen. Das war der schwerste Schlag, den sie uns versetzt haben."

Versuchung erlegen war, als Mythos in die Geschichte einzugehen: "Die theologische Tugend der Hoffnung kann eine verborgene Verzweiflung verdecken. Welcher Gott würde einen Unterschied zwischen einem Selbstmord und einem Opfer machen? Es ist immer möglich, das eine im anderen zu sehen. Diese außerordentliche Zuvorkommenheit besaß Che: er ließ sich nicht ermorden, er ließ sich einfach sterben."

Einer der letzten Männer, mit denen Che sprach, war Gary Prado. Es war eines dieser wunderlichen Gespräche, die sich nur unter Feinden mitten im Kampf ergeben können. Der General liefert eine ganz andere Version als Debray, er erinnert sich an den Moment der Festnahme, als Guevara versucht, die Schlucht zu verlassen: "Wenn er den Tod gewollt hätte, wäre er unten geblieben und hätte dort weitergekämpft. Aber nein, er wollte weg." Er bekräftigt, daß Che gespannt darauf gewesen war, den Ort eines möglichen Prozesses zu erfahren. Wenn man eine Hypothese formulieren darf, so ist die Vorstellung nicht abwegig, daß die Möglichkeit einer großen Verteidigungsrede nach dem Vorbild von Fidel nach dem Moncada-Überfall Ches Gedanken durchkreuzte.

Für die Linke ist Guevara das Paradigma eines Revolutionärs, der für seine Ideale stirbt. Niemand würde sich trauen, diese Behauptung zu leugnen. Und doch findet sich in seinen letzten Eintragungen die Andeutung einer sehr intimen, subtilen Wahrheit, die der Heiligsprechung entgegensteht.

Es ist auffallend, daß er nicht nach seinem eigenen Zehn-Punkte-Katalog für einen Guerillero vorgeht. In seinem Handbuch für die Guerilla steht, niemals zuzulassen, daß sich "das Szenarium des bewaffneten Kampfes einfach in einen äußersten Schlupfwinkel für Verfolgte verwandelt... Eine

Revolution, die nicht ständig vertieft wird, ist eine verlorene". Es ist fast wie eine Beschreibung dessen, was ihm widerfuhr. Guevara selbst hatte das bolivianische Szenarium vorweggenommen, als er schrieb, daß die Unterstützung der Bevölkerung die notwendige Voraussetzung des Guerillero ist: "Man sieht es ganz klar, wenn man das Beispiel einer Banditenbande nimmt, die in einem Gebiet operiert; sie haben alle Charakteristika einer Guerillaarmee: Homogenität, Respekt vor ihrem Anführer, Mut... Es fehlt nur die Unterstützung des Volkes; und unausweichlich werden sie festgenommen oder von der öffentlichen Macht ausgeschaltet." In Bolivien wird die Kunst des Aufstandes wie durch den Kontakt mit der Landschaft primitiv. Es ist eine Kraft aus anderen Zeiten, die auf eine der blutigsten Kombinationen dieses Jahrhunderts stößt: das lateinamerikanische Heer mit der Unterstützung der CIA. Der Krieg der Rebellen gegen diese Übermacht ist so unausgewogen, daß ihn eine romantische Aura der für die Gerechtigkeit Kämpfenden umgibt. Seine Guerilla ist in den Bergen, um von der Realität verraten zu werden, mit anderen Worten, von ihrem eigenen Mangel an Realitätssinn. Doch es ist eben dieses sich Verschließen vor der Realität, was ihn zu einer mythologischen Figur werden läßt: dieser Kampf steht für alle verlorenen Kämpfe.

In Anbetracht der derzeitigen Niederlage der Volksaufstände ist es einfach, Ches Projekt in Bolivien als irrational abzutun. Nur der Sieg scheint den Aufstand zu legitimieren; die erste Frage ist immer, wer die Waffen haben soll. Wer verteidigt ein Volk und vor wem.

Die Botschaft an die Trikontinentale, die letzte politische Schrift Ches, begann mit einem Zitat von José Martí: "Es ist die Stunde der Weißglut und nichts anderes als das Licht soll zu sehen sein." Obwohl die bolivianische Erfahrung in ein Desaster mündet, endet die Geschichte in diesem Jahrhundert glücklicherweise noch nicht. Weit entfernt von der Stunde der Weißglut, wenn das Verschwinden der Utopien offensichtlich die Möglichkeit einer Weltveränderung genommen hat, ist es angebracht, sich noch einmal jene Gewißheit vor Augen zu führen, die Che angekündigt hatte: "Ja, ich habe Recht, ja, man kann einen Krieg wie diesen gewinnen (und wir werden ihn gewinnen)": An diesem Tag, irgendwann in der Zukunft, wird man diesen Satz in einer anderen Sprache sprechen und die Waffen werden andere sein.

La Higuera, es ist Nacht in den Olivenhainen. Che erwartet seinen Tod, doch noch will er ihn nicht wahrhaben. Dreißig Minuten vor dem 9. Oktober erreicht Hauptmann Prado ein Telegramm. Präsident Barrientos befiehlt die Hinrichtung der Gefangenen. Man solle nur noch bis zum Morgen warten, bis Oberst Joaquín Zenteno Anaya mit dem Hubschrauber ankommt. Das Leben wird sich für all' die ändern, die bei

Die zerfallene Hütte des Bauern Honorato Rojas, doppelter Verräter, der die Nachhut von Joaquín in den Hinterhalt an der Furt von Vado del Yeso führte.

Epifanie, die "Alte mit den Ziegen", erwähnt in seiner letzten Eintragung am 7. Oktober. Die Guerrilleros hatten Angst von ihr verraten zu werden, was sie jedoch nicht getan hatte.

Die Kubaner Pombo, Benigno und Urbano konnten zusammen mit den Bolivianern Inti und Darío die militärische Umzingelung durchbrechen: sie sind die einzigen fünf Überlebenden der Guerrilla.

3. Oktober 1967. Gefangennahme von Orlando Jiménez Bazán "Camba". Rechts von ihm Gary Prado, Leiter der Einheit, die auf die Guerrilla in der Schlucht von Yuro trafen.

seinem Tod anwesend waren, zufällige Zeugen, angefangen bei der Lehrerin, die ihm Suppe reicht, dem Soldaten, der seine Wunde reinigt, und dem Pfarrer, der sich vergeblich beeilt, ihm die letzte Beichte abzunehmen, was Che sowieso abgelehnt hätte. Sie leben, um von ihrem Part in diesem Teil der Geschichte zu erzählen und wie Bolivien den hingerichteten Guerillero in einen christlichen Märtyrer verwandelte.

An diesem Sonntag scheint die Sonne. Wenige Stunden vor der Ermordung nimmt der CIA Agent Félix Rodríguez mit seiner Pentax-Kamera drei Fotos von Che auf. Jahrzehnte später werden sie von der bolivianischen Regierung veröffentlicht, Fotos, die beweisen, daß er nicht im Kampf gestorben ist, sondern hingerichtet wurde. Die Hände über dem Bauch mit Handschellen gefesselt, das Haar zerzaust und mit offenem Hemd, da es keine Knöpfe mehr hatte: das Bild des Kämpfers als einfacher Dieb. Die Machthaber entwaffnen den Guerillero, um ihn in einen Verbrecher zu verwandeln: es soll nicht wie ein militärischer Sieg aussehen, sondern wie die Gefangennahme eines Diebes. Die Sonne setzt den Rebellen der Wehrlosigkeit aus, wie schön sind die romantischen Zeilen, die Che über den Kämpfer, verborgen in der Dunkelheit, geschrieben hat. Diese Sonne ist gleich der Niederlage und beide hinterlassen ihre Schatten auf seinem Gesicht. Ernesto schaut nicht in die Kamera. Das Ende eines Lebens bedeutet auch das Ende einer Fotogenität, verflochten mit der Epik durch die Bilder der Revolution. Nur daß dieses fotografische Drehbuch ein doppeltes Ende haben wird.

Die Sonne scheint durch die Fenster der Schule. Im anliegenden Zimmer werden Chang und Cuba erschossen. Der Unteroffizier Mario Terán, für den dieser Morgen der wichtigste Moment seines Lebens war, erklärt sich bereit, das Urteil zu vollstrecken. Als er jedoch das Zimmer betritt, zittert er vor Angst. Guevara sitzt auf dem Boden, mit dem Rücken zur Wand. Die Wunde blutet nicht mehr. Er sieht seinen Henker zittern und ermutigt ihn: "Schieß, Feigling, du wirst einen Mann töten." Der Mann weicht zurück, schließt die Augen und schießt. Es gibt eine zweite Gewehrsalve, bevor ein anderer Soldat den endgültigen Schuß setzt. 9. Oktober 1967. Es ist 13.10 Uhr.

La Higuera, Bolivien

9. Oktober, die letzten Fotos des lebenden Che. Seine Ermordung war schon entschieden. Der CIA Agent Félix Rodríguez bittet, mit dem Gefangenen fotografiert zu werden: es ist seine Art, um jeden Preis in die Geschichte einzugehen.

HE SAH MICH SO SANFT AN, MIT INEM DANKBAREN BLICK, DAß ICH IEMALS VERGESSEN WERDE, WIE R MICH ANGESEHEN HAT. DIE OLDATEN HABEN NICHT SO EGUCKT. [NINFA WEINT.] WENN CH EIN GROßES PROBLEM HABE, UFE ICH IHN, ICH SEHE SEINEN BLICK, UND ER ANTWORTET MIR. ER HILFT MIR IMMER.

Jinfa Arteaga, Bäuerin von La Higuera; eugnis aufgenommen von Adys Cupull nd Froilán González.

Die reine Schönheit des Todes

Nachmittag des 9. Oktober, der Körper ist in eine Plane gewickelt und an den Kufen des Hubschraubers festgebunden, um ihn ins Dorf Vallegrande zu transportieren. In dem Waschhaus des Krankenhauses Nuestro Señor de Malta waschen ihn zwei Männer und eine Krankenschwester und schneiden ihm das Haar, um ihn ansehnlich aussehen zu lassen: Die Hände der Zivilisten nehmen sich dieser fürsorglichen Behandlung an, um ihm die Ehre zurückzugeben, die ihm durch die Hände der Militärs genommen war. Der Körper ist mit Formalin injiziert, um ihn dem Volk präsentieren zu können. Gary Prado: "...Sie wollten zeigen, daß das Che war; wollten sagen können: 'Hier ist er, wir haben gewonnen'." Die tiefe Religiosität der Bauern und ein vages Gefühl von kollektiver Schuld verwandeln die militärische Heerschau als abschreckendes Beispiel in eine mit christlichem Bildnis durchtränkte Szene.

Die Bevölkerung hält einen Schweigemarsch ab, der einem Propheten gewidmet ist, dessen Gleichnisse nicht verstanden worden sind. Eine Frau schneidet Haarsträhnen ab, um einen profanen Reliquienschrein anzufertigen. Später werden ihre Freundinnen, Erbinnen dieser Strähnen, sie dem Museum der Kubanischen Revolution überreichen. "Ich wollte dem Bild keine christliche Dimension geben", erinnert sich der Fotograf Freddy Alborta, dessen Bilder durch die Agentur United Press International auf der ganzen Welt veröffentlicht wurden. "Ich beschränkte mich darauf, die Stimmung wiederzugeben. Doch es lag wirklich eine Art von Feierlichkeit und Mystizismus um Guevara."

Die kühle Darstellung der Szenerie erhöht den Wert eines jeden Elementes. Der Waschraum verkörpert das katholische Taufbecken sowie den Tisch, auf dem die Juden vor ihrer Beerdigung gewaschen werden: alles ist Ursprung, die Enthüllung eines Mysteriums. Er ist der Archetyp des Todes im Westen, ein Bild am Null-Punkt, ohne Zeit noch Ort - der leere Blick, weit weg von sich selbst, die Gleichgültigkeit dieses Lächelns, die Füße des Guerilleros. Das Bild sagt: Dies ist ein Körper. Noch genauer: das Pamphlet eines Körpers, so schonungslos, daß es die Uniformen der Mörder ausblendet. Sie verkörpern die Tat. Nur diese Gendarmen wissen, daß Che

LUST ZU WEINEN ODER SCHREIEN
WIE EIN ESEL VERLOREN INMITTEN
DER BERGE. ER IST MEIN GROẞER BRUDER,
DER EINZIGE, DER MIR BLIEB UND ICH
KANN NICHT EINMAL
IAHEN, INMITTEN DER SCHLAMMIGEN
STRAẞE, DER RÜCKEN GANZ AUFGEWEICHT.

Francisco Urondo, Descarga

"Der tote Christus" von Mantegna (1431 - 1506)

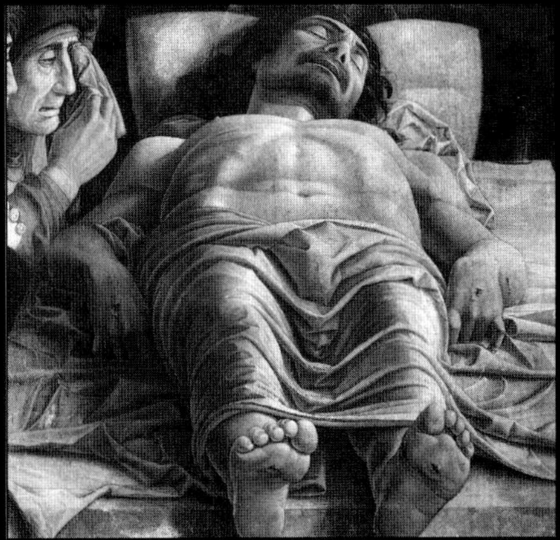

★

Der bolivianische Präsident René Barrientos informiert das Land über die Zerschlagung des foco der Guerrilla. An seiner Seite General Alfredo Ovando, Oberbefehlshaber der Armee.

tot ist, und deshalb sind sie obszön, unangenehm. In der letzten abwartenden Haltung vibrieren Wille und Schicksal gemeinsam, wie bei allen Helden. Die Gelassenheit des Leichnams überzeugt uns von der reinen Schönheit des Todes: sie verspricht, aufzuwachen.

Die persönlichen Sachen Ernesto Guevaras wurden wie Kriegsbeute aufgeteilt. Oberst Zenteno Anaya erhielt das Gewehr "Garand" von Che; Félix Rodríguez, Agent der CIA, bekam den Tabaksbeutel und eine der beiden Uhren, eine Rolex Oyster Perpetual, ein Geschenk der kubanischen Regierung. Die zweite Rolex, die dem gefallenen Rebellen Tuma gehörte, der den Kommandanten gebeten hatte, sie seiner Familie in Kuba auszuhändigen, fiel an den Oberstleutnant Andrés Selich. Der Henker bekam die Pfeife.

Am 10. Oktober ruft Zenteno Anaya eine kleine Pressekonferenz ein, deren Inhalt um die ganze Welt geht. Zu Beginn glaubte die militante Linke dem Bericht nicht, für sie war Che die Legende des unbesiegbaren Guerilleros. Deshalb das Bestehen auf den vielen Bildern des Toten. Es mag widersinnig erscheinen; doch die Negative bestätigen den unerbittlichen Tod und die ganze Realität, die sich um ihn dreht und sich von ihm entfernt.

Der Körper Ches an den Kufen des Hubschraubers festgebunden, bevor er von La Higuera nach Vallegrande gebracht wird.

Alborta, der Ernesto Guevaras Unsterblichkeit schuf. Der englische Kritiker John Berger vergleicht die Komposition der Fotos des Bolivianers mit zwei bekannten klassischen Gemälden: "Die Anatomiestunde des Doktor Tulp" von Rembrandt und "Der tote Christus" von Mantegna. "Manchmal vervollständigt und erläutert die Tragik des Todes eines Menschen den Sinn seines Lebens. Bei Guevara bin ich mir dessen sicher, so, wie einige Maler sich bei Christus sicher waren. Es gibt diesen Grad an emotionaler Übereinstimmung."

Die Soldaten holen den Leichnam aus der Schule von La Higuera, wo er hingerichtet worden war. Mittags, 9. Oktober.

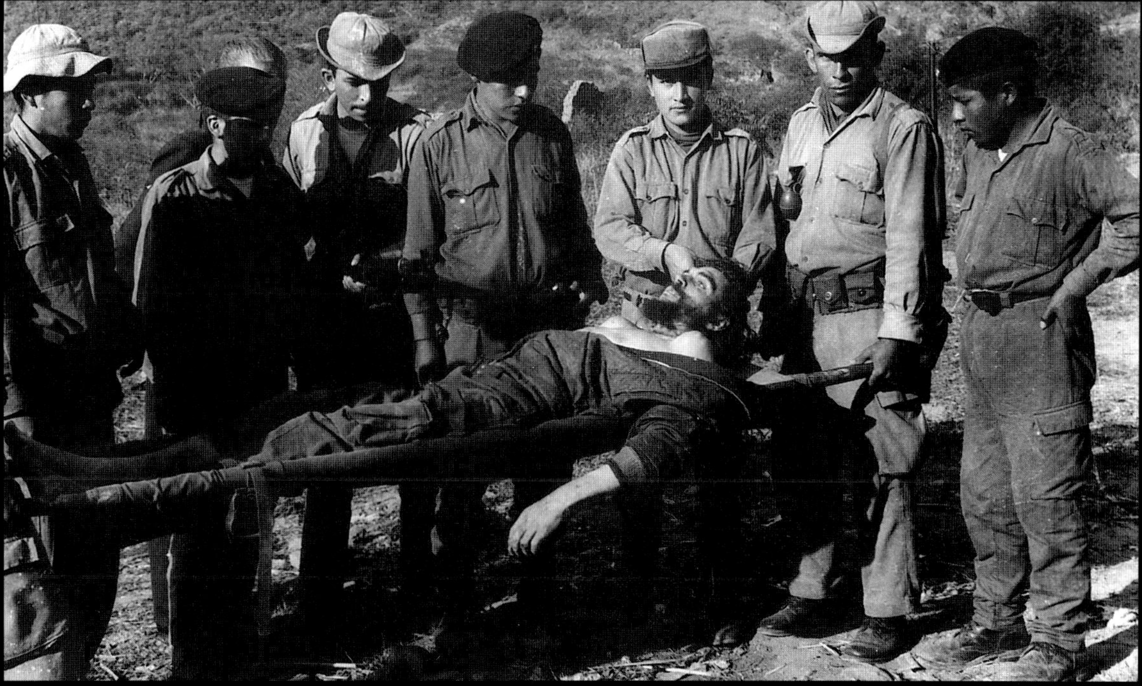

Die ersten Neugierigen aus Vallegrande erreichen das Waschhaus des Krankenhauses Nuestro Señor de Malta.

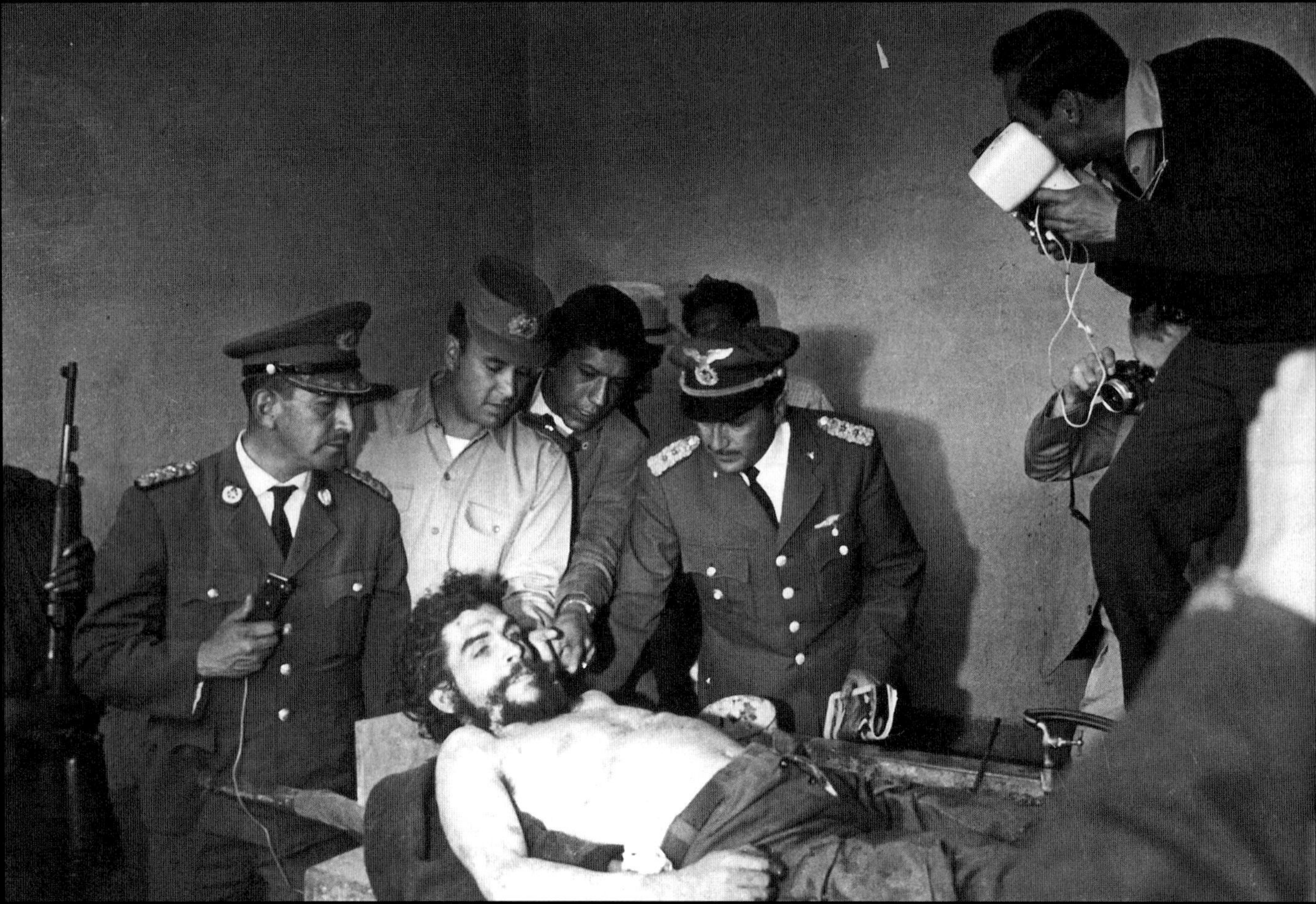

Ungefähr 30 Journalisten der internationalen Presse wurden von der Armee zum Waschhaus im Vallegrande geführt. Am 10. Oktober 1967 verbreitete die Nachrichtenagentur UPI die Bilder von Freddy Alborta weltweit.

Roberto Guevara, Ches Bruder, kommt am 10. Oktober in Vallegrande an, um die sterblichen Überreste seines Bruders zu holen. Er darf Che nicht sehen.

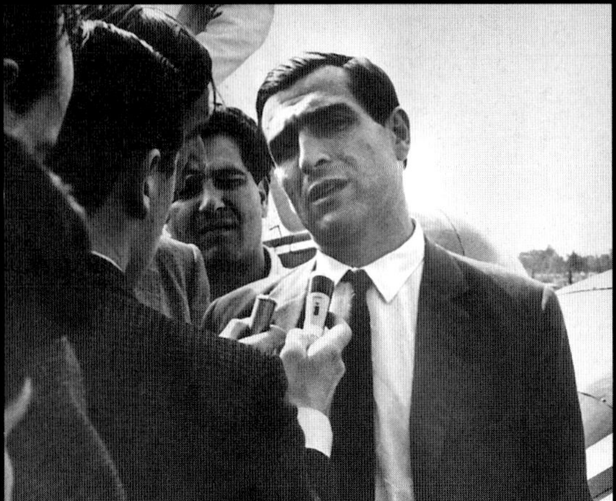

Das Foto beabsichtigt die Darstellung des Todes, beabsichtigt, Che in die Vergangenheit zu verbannen, und erreicht das Gegenteil auf Grund seiner schon so großen Mythologie. Es ist die traditionelle Komposition des Bildes durch Alborta - einer Komposition, die in den Vorstellungen der westlichen Welt bekannt ist - und ähnelt den Bildern der klassischen Darstellungen von Jesus Christus.

Sein Tagebuch ist Seite für Seite fotografiert worden. In den darauffolgenden Wochen verkaufte die bolivianische Regierung das Original von "Bolivianisches Tagebuch". Doch während Verträge mit großen internationalen Verlagen ausgehandelt wurden, fiel dem Innenminister von Bolivien, Antonio Arguedas, ein Mikrofilm dieses Tagebuches in die Hände und er konnte ihn nach Kuba bringen. So konnte Havanna schließlich den letzten Text von Che veröffentlichen. "Das bolivianische Tagebuch" wird sich in ein Kultbuch unter den Jugendlichen der ganzen Welt verwandeln. Die Seiten legen Guevaras Theorie dar: sie sind, in Verbindung mit den Fotos von Alborta, unwiderlegbare Beweise für die Notwendigkeit, politische Verantwortung übernehmen zu müssen und die Ablehnung des Individualismus bis zur letzten Konsequenz, auch bis zum Tod.

Roberto Guevara, Rechtsanwalt, reiste am 10. Oktober nach Vallegrande, um die sterblichen Überreste seines Bruders einzufordern; man sagte ihm, daß er ihn nicht identifizieren könne, da er verbrannt worden sei. In Wahrheit konnten sich die Militärs nach der Ermordung nicht darüber einig werden, was mit dem Leichnam passieren sollte. Schnell war klar, daß er weder ein Grab in Bolivien bekommen noch nach Havanna überführt werden sollte. Beides hätte ihn in einen politischen

Mann aller Anfänge,

der letzten Prüfung,

allein zu bleiben

mit dem Tod,

sich vertraut zu machen

mit dem Tod,

Stein auf Stein,

Stein im Feuer wachsend...

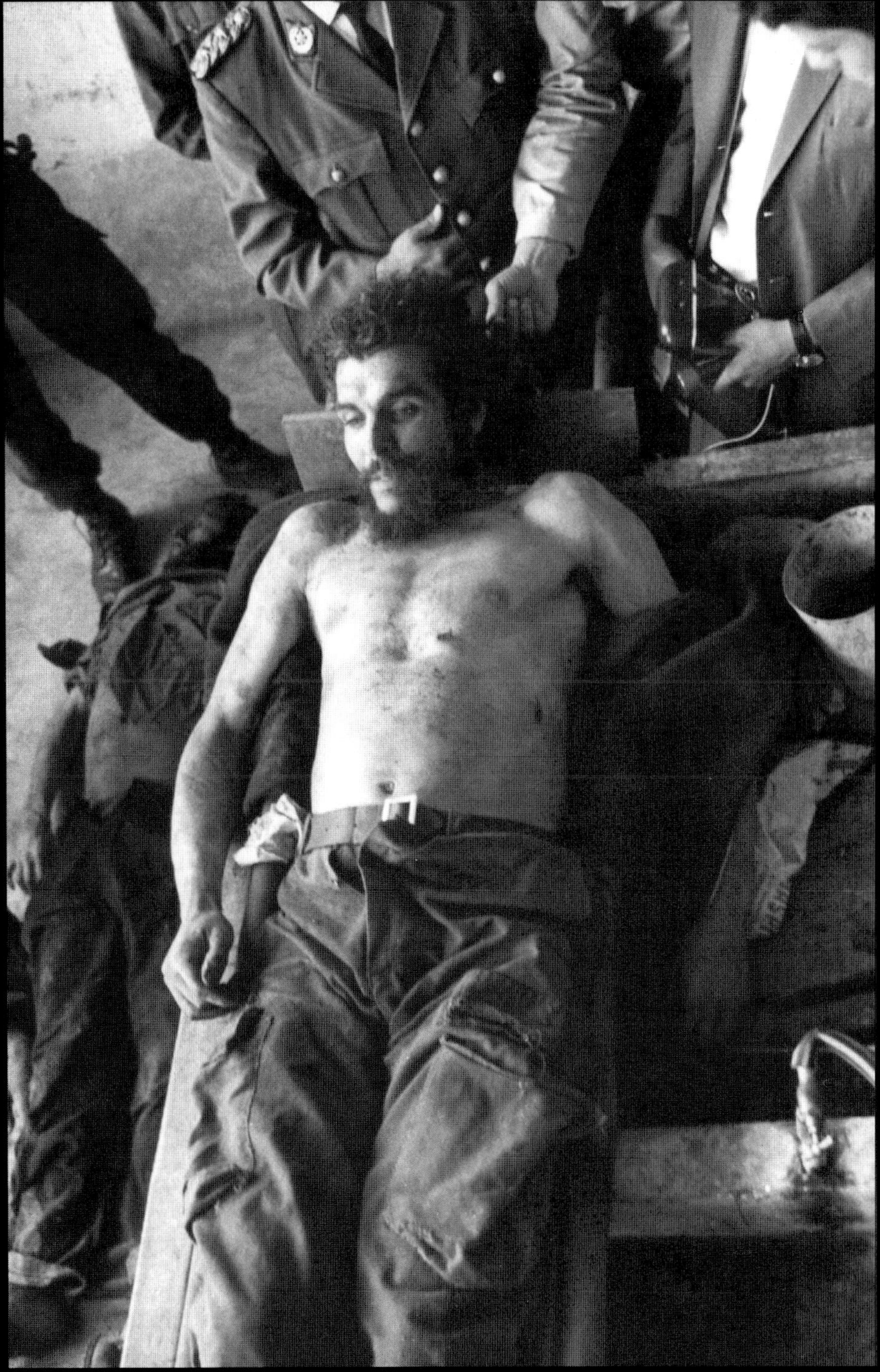

Bild von Alborta, erinnert an "Der tote Christus" von Mantegna.

Märtyrer verwandelt. Der am meisten befürwortete Vorschlag war die Verbrennung, doch, während die Bevölkerung von Vallegrande vor dem Toten aufmarschierte, suchte man vergebens nach einem geeigneten Ofen.
In einem Buch von geringer Auflage beschreibt der bolivianische General Saucedo, daß die Verbrennung aus rein praktischen Gründen nicht möglich war. Man entschied sich also für ein etwas weniger makabereres "Verschwinden": eine heimliche Beerdigung an einer allgemeinen Grabstätte. Zu dieser Zeit waren andere Genossen Ches gefangen genommen worden und dem gleichen Schicksal erlegen wie dem ihres Kommandanten. Doch der Regierung in Havanna mußte man noch einen überzeugenden Beweis für die Identität Ches liefern. General Alfredo Ovando Candia schlug vor, ihn zu enthaupten und den Kopf in Formalin einzulegen, was jedoch von einem kubanischen CIA-Agenten abgelehnt wurde: ein Finger sei genug. Auf salomonische Art traf man zwischen beiden Möglichkeiten die Entscheidung. Nach der öffentlichen Zurschaustellung wurden beide Hände in Formalin eingelegt. Arguedas konnte sie sich aneignen und zusammen mit dem Mikrofilm nach Kuba schaffen.

In den darauffolgenden Tagen konnten nur drei Kubaner den Soldaten entkommen - Pombo, Benigno, Leonardo Tamayo alias Urbano, und außerdem Inti Peredo und Darío Méndez. Sie wurden - endlich - von der Kommunistischen Partei

...Neuer Viracocha, von ihm erwartete man alle Pfeile der Möglichkeit und jetzt erwartet man alle Wunderwerke der Traumwelt.

José Lezama Lima, Ernesto Guevara unser Kommandant.

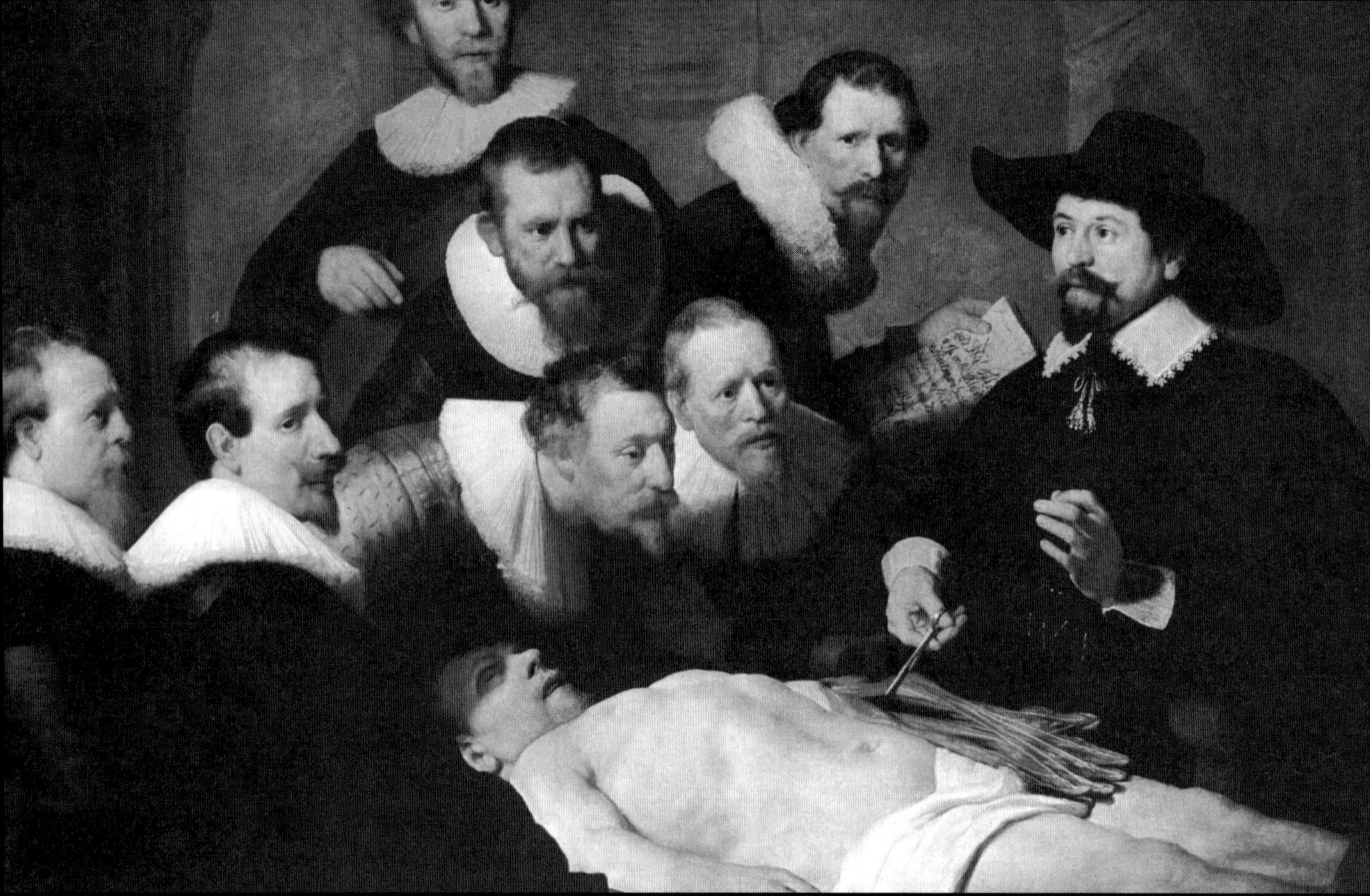

"Die Anatomiestunde des Dr. Tulp" **von Rembrandt. "Die Funktion der Bilder ist ähnlich: beide wollen einen Leichnam zeigen, während er formal und mit Objektivität examiniert wird..."**

Boliviens auf ihrem Weg nach Chile unterstützt, um sich dort unter den Schutz des damaligen Senators Salvador Allende zu stellen, der enge Verbindungen zur Kubanischen Revolution unterhielt.

Über drei Jahrzehnte legte die Bevölkerung im Südosten Boliviens Blumen vor dem Waschraum im Krankenhaus von Nuestro Señor de Malta nieder. Sie weinten über sich selbst und über den Führer, der zu einem Märtyrer geworden war. Sie nannten ihn Heiliger Ernesto von La Higuera. Der Ort ist geblieben wie damals, nur daß auf den Mauern Sprüche zu Ehren des Abwesenden geschrieben sind. Verloren in der Einsamkeit ist dieser Waschraum eine Heiligenstätte: hier wohnt der Geist der Geschichte. Unter der Regierung des Generals Juan José Torres tauft die Bevölkerung von Vallegrande die Straße, die zum Friedhof führt, auf den Namen "Ernesto Che Guevara". Nach dem nächsten Staatsstreich erhält die Straße jedoch wieder den Namen Heerstraße. "Doch alle wissen, daß es die Straße Che Guevara ist", sagt Pastor Aguilar, ein Journalist des Dorfes.

Wie es die Forderung des Mythos ist, nicht im eigenen Haus zu säen, so ist es eine Bedingung des Revolutionärs, kein Grab zu haben. In seiner Heimat ist niemand Prophet: dieses Sprichwort erklärt das Rätsel, das der wirkliche Mensch braucht, um sich in eine Legende zu verwandeln. In diesem Sinne ist Ches Freund

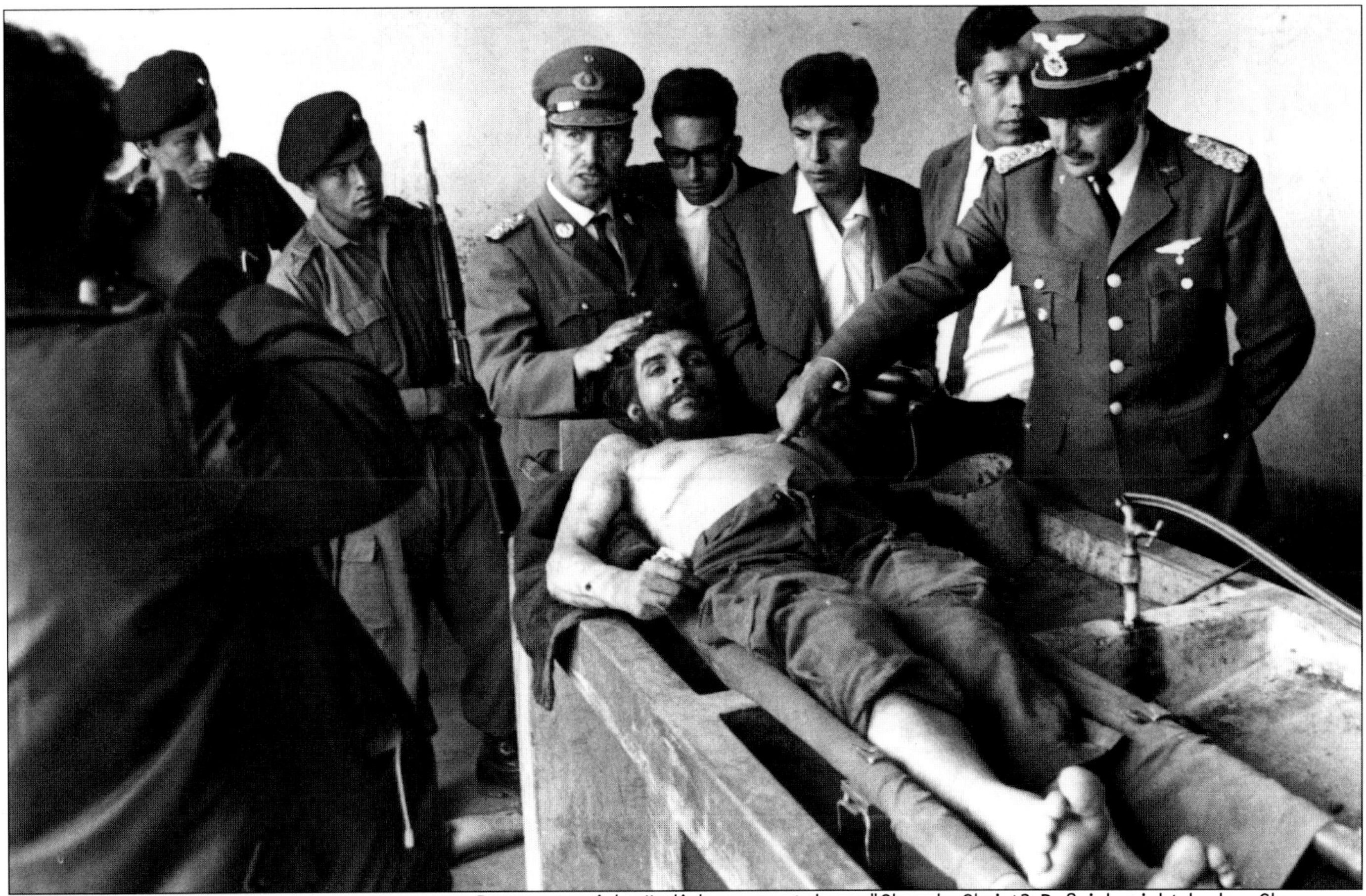

...und mehr noch, beide wollen durch den Tod ein Beispiel setzen: das eine für den Fortschritt in der Medizin, das andere als politische Warnung."
John Berger

Borrego sprichwörtlich zu verstehen: "Che als Christ? Daß ich nicht lache. Che unterlag nicht in La Higuera. Er wurde dort wiedergeboren." Che ganz witzig, mit seinem Schmunzeln, wie das Lächeln der Mona Lisa. Damit Holbein und Rembrandt nicht das letzte Bild vereinnahmen, lohnt es sich noch einmal, auf das Bild zu schauen, das ihn bei seiner Anatomiestunde in Buenos Aires zeigt, dem anderen Toten gegenüberstehend. Der außerordentliche Mann ist der, der seinen Kindheitsfantasien treu bleibt, dem unerreichbaren Königreich der Träume; auf der Ebene des Mythos wird dem Helden sein Auftrag immer in der Jugend erteilt. Das letzte Mittel des Antihelden ist die Komödie, es kann auch eine schwarze sein. Che lachte schon über seinen eigenen Tod, wie der Tote letztendlich über seine Feinde lachte. Sie hatten nicht geglaubt, daß er so viel später erst sterben würde. Wer zuletzt stirbt, lacht am besten. 

"Der tote Christus", **der junge Holbein.**

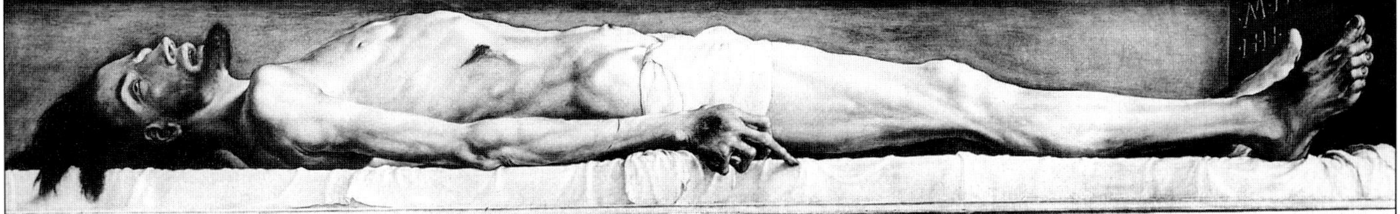

Che in the Sky with Guns

In der Nacht zum 18. Oktober 1967 eröffnet Fidel Castro vor einer Million Menschen auf dem Platz der Revolution in Havanna die Veranstaltung zum Gedenken an den "heldenhaften Guerillero". Es ist ein bombastisches Szenarium, wie geschaffen für eine gute Oper; dies alles für Che, der ein Asket war. Fidel zollte einer der leidenschaftlichsten und widersprüchlichsten Freundschaften dieses Jahrhunderts Tribut, die früheren Schwierigkeiten während ihrer gemeinsamen Machtausübung werden dadurch kompensiert, daß der Freund als Mythos geehrt wird. Gleichzeitig ist es eine erregende Verabschiedung des romantischen Kapitels der Kubanischen Revolution: Ernesto Che Guevara rückt in das nationale Pantheon auf.

Die Zeitschrift *Bohemia*, Oktober 1967. Unzählige Fotos ihres Vaters gehen durch die Hände von Ches Kinder.

"Wenn wir deutlich machen wollen, wie wir uns die Menschen der kommenden Generation wünschen, sollen wir sagen: Sie sollen wie Che sein! Wenn wir ausdrücken wollen, wie wir unsere Kinder erziehen, müssen wir ohne Zögern sagen: wie erziehen sie im Geiste Ches!" Die Worte Fidels sind die "Rekubanisierung" Ches und die Eingliederung seiner Kämpfe in das nationale Epos und das Zentrum der patriotischen Hingabe.

Der Kult um Che innerhalb wie außerhalb Kubas ist untrennbar mit einem Bild verbunden: mit dem Foto des kubanischen Fotografen Alberto Díaz "Korda". Um dieses Phänomen zu verstehen, müssen wir zu den ersten Jahren der Revolution zurückkehren. In den 50er Jahren war Korda ein junger Werbefotograf, der für Zeitschriften Modellaufnahmen machte. Der Sieg der Kubanischen Revolution brachte ihn zum ersten Mal auf die Straße, um die Freude des ganzen Volkes festzuhalten, und im selben Jahr noch verließ er sein Studio, um als Bildreporter für die Zeitung *Revolución* zu arbeiten. Am 4. März 1960 wird im Hafen von Havanna das Schiff La Coubre, ein Waffenlager, in die Luft gesprengt. Einen Tag später ruft die Regierung zum Trauermarsch auf die 17. Straße, auch Korda ist dabei. Nachdem er Fotos der Redner aufgenommen hat, läßt er seine Kamera nicht einmal über die Bühne streifen. In diesem Moment lehnt Che sich unerwartet über das Geländer und durchkreuzt die Szene für ganze 15 Sekunden. Der Fotograf drückt zweimal ab. Er erinnert sich, daß es

... heute nacht haben wir uns versammelt, um zu versuchen, die Gefühle der Freundschaft und Zuneigung für einen der am meisten bewunderten, einen der am meisten geliebten und zweifellos den außergewöhnlichsten Gefährten unserer Revolution in Worte zu fassen.

Ansprache von Fidel Castro, 18. Oktober 1967.

Originalnegativ von Korda, aufgenommen während der Trauerfeier für die Opfer des Attentats auf das Schiff *La Coubre*, 5. März 1960. Unten Originalablichtung der Negative.

an diesem Tag kühl war und ein leichter Wind wehte. Der Fotograf führt den in die Ferne schweifenden Blick auf die Atembeschwerden zurück - der Reißverschluß seiner Jacke ist bis oben geschlossen - und den Zorn des Moments. Ches Bilder geben normalerweise Ereignisse wieder: er selbst schafft das Ereignis. Doch was Korda sieht, ist genau das Gegenteil. Das Originalnegativ hat einen surrealistischen Effekt, es ist ein schwebendes Bild mit Ablenkungen - eine Palme im Hintergrund, davor das Profil eines Unbekannten. Der Revolutionär schaut nicht nur nicht in die Kamera, er schaut nirgend wohin: er ist sich dessen nicht bewußt, daß er fotografiert wird. Zu diesem Zeitpunkt ist er 31 Jahre. Das Geschenk des Zufalls für seine Ewigkeit - und für die Geschichte der Fotografie im Jahrhundert der Bilder -, es ist die abwesende Haltung eines jungen Mannes und eine leichte Unschärfe schafft Distanz. Korda, Künstler für Werbefotos, entdeckt ein Verhaltensmodell und eine Haltung des Körpers. Doch dieses Modell wird erst ganz zur Geltung kommen, wenn Che bereits tot ist; erst dann wird die Unschärfe des Bildes eine andere Bedeutung annehmen.

1960 wird Kordas Bild in klein auf irgendeinem Bericht über Che sein. Bei der ersten Veröffentlichung nimmt der Künstler dem Bild die Unruhe, in dem er den Hintergrund ausschneidet. In seiner vielfältigen Ikonographie ist Che mit dem ganzen Körper dargestellt, mit expressiver Gestik, immer ein bißchen eitel, Korda zeigt nicht eine Geste, sondern etwas Verborgenes. Wir sehen einen zerstreuten Mann und in diese Zerstreutheit interpretieren wir eine Intention: den Besitz einer Wahrheit, eine abgeklärte Persönlichkeit. Es ist das Abbild seiner Visionen. Korda hat einen der "Köpfe" des Jahrhunderts geschaffen. 1967, während Che in Bolivien ist, ist der italienische Verleger und politisch aktive Giangiacomo Feltrinelli im Studio des Fotografen und nimmt das Negativ nach Mailand mit.

9. Oktober, Ermordung Ches. Die Agentur United Press International verbreitet weltweit die Bilder des Toten aus Vallegrande, aufgenommen von Alborta. Zweites Bild eines Che in abwesender Haltung. Am 15. Oktober, nachdem Havanna öffentlich Guevaras Tod verkündet hat, findet in Mailand eine Demonstration statt. Feltrinelli läßt 100.000 Poster von Kordas Bild drucken, darunter den Satz "Che lebt". Die jungen Menschen gehen auf die Straße: das Abbild ist ihre Antwort auf die Ermordung und gleichzeitig die Widerlegung der Dokumentarfotografie - das Bild des toten Guerillero mit 39 Jahren. Es kommt zur weltweiten Verbreitung der beiden Bilder: der Alborta-Fotografie durch die Nachrichtenagenturen und der Korda-Fotografie, Bild des jungen Guerillero, lebender Prophet. Auf der Trauerkundgebung in Havanna wächst das Korda-Bild zu einer großen Wandmalerei. Kuba und die europäische Linke sind die Wiege der Ikone, die Ches Tod verleugnet und den christianisierenden Blick des bolivianischen Fotografen durch ein Modell von Lebenseinstellung ersetzt. Die Polarisierung des Kalten Krieges wird durch die jungen Menschen in diesem seltsamen Krieg zwischen zwei Bildern ausgetragen.

Patriotisches Symbol, auf kleinen Souvenirs, zu kaufen auf der Plaza de la Catedral in Havanna, auf den Fahnen der Protestbewegungen, Markenname eines englischen Bieres, Zugpferd für ökologischen Tourismus, Gegenstand politischer Streitigkeiten am Jahrestag seines Todes. MerCHEndising: eine Flut von Ches bis zum Erbrechen. Ches Abbild, eines der am meisten reproduzierten Bilder der Geschichte, gefiltert durch unzählige politische Operationen und bereit für fast jede Art von Konsum: Deshalb der Rückblick auf die Ereignisse und das Schicksal, das diesem Bild widerfuhr.

Durch die Ermordung von Guevara konnte Havanna seine politischen Parolen neu formulieren und den revolutionären Geist erneuern. 1968 wurde zum "Jahr des heldenhaften Guerillero" deklariert, und dieser 9. Oktober wurde mit Reden,

ICH ERBITTE DAS UNMÖGLICHE, DAS UNVERDIENTESTE, DAS ICH EINES TAGES WAGTE, ALS ER NOCH LEBTE: ICH BITTE DARUM, DAß ES SEINE STIMME IST, DIE MAN HIER HÖRT, DAß ES SEINE HAND IST, DIE DIESE ZEILEN SCHREIBT.

Julio Cortázar. Botschaft an den Bruder

Eine kubanische Schulklasse mit "kleinen Pionierinnen", 1969.

ICH GETRAU MICH NICHT, DAS LEGENDÄRE FOTO AN DIE WAND
ZU HÄNGEN.
EIN EINFACHES KLICKEN DES AUSLÖSERS, EINE ROTE
REIẞZWECKE
UND DIE KEIMENDEN SILBERKÖRNCHEN
(SEINE UNSTERBLICHKEIT)
KÜNDIGEN AN, DAẞ AUCH DAS FOTO ANGEGRIFFEN WORDEN IST
DURCH DAS LICHT; DAẞ DAS FOTO EBENFALLS STERBEN WIRD
DURCH DIE FEUCHTIGKEIT DES MEERES, DIE ZEIT;
DEN KONTAKT, DIE ZUNEIGUNG, DIE FATALE BESESSENHEIT
SO OFT ZU WIEDERHOLEN, DAẞ WIR WIE ER SEIN WERDEN.

Reina María Rodríguez. Ein einfaches Klicken des Auslösers

Umzügen und feierlichen Vorführungen von Fotografien, geworfen auf riesige Leinwände, bedacht. Wenige Monate zuvor hatte Castro öffentlich den sowjetischen Einmarsch in der Tschechoslowakei unterstützt. Es waren keine Jahre, die die Kontroverse begünstigten, sondern die Angleichung im Diskurs. Kurz darauf begann in Kuba das, was man als "die grauen fünf Jahre" bezeichnen wird.

Che neben einem Bild von José Martí, Märtyrer des kubanischen Unabhängigkeitskampfes.

Die kubanische Schule adoptierte Che als ihren patriotischen Führer. Noch heute sind die Kinder zwischen der vierten und siebten Klasse "Pioniere". Das Lied, das die Kinder jeden Morgen im Hof der Schule singen, ist: "Pioniere für den Kommunismus/ wir werden wie Che sein". Im nationalen Firmament steht Camilo für seine menschlichen und prosaischen Attribute, Che als Mann "ohne Makel".

Die bildenden Künstler der 70er experimentierten mit Ches Bild. Sein Porträt wird zum Leitmotiv des kubanischen Posters, in das alle Ästhetikrichtungen einfließen, von der Pop-Art bis zur afrikanischen Kunst, den volkstümlichen Darstellungen und den psychedelischen, mit der auffallenden Ausnahme des sozialistischen Realismus'. Der Künstler Raúl Martínez fügt die bekanntesten Bilder von Guevara in die Pop-Art ein und somit die Pop-Art wiederum in die bildenden Künste Kubas.

Der Schönheit des Guerillero wird der Erotismus entzogen. Seine narzißtische Verführung auf allen seiner Bild zieht sich zurück, um ihn zum perfekten Ideal werden zu lassen. Che wird auch als Mulatte dargestellt. Auf den jugendlichen Gesichtszügen erscheinen Schatten um die Augen; die Kubanisierung gibt ihm die Nächtlichkeit zurück, den geheimnisvollen Charakter des Fahnenträgers des Internationalismus'. Auf dem Platz der Revolution an dem Gebäude des Innenministeriums, im funktional-solzialistischen Stil, ist sein Bild, aus Eisensträngen angefertigt, befestigt. Didaktisch umfaßt es Che ohne ihn zu leugnen: es ist ein fossiles Bild.

Che wird zum Mulatten. Werk von Raúl Martínez.

Der verbissene Kult von oben verhinderte trotzdem nicht die Vereinnahmung durch das Volk. Wie soll man sich nicht Camilo und Che aneignen, die in Wachs gegossenen Figuren in Lebensgröße, zusammen mit ihren beiden einbalsamierten Maultieren im Museum der Revolution? Der erste, ein guter Kerl, wie eh und je; Guevara, lächelnd und athletisch: sie sind weniger Guerilleros als zwei bewundernswerte Cowboys eines späten lateinamerikanischen Westerns. In diesem christlichen und "entkatechisierten" Land ist es interessant zu untersuchen, wieviel des religiösen Gefühls auf die laizistische Figur Ches übertragen worden ist. Sein Bild ist an vielen öffentlichen Gebäuden. Viele Kubaner haben unter einem Bild Guevaras geheiratet, das an dem Ort hing, der in katholischen Ländern für das Kreuz reserviert ist.

Die Korda-Fotografie ist ein gemaltes Mantra auf den großen Plakatwänden

Geldstück, drei Pesos.

und Mauern in Havanna. Sie wird angestrahlt oder auch nicht je nach Konjunkturlage. Wie alle Abbildungen spricht sie schweigend, richtet mit dem Blick. Sie ist ein Symbol für die Gründung des Staates und gleichzeitig ein unbestechliches Verhaltensmuster: "Die beste Hommage ist die der täglichen Anstrengung." Noch heute zeigen die Fernsehspots Che mit seiner Schubkarre bei der freiwilligen Arbeit. Obwohl einige Intellektuelle damit anfangen, ihn zu entthronen, liebt die Mehrheit der Bevölkerung ihn. In diese Liebe sind sie erzogen worden. In dem Kult für Guevara entdeckt das Volk die Schwächen anderer Führer.

Ches Bild ist auch, herrlich kitschig, auf vielen Souvenirs: die Ikone auf Korkenziehern, Kürbisrasseln oder Aschenbechern, darunter steht: Erinnerung an Kuba, natürlich kursiv gedruckt. In den letzten Jahren erleben - oder besser, erleiden - die Kubaner die Auflösung vieler Sektoren des alten kommunistischen Plans. Die Marktwirtschaft bahnt sich ihren Weg und nimmt oft bizarre Formen an. In Havanna probieren einige Leute ihre kleinen Schelmereien an den unvorbereiteten Touristen aus. Die klassische Erinnerung ist die drei-Peso-Münze mit der Abbildung und der Legende "Patria o muerte", die, obwohl sie noch immer im regulären Geldumlauf ist und ihr Wert nach offiziellem Wechselkurs 15 Cents wäre, für einen Dollar verkauft wird. Für den Gewinn danken sie dem Heiligen Che.

Von Kuba hinaus in die Welt. In den 60er Jahren war die Insel die Wiege einer internationalistischen Utopie und deshalb ein politisches Laboratorium für den Rest der Welt. Nach Ches Tod wurde sein Bild zum Wahrzeichen dieser Utopien in ihrem schönsten Gesicht - und gewinnbringend für die ideologische Verbreitung. Die revolutionäre Aura von Guevara, hervorgegangen aus der kulturellen Hegemonie der Kubanischen Revolution, löste sich von diesem Ursprung und wurde in die ganze Welt getragen. Die Befreiungskämpfe multiplizierten den Mythos, der sich in alle Richtungen verbreitete.

Ehrung des ersten Jahrestages seines Todes. 1968 wurde zum "Jahr des heldenhaften Guerillero" ernannt.

"Sehr geehrte Fluggäste: Hier spricht der neue Kapitän Lesla Khaled. Das Kommando Che Guevara, Einheit der Volksfront für die Befreiung Palästinas, hat das Flugzeug übernommen": übermittelte Nachricht bei der Entführung eines Flugzeugs der Transworld Airways Mitte der 70er Jahre. Der Prozeß der Verflechtung zwischen dem kubanischen Helden und dem palästinensischen Kampf enthüllt die tiefe Verbindung zwischen Politik und Mythos. Das Modell Guevara schlug eine ungewöhnliche Brücke zwischen so entfernten Punkten wie Paris, Palästina, Santiago de Chile...

Ein Wort zu dem Ideologen Guevara. Das Schreiben an die Trikontinentale ist schon erwähnt worden "Schaffen wir zwei, drei, viele Vietnam". Nach seinem Tod wurde dieser Text zu seinem revolutionären Testament, einem antiimperialistischen Manifest für die Dritte Welt. Die

Bilder von Havanna

Erster Kongress der Kommunistischen Partei Kubas, 1975. Marx, Engels und Lenin mit den Gründungsvätern der Kubanischen Unabhängigkeit und den Gründern des neuen Staates.

Zwischen Meteoriten und Supernovas. Bei einer sowjetischen Expedition ins Weltall entließ der kubanische Kosmonaut Arnaldo Tamayo Méndez eine kleine Figur aus Elfenbein von Che in die Umlaufbahn.

politischen Schriften Ches entwickeln eine Theorie, die sich an der sofortigen Aktion orientiert. Agitationsschriften, Beschreibungen der Guerillaerfahrungen sind in einer schlichten Sprache geschrieben und entfalten die Rhetorik des Pamphletes. Im Streit mit den prosowjetischen Kommunistischen Parteien - die der Meinung waren, man müsse "warten", bis die Bedingungen für einen Aufstand reif seien - bekräftigte Che, daß es möglich sei, diese Bedingungen zu schaffen oder zumindest den geschichtlichen Prozeß zu beschleunigen. Sein Hauptbeitrag ist die Idee der Guerilla-Avantgarde: eine kleine bewaffnete Gruppe könnte den Befreiungsgedanken des Volkes entfachen. Diese Schlußfolgerung, der kubanischen Erfahrung entnommen, wurde oft für jedwede historische Situation simplifiziert. Auch wenn die Erfahrung der Volksaufstände die Fehler dieser voluntaristischen Theorie aufgezeigt hat, so ist auch der Gültigkeitsverfall der guevaristischen Utopie eng mit der Niederlage der Avantgarde als Motor für Veränderungen verbunden.

Der Marxismus ist "die unübertreffliche Philosophie unseres Zeitalters", proklamiert Jean-Paul Sartre 1960. Anfang des Jahrzehntes hat schon eine explosionsartige Zunahme der Einschreibungen in den Universitäten begonnen, begleitet vom hohen Zulauf in den

Guevara polyfunktional in Havanna. Eine "Santera" zwischen Fruchtbarkeitsgöttin Yemayá und Tangosänger Carlos Gardel. Politisierter Synkretismus.

humanistischen Fächern. Dies bestimmt wohl den radikalen Verlauf in der politischen Dynamik, in der die jungen Menschen einen neuen Protagonismus gefunden haben. Aufstand ist das Motto der Stunde. 1968, das Jahr, in dem die Studenten rebellierten und niedergedrückt wurden. Im Mai wird Che, auf Fahnen getragen, den Pariser Aufstand begleiten und ebenfalls bei den italienischen Protesten anwesend sein, als die Studenten gemeinsam mit den Arbeitern in einen aktiven Streik treten. Die europäische Studentenrevolte hat auf das folgende Jahrzehnt einen starken Einfluß ausgeübt. Sie ist eine Revolution, eine Revolution fast ohne Opfer.

Die wirkliche Bühne, auf der sich seine Einflußnahme abspielt, ist Lateinamerika. Am 2. Oktober 1968 werden fast 300 junge Menschen auf dem Platz Tlatelolco in Mexiko-Stadt während eines massiven Studentenprotestes getötet. Die Region wird ihr Engagement mit Tausenden von Toten bezahlen, die man nicht einigen Texten oder einer Sammlung von romantischen Bildern anlasten kann, sondern dem Staatsterror. Eine marxistische Strömung, die sich Guevarismus nennt und die von Havanna unterstützt wird, entfacht die Guerilla in Lateinamerika. Die chilenische MIR, die M-19 in Kolumbien und andere bewaffnete Gruppen in Mittelamerika beziehen nationale Besonderheiten mit ein. Verwurzelt durch persönliche Kontakte zu Guevara zu Beginn der 60er wird ihr Einfluß eine Schlüsselposition in der Formierung der - hauptsächlich - Stadtguerilla sein, wie die der uruguayischen Tupamaros.

Praxis eines Traumatologen in Havanna: Che garantiert den Erfolg der Behandlung.

Mehrdeutige Blicke. Die Kubanische Revolution als politisches Paradigma der 60er und Che als Modell eines Kämpfers.

Über die Jahre entfernen sich die Schriften von ihrem Autor und das Paradigma gleicht sich an, um bestehen zu bleiben. Die lateinamerikanische Linke interpretiert Ches Schriften immer freier und rückt ab von der Forderung nach bewaffnetem Kampf, sie hält vor allen Dingen den Geist der Utopie wach, die hauptsächlich in den militanten Jugendlichen weiterlebt.

Die sandinistische Revolution, die 1979 siegt, nimmt die Figur Ches wieder auf, der in den 50er Jahren Sandinist war. Mit einer schlagkräftigen Basis in der Stadt läßt sie sich von Che inspirieren, ohne seine Methoden zu übernehmen. In Peru, das eine lange Tradition im Volksaufstand hat, wird sich in den 80er Jahren der "Leuchtende Pfad" erheben, eine Guerilla, die in der Universität von Ayacucho ihre Anfänge hatte und die sich selbst als "maoistisch, marxistisch, guevaristisch" bezeichnet, wie auch immer sich das miteinander kombinieren lassen mag. In einem anderen Gebiet des gleichen Landes beansprucht die Revolutionäre Bewegung Túpac Amaru das Erbe Guevaras. Che repräsentiert den wesentlichsten und siegreichsten Moment im Volksaufstand, der noch nicht verseucht ist von politischer Manipulation und Terror: Che verkörpert den klassischen Guerillero, ist der Urvater.

Ernesto Guevara wurde nicht in Bolivien hingerichtet: er starb auf dem Weg in sein Heimatland. Es war in Prag,

Mexiko, Platz der Drei Kulturen. Wenig später Szenarium eines Massakers an Studenten am 2. Oktober 1968.

bevor er seinen letzten Weg antrat, als er zu seinem Leibwächter Ulises Estrada sagte: "Ich möchte wenigstens einen Fuß in meinem Land haben, wenn ich sterbe." Den foco in Argentinien zu gründen war eine seiner unvollendeten Ambitionen, und seit 1959 arbeitete er an diesem Projekt. Die mißlungene Rückkehr wurde in den 70er Jahren durch eine Reihe von Aufständen wieder aufgenommen, die jedoch alle blutig niedergeschlagen wurden. Eine argentinische, guevaristisch ausgerichtete Guerilla betätigte sich einige Jahre im Land. Angeführt von Roberto Mario Santucho verband die Revolutionäre Volksarmee - ERP - den direkten Kampf auf dem Land in der Provinz Tucumán mit Aktionen mit städtischen Kommandozellen. Im März 1976 tauchte der Staatsstreich, angeführt von General Jorge Videla, das Land in ein Blutbad. 1977 war die ERP militärisch zerschlagen und löste sich nach dem Tod ihres Führers auf. Es herrschte ein politisch radikales Klima in der Bevölkerung und Tausende von Argentiniern fühlten sich der Guerilla verbunden, auch wenn nur wenige aktiv am bewaffneten Kampf teilnahmen. Repression wurde auch auf kleine Organisationen, Aktivisten und Arbeitervertreter ausgeübt, und nicht zuletzt auf die theoretischen Sympathisanten des Aufstands. Die repressive Tradition, Oppositionelle

Auf der Titelseite der nordamerikanischen linken Zeitschrift *Ramparts* protestiert Lennon gegen den Vietnamkrieg. 10. Oktober 1967.

Mai '68, Paris. Die Studenten skandieren "holen wir uns den Himmel auf die Erde".

verschwinden zu lassen, begleitet die ganze argentinische Geschichte. Der Körper des Guerillero Masetti wurde niemals gefunden, und das gleiche geschah in Bolivien mit Ernesto Guevara de la Serna. Sie sind die ersten unter den dreißigtausend "Verschwundenen" in Argentinien.

Aber immerhin waren Che wie Masetti im Krieg, ihr Tod gehörte zur "Wahrscheinlichkeitsrechnung". Die Verfolgung dehnte sich sogar auf die nächsten Angehörigen Guevaras in Buenos Aires aus. 1964, kurz nach der Einweisung in ein Krankenhaus auf Grund ihrer tödlichen Krankheit, wurde Celia de la Serna, als sie ihren Namen nannte, des Krankenhauses verwiesen. Verfolgt, eingesperrt oder ins Exil verbannt können alle seine vier Geschwister bezeugen, was es hieß, seinen Nachnamen zu tragen. Sie verkörpern die Tragödie, die über die argentinischen Familien hereingebrochen war, der Horror in zwei Buchstaben, die, so paradox angewendet, die nicht vorhandene Identität beschreiben: N.N.

Der Mate, der wie ein Zeichen der Fremdartigkeit war, die Lektüre der Gaucho-Dichter, die Gewohnheit der Ironie, eine gewisse Arroganz in der Körperhaltung, einen ausgeprägten Sinn für das Lächerliche: argentinische Attribute Guevaras. Der Mythos von Che paßt genau in diesen Körper, gegeißelt gegen jegliche Form der Schwäche, gequält durch Repression, verschwunden: wie oft begraben und wieder exhumiert? Doch das argentinische Sein ist vor allem in diesem Mann, in der Partikel, deren mutmaßliche Herkunft in den Indianersprachen Araucanisch oder Guarani liegt, die durch den häufigen Gebrauch ihre Etymologie

Das Bild Ches begleitet die Forderungen der Mapuche-Frauen "Tierra o muerte". Chile, 1971.

Die Revolutionäre Volksarmee (ERP), eine guevaristische Guerrilla im Argentinien der 70er Jahre. Der Befreier José de San Martín und Che umrahmen eine geheime Pressekonferenz, 1971.

Sandinistische Kämpfer, im Siegesjahr 1979.

VOR AUGUSTO CÉSAR SANDINO UND ERNESTO CHE GUEVARA, VOR DEM GEDENKEN AN DIE HELDEN UND MÄRTYRER VON NICARAGUA, LATEINAMERIKA UND DER GESAMTEN MENSCHHEIT, VOR DER GESCHICHTE LEGE ICH MEINE HAND AUF DIE SCHWARZ-ROTE FAHNE, DIE "FREIES VATERLAND ODER STERBEN" BEDEUTET.

Eid der Frente Sandinista

verwischt. Che, Spiegel dessen, der spricht, der im Gespräch am nächsten ist: dein Nächster.

Andere Zeiten. Die politische Utopie der 70er verbrauchte den Mythos nicht; er verwandelte sich in ein Identitätsmerkmal. Der Generationswechsel, der ihn vorher in den Himmel des revolutionären Helden hob, hat ihn zur Konsumindustrie getragen, das heiß ins Zentrum des täglichen Lebens. In den 80ern bediente sich der Markt durch seine Mechanismen von beispielloser Vergegenständlichung seines erbittertsten Widersachers. Che jedoch als Logo scheint das Produkt, das er darstellt, immer zu übertreffen. Während seine Figur in der Öffentlichkeit Kubas weiterexistiert, überlebt er in der kapitalistischen Welt als zentrales Thema der Gegenkultur der Jugendlichen. Das Poster markiert das befreite Gebiet im Zimmer des Jugendlichen, wo der nonsense mit Bedeutung beladen wird. Natürlich ist die jugendliche Vorstellung nicht einfach in Che begründet, aber sie überschneidet sich mit einigen seiner wesentlichen Züge: dem Fernweh, dem Gefühl, gegen das System zu sein, dem Ideal eines romantischen Todes auf dem Höhepunkt seines Ruhmes. Ein rebellisches Outfit, das nichts Triviales an sich hat, da die Ikonen viele unterschiedliche Bedeutungen in sich vereinen. Diese eigene Welt der Bilder spiegelt sich in den Installationen

Putsch gegen den sozialistischen Präsidenten Salvador Allende. Chile, 11. September 1973.

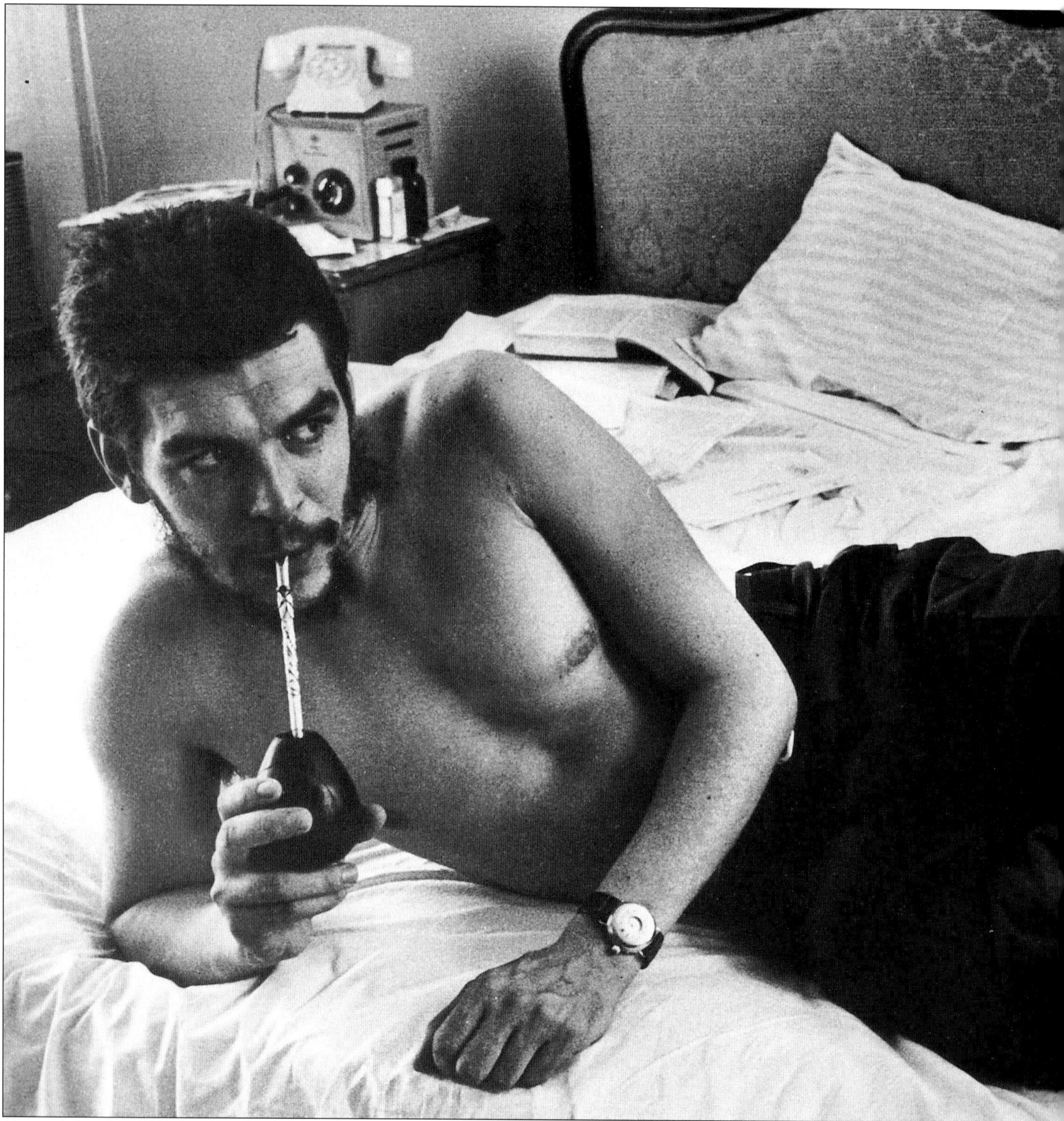

Mate trinkend auf einem ungemachten Bett, 1960. Guevara rührte nicht nur das politische Bewußtsein, sondern auch erotische Phantasien.

der argentinischen Künstlerin Liliana Porter wider, in denen Che wieder rührend wird, Mickey Maus eines Jugendlichen. Der Werbeslogan der englischen Biersorte "Che" ist leicht ironisch, parodiert sich selbst und erweist dem Guerillero eine sehr moderne Ehre: "Verkauf in den USA verboten. Es muß gut sein..."

All' dies war schon zu Beginn in dem Korda-Bild? *Che in the sky with jacket.* Die Jacke ist aus Leder, mit Reißverschluß; er eilt den Easy Riders voraus, die den Westen auf Motorrädern durchqueren werden. Obwohl Che, in seinem Werdegang begründet oder aus Überzeugung, vollständig zu dem Typ von Mann

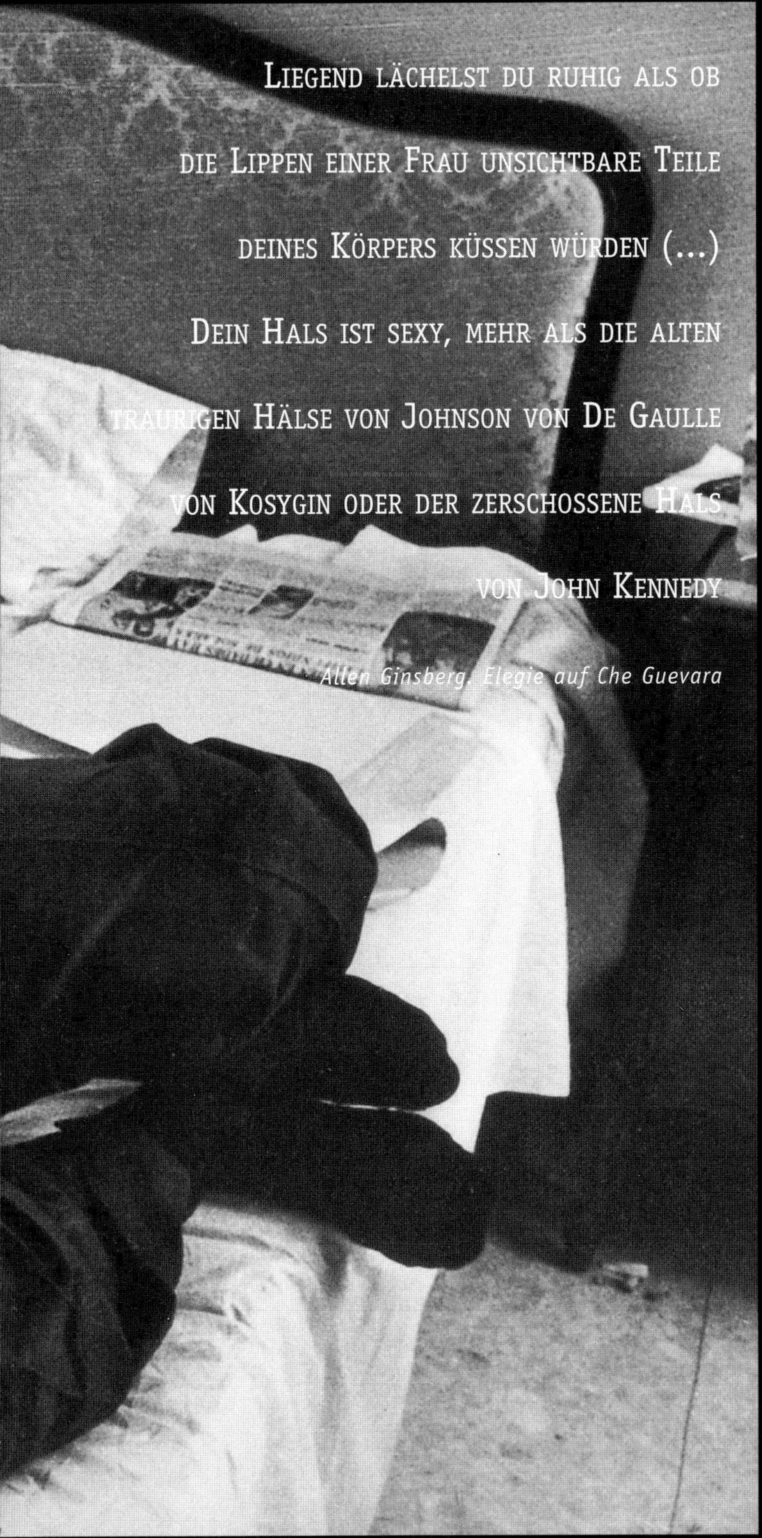

LIEGEND LÄCHELST DU RUHIG ALS OB
DIE LIPPEN EINER FRAU UNSICHTBARE TEILE
DEINES KÖRPERS KÜSSEN WÜRDEN (...)
DEIN HALS IST SEXY, MEHR ALS DIE ALTEN
TRAURIGEN HÄLSE VON JOHNSON VON DE GAULLE
VON KOSYGIN ODER DER ZERSCHOSSENE HALS
VON JOHN KENNEDY

Allen Ginsberg, Elegie auf Che Guevara

gehört, der im Westen nicht mehr gefragt ist, gibt es eine Vorankündigung der "neuen Männlichkeit". Che, der letzte Macho ohne Risse vor der tiefen Veränderung in die Männlichkeit. Ist es nicht dieses befremdliche Werden, das uns das Bild von Korda, aufgenommen beim Angelwettbewerb Hemingway 1960, zeigt? Die weiblichste Seite des Mannes - sein Rücken mit einigen Sommersprossen, absolut verletzlich, vom eigenen Haar gestreichelt, eine narzißtische Schmeichelei.

1965. Ernesto in einem miserablen Appartement in Prag, der tragbare Plattenspieler spielt ein Lied der Beatles. Letztendlich mag er die Musik der jungen Engländer. Sind es nicht die Beatles, die bei einem Auftritt Bilder von Che verteilen? Lennon kann gleichzeitig Ja zu Guevara sagen und Nein zum Vietnamkrieg. Von der rasenden Zweideutigkeit unseres Jahrzehntes aus, reich trotz tiefer Enttäuschungen, sind die jungen Leute diejenigen, die den Konterfei-Guerillero mit der Jugendindustrie par excellence, der Popmusik, verbinden. Die Zugehörigkeit Ches auf Rockkonzerten oder auf Fahnen eines Fußballclubs ist nicht

Wechsel im Genre. ***Das Lächeln der Mona Lisa,*** **Montage von Reiniero Tamayo.**

*

Andrés Calamaro, bekannter argentinischer Rocksänger.

IGNORANCE HAS TAKEN OVER

YO, WE GOTTA TAKE THE POWER

BACK!

BAM! HERE'S THE PLAN

MOTHERFUCK UNCLE SAM

STEP BACK, I KNOW WHO I AM

RAISE UP YOUR EAR, I'LL DROP THE

STYLE AND CLEAR

IT'S THE BEATS AND THE LYRICS THEY

FEAR

THE RAGE IS RELENTLESS

WE NEED A MOVEMENT WITH A

QUICKNESS

YOU ARE THE WITNESS OF CHANGE

AND TO COUNTERACT

WE GOTTA TAKE THE POWER BACK

Die Rockband Rage Against The Machine benutzt auf ihrem Cover von "Bombtrack" Ches Foto.

trügerisch. Die Konzerte sind das Zentrum der jugendlichen Liturgie, die Traumfabrik, für immer vom Markt vereinnahmt, wo der größte Konsum zu verzeichnen ist, die Musikindustrie. In den fußballfanatischen Gesellschaften ist die Zugehörigkeit zu einem Verein äußerst wichtig, die zweite, durch die Familie beeinflußte, selbstgewählte Heimat in der Kindheit. Es gibt keine Trivialität. Che gehört zu den großen Stadien, dem modernen Theaterstück der Konfrontation zwischen Jugendlichen und der Autorität, zwischen der Macht und den Menschen. Che ist dort, wo die jugendlichen Massen sind. Sein Bild garantiert eine herrliche Plattform für... "Bambule".

Noch einmal kehrt die Stimme des Helden und auch die des Antihelden nach Lateinamerika zurück, nach Mexiko, wo Che politisch geboren wurde. In den 50er Jahren war Che Zapatist; der Subcomandante Marcos, Anführer des Indianeraufstands in dem Dschungel von Lacandona, nimmt seine Utopie wieder auf - doch es handelt sich nicht um eine Wiederholung, er ist besser, spiralförmig geht es nach oben. Die Rückkehr geschieht nie ohne eine Verwandlung.

Im Gegensatz zu Ches Utopie will der neue Zapatist nicht die Macht übernehmen, sondern die völlige Durchsetzung der Demokratie in einem Land, das seit Jahrzehnten von einer einzigen Partei regiert wird. Die neue Annäherung an Guevara ist von Realismus gezeichnet und aus den früheren Kämpfen werden Lehren gezogen. Die Zapatistische Armee zur Nationalen Befreiung befindet sich in einem großen konzeptuellen Dilemma. In dieser Mediengesellschaft müssen sich die bewaffneten Initiativen um Konsens bemühen, und dies steht in enger Beziehung zum Bild. Wenn eine Skimütze ein Gesicht verdeckt, wie ein *password*, mythologisierend für die Fernsehkameras, muß Che aus einem Blickwinkel wiederauferstehen, der das "politisch Korrekte" nicht außer acht läßt. Trotz Realismus verzichtet Subcomandante Marcos nicht auf den Romantizismus, im Gegenteil, er verbindet ihn eng mit dem Aufstand des Volkes. Die EZLN sucht eine Sprache, die es der Guerilla erlaubt, das

"Chaca o muerte! Venceremos". Fahne des argentinischen Fußballclubs Chacarita Juniors.

Kostbare ihres Anachronismus' zu bewahren, eine Sprache, die Zukunft und Tradition miteinander verbindet.

In dem abgelegenen Dorf La Realidad greift der Subcomandante zum Mikrofon, um Che als Poetik wieder zu Ehren zu bringen: "...Ich habe nach einem Text gesucht, auf dem ich die Eröffnungsworte dieses Treffens aufbauen kann. Ich habe bei Pablo Neruda und Julio Cortázar gesucht, bei Walt Whitman und Juan Rulfo. Es war umsonst, immer wieder forderte das Bild von Che, in der Schule von La Higuera träumend, seinen Platz in meinen Händen. Von Bolivien her erreichen mich die halbgeschlossenen Augen und dieses ironische Lächeln das sagt, was geschieht und verspricht, was geschehen wird. Habe ich 'träumend' gesagt? Hätte ich 'tot' sagen müssen? Für einige starb er, für andere schlief er."

Eine Poetik also. Die Trauer um die Verzerrungen des Modells lohnt nicht, sie sind der Geschichte geschuldet. Das Jahrhundert neigt sich seinem Ende, ohne daß der Reisende an seinem Ziel angekommen ist. Der Name Che ist eine nicht zu übergehende Referenz in der Tradition der Utopie, sein Geist lädt noch immer zu dem Abenteuer ein, die Welt zu verändern.

Das Abbild Ches, Zeichen einer Identität und Provokation für die Polizeikräfte in den Fußballstadien.

Subcomandante Marcos und neue Mittel des Volksaufstands: Skimütze, Handy und Che als eine Poetik.

CHE ERINNERT UNS AN DAS, WAS WIR SCHON SEIT SPARTAKUS WISSEN UND DOCH MANCHMAL VERGESSEN: DIE MENSCHHEIT FINDET IM KAMPF GEGEN DIE UNGERECHTIGKEIT DIE ERSTE STUFE, DIE SIE ERHEBT, DIE SIE BESSER MACHT, DIE SIE MENSCHLICHER MACHT.

Subcomandante Marcos, 4. April 1994.

POSTSKRIPTUM

Das Waschhaus in Vallegrande, wo der Körper Ches der Presse gezeigt wurde. Kultort San Ernesto von La Higuera.

Ende 1995 widersprach General Mario Vargas Salinas der offiziellen Version, Che sei eingeäschert worden. Ein Team von kubanischen und argentinischen Anthropologen begann die Suche nach einem Sammelgrab, dessen Stelle an der Landebahn des örtlichen Flughafens ein offenes Geheimnis in Vallegrande war. Die Sucharbeiten waren unregelmäßig, begleitet von Falschangaben, Streitigkeiten unter den Militärs und diplomatischen Wortsalven. Im Juni 1997, einige Monate vor dem dreißigsten Jahrestag der Ermordung Ches, begann eine fieberhafte Suche.

Kubanische und argentinische Anthropologen während ihrer Ausgrabungsarbeiten im Sammelgrab. Die Überreste wurden im Juni 1997 gefunden.

Ernesto Guevara de la Serna: Sammelgrab Nummer 9, ohne Schuhe, verstümmelt, ohne Hände. Der Schädel hatte, etwas verformt durch das Asthma von Kindheit an, so offenkundige Merkmale, daß die einfache computergesteuerte Überlagerung mit einem alten Foto jeden Zweifel an der Identität hinwegfegte. Mit revolutionärer Inbrunst - und der realistischen Angst, daß ihm sein Schatz entrissen würde - schlief Jorge González, Leiter der kubanischen Gerichtsmediziner, zusammengekauert eine Woche lang auf der heiligen Erde und war derjenige, der schließlich den Schädel abtastete und den fehlenden Backenzahn bemerkte: "Wir haben den Kommandanten gefunden."

Militärflughafen San Antonio de los Baños, 12. Juli 1997

Das Glück fällt bei Fidel Castro immer auf fruchtbaren Boden. Über drei Jahrzehnte im Verborgenen hatten die Überreste von Guevara idealisiert und beseelt, jetzt wurden sie nach Hause gebracht. Des günstigen Zeitpunktes war man sich bewußt. Der Mythos verwandelte seine Knochen in Reliquien, doch alles um Che herum scheint endgültig durch politische Interessen und Manipulationen unklar geworden zu sein. Während der Arbeiten durchsiebte Loyola Guzmán, die junge Kämpferin, des Nachts die Erde und fand die winzigen Reste der Füße, die in einem Denkmal in Vallegrande beigesetzt werden. Havanna wird dafür sorgen, daß es keine Skapuliere geben wird, sondern daß Che als Wahrzeichen der Kubanischen Revolution weiterlebt.

"Erinnert Euch von Zeit zu Zeit an diesen kleinen Kondottiere des XX. Jahrhunderts."

Che, Abschiedsbrief an seine Eltern.

Die Zeremonie bei seiner Rückkehr am 12. Juli 1997 war flüchtig und hatte einen familiären Charakter. Die Überreste wurden mit militärischen Ehren von den Protagonisten des revolutionären Sieges von 1959 empfangen. Die Regierung hat bekannt gegeben, daß das Volk ihm im Oktober Tribut zollen könne, wenn er ins Mausoleum in Santa Clara überführt wird. Die gigantische Statue von Che lauert nicht, sondern schreitet voran: der Guerrillero bahnt sich mit dem Gewehr seinen Weg, der linke Arm hängt in einer Schlinge. Es ist wohl eine der wenigen Statuen, die jemanden mit einem Gips darstellen. Sozialistischer Realismus auf kubanische Art: sie gesteht dem Helden eine gewisse Schwäche zu, die er jedoch überwindet. Das melancholische Santa Clara, ohne Tourismus und ohne Meer, ist die erste kubanische Stadt, die Che kennenlernte. Hierhin kehrt er zurück.

Denkmal für Che Guevara, wo das Mausoleum gebaut wurde, Santa Clara.

In Kuba weht ein leichter Hauch der 60er über das auslaufende Jahrhundert. Oktober 1997: nur offizielle Gedenkfeiern oder wirkliche Apotheose? Ein ganzes Land erinnert sich an seine eigene Jugend, erwacht durch den ewigen, starken Guerrillero. Ernesto Che Guevara selbst verkörpert den Begriff von Unvergänglichkeit.

Liliana Porter "Che/Che" (Ausschnitt), 1997, cibachrome print and assemblage.

★

CHRONOLOGIE

1928

14. Juni. Ernesto Guevara de la Serna kommt in Rosario, Argentinien, als erster Sohn von Ernesto Guevara Lynch und Celia de la Serna zur Welt.

1929

Die Familie lebt in der Provinz Misiones, der Vater unterhält eine Mateplantage. Ernestos Schwester Celia kommt zur Welt.

1930

Mai. Ernesto erleidet seinen ersten Asthmaanfall.

1932

Umzug nach Buenos Aires. Sein Bruder Roberto wird geboren.

1933

Juni. Die Familie zieht nach Alta Gracia, einem kleinen Dorf in den Bergen bei Córdoba. Das Klima bekommt dem Asthmakranken besser. Sie werden hier bis 1943 leben.

1936

Ausbruch des Spanischen Bürgerkrieges. Sein Onkel Córdova Iturburu ist Kriegsberichterstatter für die Zeitung Crítica. Es ist Ernestos erste Annäherung an die Politik.

1943

Er lebt in der Provinzhauptstadt Córdoba und macht sein Abitur. Freundschaft mit den Brüdern Granado und den Brüdern Ferrer. Sein letzter Bruder Juan Martín erblickt das Licht der Welt.

1945

Wieder in Buenos Aires. Er immatrikuliert sich im Fachbereich Medizin. Er lernt Tita Infante kennen. Er arbeitet, um sein Studium zu finanzieren.

1950

1. Januar. Reise durch den Norden Argentiniens auf einem Fahrrad mit kleinem Motor, er legt mehr als 4.500 Kilometer zurück. Arbeit im Leprakrankenhaus in Chañar, danach beim Straßenbau und der argentinischen Handelsflotte.
Oktober. Er lernt Chichina Ferreyra kennen, eine junge Frau aus der cordobesischen Aristokratie.

1951

29. Dezember. Gemeinsam mit Granado startet er seine erste Reise durch Lateinamerika auf einem Motorrad. Sie bereisen Chile, Bolivien und Peru, wo sie das Leprakrankenhaus San Pablo besuchen. Das Floß Mambo-Tango bringt sie über den Amazonas nach Kolumbien und Venezuela.
Amazonas hacia Colombia y Venezuela.

1952

31. August. Rückkehr nach Argentinien, um das Studium zu beenden.

1953

12. Juni. Erfolgreicher Abschluß seines Medizinstudiums.
7. Juli. Mit dem Zug nach Bolivien. Von seinen Eltern verabschiedet er sich mit dem Satz: "Hier fährt ein Soldat Amerikas!"
12. Juli. Ankunft in Bolivien in einem Moment großer politischer Unruhen.
26. Juli. Fidel Castro und andere Kämpfer überfallen die Moncada-Kaserne mit dem vergeblichen Versuch, die Diktatur von Fulgencio Batista zu stürzen. Während dieser Monate reist Guevara durch Peru, Ecuador und Costa Rica.
20. Dezember. Guatemala, hier wird er sich neun Monate aufhalten.
23. Dezember. Er lernt Hilda Gadea kennen, eine Peruanerin im Exil.
26. Dezember. Gadea bringt ihn mit Exilkubanern der Bewegung M 26-7 zusammen, darunter Ñico López, der ihn auf den Namen "Che" tauft. Ad honorem arbeitet er in einem Krankenhaus.

1954

Juni. Ein Staatsstreich, finanziert von den USA, stürzt die Regierung von Jacobo Arbenz. Guevara reist nach Mexiko.

1955

Juli. In Mexiko lernt er Fidel Castro Ruz kennen. Nach einem ersten Gespräch fällt er die Entscheidung, sich einer von Castro geplanten Expedition nach Kuba anzuschließen.
18. August. Heirat mit Hilda Gadea. Er überlebt, indem er Straßenfotos macht, und kurzzeitig ist er auch Reporter der Panamerikanischen Spiele für die Agentur Latina.

1956

15. Februar. Seine erste Tochter Hilda Beatriz kommt zur Welt.
April. Seine militärische Ausbildung mit den Kubanern beginnt. Der Ausbilder, der spanische Republikaner Alberto Bayo, hebt ihn als den besten Schüler hervor.
24. Juni. Im Gefängnis Miguel Schultz sitzt Che gemeinsam mit Castro und anderen Exilierten in Haft.
6. Juli. Brief an seine Eltern, in dem er von seiner bevorstehenden Teilnahme an der Expedition nach Kuba schreibt.
31. Juli. Er wird freigelassen, das Training geht weiter.
25. November. Gemeinsam mit 82 Männern bricht er mit der kleinen Yacht Granma auf.
2. Dezember. Landung in einem Mangrovengebiet. Die Anführer der Bauern sichern ihnen logistische Unterstützung zu.
5. Dezember. Es sterben 21 Männer der Granma beim Kampf von Alegría del Pío.

1957

17. Januar. Erster Sieg des Rebellenheeres. Sie nehmen die Kaserne La Plata ein und danach Arroyo del Infierno.
28. Mai. Sieg in El Uvero.
21. Juli. Castro ernennt Che zum Kommandanten und betraut ihn mit der Errichtung der Vierten Kolonne des Rebellenheeres.
30. August. In El Hombrito führt Che die Truppe zum Sieg.

1958

24. Februar. Gründung von *Radio Rebelde*. Das Rebellenheer gründet die ersten Fabriken und feste Niederlassungen.
August. Die Kolonnen von Guevara und Camilo Cienfuegos beginnen mit der "Invasion" im westlichen Teil der Insel. Sie legen 554 Kilometer in 47 Tagen zurück.
Oktober. Che vereint die unterschiedlichen oppositionellen Gruppen in Escambray. Die Agrarreform wird auf die Beine gestellt.
Dezember. Er lernt Aleida March kennen. Che beginnt die entscheidende Offensive und Fidel rückt nach Santiago de Cuba vor.
31. Dezember. Einnahme von Santa Clara, das Batista-Regime ist gestürzt.

1959

1. Januar. Batista flieht ins Exil.
3. Januar. Camilo Cienfuegos marschiert in Havanna ein, das durch den Generalstreik gelähmt ist.
4. Januar. Ches Einzug in die Hauptstadt.
8. Januar. Fidel marschiert in einem Siegeszug in Havanna ein.
9. Januar. Ankunft von Guevaras Eltern in Kuba.
21. Januar. Es kommen auch Hilda Gadea mit ihrer Tochter Hildita. Guevara und Gadea beschließen die Auflösung der Ehe.
7. Februar. Verleihung der kubanischen Staatsangehörigkeit.
März. Beteiligung an dem Gesetz zur Agrarreform.
2. Juni. Heirat mit Aleida March.
12. Juni. Erste Reise durch die der Vereinigten Staaten von Arabien und anderen Ländern des Mittleren Orients.
7. Juli. In Neu Dehli wird er von Jawarlahal Nehru empfangen.
17. Juli. Gespräch mit Tito in Jugoslawien.
8. Oktober. Ernennung zum Leiter der Industrieabteilung des Nationalinstituts der Agrarreform. Die Latifundien werden beschlagnahmt.
28. Oktober. Bei einem Flugzeugunglück verschwindet Camilo Cienfuegos.

26. November. Ernennung zum Präsidenten der Nationalbank von Kuba.

1960

5. März. Der Fotograf Alberto Korda nimmt das berühmte Foto von Che bei der Trauerversammlung für die Opfer des Attentas auf La Coubre auf.
April. Leitung der Ausbildungsabteilung der Revolutionsarmee, Veröffentlichung von *Der Guerrillakrieg*, Camilo Cienfuegos gewidmet.
8. August. Teilnahme an der Schlußveranstaltung des Ersten Kongresses der Lateinamerikanischen Jugend.
19. Oktober. Die USA erlassen das Handelsembargo gegen Kuba.
22. Oktober. An der Spitze einer Wirtschaftsdelegation reist Che durch die Sowjetunion, Tschechoslowakei, China, Korea und die DDR. In Berlin lernt er Tamara Bunke kennen.
24. November. Aufenthalt in China, als seine erste Tochter mit Aleida March, Aliusha, geboren wird.

1961

3. Januar. Die USA brechen die diplomatischen Beziehungen zu Kuba ab.
23. Februar. Ernennung zum Industrieminister. Das Ministerium verwaltet hunderte von verstaatlichten Unternehmen.
17. April. Vereitelung der Invasion in der Schweinebucht.
4. August. Leiter der Delegation zur Interamerikanischen Konferenz in Punta del Este. In Montevideo empfängt man ihn mit Demonstrationen, die Unterstützung für ihn ausdrücken. In harschem Ton drückt er das Scheitern der neu eingerichteten Allianz für den Fortschritt aus, der alle Länder des Kontinents, außer Kuba, einbezieht. Treffen mit den Präsidenten von Uruguay und Brasilien und in Buenos Aires mit dem argentinischen Präsidenten Arturo Frondizi.

1962

Januar. Kuba wird von der Organisation Amerikanischer Staaten ausgeschlossen.
20. Mai. Sein Sohn Camilo wird geboren.
Juni. Castro vereinbart mit der Sowjetunion die Stationierung von Nuklearraketen auf der Insel.
26. August. Erneute Reise, auf der Suche nach Wirtschaftsabkommen. Er besucht Moskau und Prag.
31. August. Im Kreml Unterzeichnung des Abkommens mit Chruschtschow über die Raketenstationierung.
Oktober. "Raketenkrise". Nach einigem hin und her ändern die sowjetischen Schiffe ihren Kurs. Chruschtschow und Kennedy vereinbaren hinter dem Rücken Castros den Abzug der Basen. Che steht dem Sowjetblock noch distanzierter gegenüber.

1963

April. Celia de la Serna wird wegen kubanischer Propaganda inhaftiert.
14. Juni. Seine dritte Tochter kommt zur Welt, sie heißt Celia, der Großmutter zu Ehren.
Juli. Reise nach Algerien.

1964

Januar. Castro unterzeichnet mit Moskau ein Wirtschaftsabkommen und einen Aufruf zur friedlichen Koexistenz.
März. Che reist in diplomatischer Mission in die Schweiz, nach Frankreich, die Tschechoslowakei und Algerien.
18. April. Der foco der Guerrilla von Jorge Masetti in Argentinien wird durch die Gendarmerie ausgelöscht.
4. November. Che fährt in diplomatischer Mission nach Moskau.
11. Dezember. Leiter der kubanischen Delegation vor der Generalversammlung der Vereinten Nationen.
18. Dezember. Ankunft in Algerien. Weiterreise nach Tansania, Kongo-Brazzaville, Ägypten, Mali, Guinea, Ghana, Dahomey (heute Benin).

1965

2. Februar. Reise nach China, Frankreich, Algerien, Tansania und Ägypten. Währenddessen wird in Kuba der Wirtschaftsvertrag unterzeichnet, der dem Industrialisierungsprojekt Ches ein Ende setzt.
24. Februar. Sein Sohn Ernesto wird geboren, während er von Kairo nach Algerien fährt.
25. Februar. Rede in Algier. Er greift die Länder des Sowjetblocks heftig an, da sie die Befreiungskämpfe der Völker nicht unterstützen würden. Er reist nach Ägypten und Prag.
15. März. In Kuba muß er sich für die Algerienrede rechtfertigen. Der Entschluß ist schon gefaßt, Kuba zu verlassen und in den Kongo zu gehen.
1. April. Er verläßt Kuba unter dem Namen Ramón Benítez.
14. April. Celia de la Serna schreibt ihm den letzten Brief, den Che jedoch nicht mehr lesen wird.
24. April. Che geht mit dreizehn Kubanern in den Kongo. Das kubanische Kontingent wird über 100 Mann stark sein.
19. Mai. Celia Guevara de la Serna stirbt.
Juni. Nach zwei Monaten des Wartens tritt die kongolesische Guerrilla in Aktion.
Oktober. Auf der Kundgebung zur Gründung der Kommunistischen Partei Kubas verliest Fidel den Brief, in dem Guevara von allen seinen Posten zurücktritt. Che schreibt in sein Tagebuch, daß ihn dies vor den Kubanern in einen Ausländer verwandelt.
22. November. Die kubanische Truppe verläßt den Kongo.

1966

Januar. Kongreß der Trikontinentale in Havanna. Aleida besucht Che in Tansania, der dort im Untergrund lebt.
März. Guevara reist inkognito nach Prag.
Juli. Heimliche Rückkehr nach Kuba, um den Kampf in Bolivien vorzubereiten.
3. November. In Bolivien reist er mit einem Empfehlungsschreiben der Organisation Amerikanischer Staaten ein.
7. November. Ankunft in Ñancahuazú und Beginn seines Tagebuches.
31. Dezember. Mario Monje, Generalsekretär der KP Boliviens kommt im Lager an. Seine Partei wird die Guerrilla nicht unterstützen.

1967

1. Februar. Erkundung des Terrains um Ñancahuazú.
15. März. Zwei bolivianische Kämpfer werden gefangengenommen. Die Armee erhält die ersten Informationen über die Gruppe.
19. März. Rückkehr zum Lager, wo sich jetzt auch Tania, Régis Debray und Ciro Bustos befinden.
20 April. Debray, Bustos und George Andrew Roth werden gefangengenommen.
14. August. Die Soldaten entdecken das Lager in Ñancahuazú.
31. August. Die Kolonne von Joaquín gerät in Vado del Yeso in einen Hinterhalt.
8. Oktober. Hinrichtung auf Anordnung der bolivianischen Regierung und unter Beihilfe der CIA. Das Schicksal seiner Überreste bleibt über 30 Jahre im Verborgenen. Keiner seiner Mörder ist vor Gericht gestellt worden.
18. Oktober. Eine Million Kubaner nehmen an der Trauerfeier in Havanna teil.

1997

12. Juli. Die Überreste Che Guevaras sind in Vallegrande identifiziert. Am gleichen Tag werden sie nach Havanna repatriiert.

✶

BIBLIOGRAPHIE

Acevedo González, Enrique, *Descamisado*, Editora Política, Havanna, 1993

Alarcón Ramírez, Dariel, *Benigno. Vie et mort de la Révolution Cubaine,* Fayard, Paris, 1995

Jon Lee Anderson, *Che. Biographie*, List, München, 1997

Berger, John, "The Legendary Che Guevara Is Dead", in *New Society*, New York, 1967

Cabrera Infante, Guillermo, "Entre la Historia y la Nada", in *Mea Cuba*, Vuelta, Mexiko, 1993

Castañeda, Jorge G., *Che Guevara*, Insel, Frankfurt/M., 1997

Cormier, Jean, *Che Guevara* (avec la collaboration de Hilda Guevara Gadea et Alberto Granado Jiménez), Editions du Rocher, Monaco, 1995

Cupull, Adys y González, Froilán, *Ernestito vivo y presente*, Editora Política, Havanna, 1989

— *De Ñacahuazú a La Higuera,* Editora Política, Havanna, 1994

— *Entre nosotros,* Ediciones Abril, Havanna, 1992

— *Un hombre bravo,* Editorial Capitán San Luis, Havanna, 1994

— *Cálida presencia,* Oriente, Santiago de Cuba, 1995

Debray, Régis, *La guérilla du Che*, Seuil, Paris, 1974

Loués soient nos seigneurs, Gallimard, Paris, 1996

Desnoes, Edmundo, "El Che y los ojos del mundo", in *Cuba Internacional*, April, 1971

Gadea, Hilda, *Che Guevara. Años decisivos*, Aguilar, Mexiko, 1972

Guevara Lynch, Ernesto, *Mein Sohn Che*, Galgenberg, Hamburg, 1986

— *Aquí va un soldado de América,* Sudamericana/Planeta, Buenos Aires, 1987

Gambini, Hugo, *El Che Guevara. La biografía*, Planeta, Buenos Aires, 1996

Hobsbawm, Eric, *Das Zeitalter der Extreme*, Hanser Verlag, München, 1995

Kalfon, Pierre, *Che. Ernesto Guevara, une légende du siècle*, Seuil, Paris, 1997

Korol, Claudia, *El Che y los argentinos*, Ediciones Dialéctica, Buenos Aires, 1988

Kunzle, David, "Uses of the Portrait: the Che Poster", in *Art in America*, September/Oktober, 1975

Masetti, Jorge R., *Los que luchan y los que lloran*, Edición cubana, Havanna, 1960

Miná, Gianni, *Habla Fidel,* Sudamericana, Buenos Aires, 1988

Rodríguez Herrera, Mariano, *Con la adarga al brazo*, Editora Política, Havanna, 1983

Rojas, Martha y Rodríguez Calderón, Mirta, *Tania. La guerrillera inolvidable*, Instituto del Libro, Havanna, 1970

Rojo, Ricardo, *Che Guevara. Leben und Tod eines Freundes*, Fischer, Frankfurt/M., 1968

Saucedo Parada, Arnaldo, *No disparen... Soy el Che*, Editorial Oriente, Santa Cruz de la Sierra, 1986

Taibo II, Paco Ignacio, *Che. Die Biographie des Ernesto Guevara*, Edition Nautilus, Wien, 1997

Villegas, Harry, *Pombo: un hombre de la guerrilla del Che. Diario y testimonios inéditos, 1966-1968*, Editora Política, Havanna, 1996

Werke von Ernesto "Che" Guevara

Die Werke von Ernesto "Che" Guevara beinhalten viele Artikel und Reden und sind in unzähligen Teilsammlungen herausgegeben worden. Ebenfalls gibt es mehrere Ausgaben seiner gesammelten Werke.

Guevara, Ernesto Che, *Obras, 1957-1967*, Casa de las Américas , Havanna, 1977

— *Obras completas*, Legasa, Buenos Aires, 1997

— *Ausgewählte Werke in Einzelausgaben*, Hrsg. u. übertr. v. Horst-Eckart Gross. -Pahl-Rugenstein Nachf., Berlin, 1997

Bd.1 *Guerillakampf und Befreiungsbewegung*, 1997

Bd.2 *Cubanisches Tagebuch*, 1997

Bd.3 *Aufsätze zur Wirtschaftspolitik*, 1988

Bd.4 *Schriften zum Internationalismus*, 1989

Bd.5 *Das vollständige 'Bolivianische Tagebuch'*, 1997

Bd.6 *Der neue Mensch*, 1995

Tagebücher:

Ernesto "Che" Guevara führte sein Leben lang Tagebücher, die einige seiner besten Schriften enthalten. Einige sind erst jetzt aufgelegt worden, wie die *Reisenotizen*, von einigen sind nur Auszüge bekannt wie im Fall seiner Aufzeichnungen über den Kampf in Afrika, andere sind bis jetzt noch nicht veröffentlicht worden.

Guevara, Ernesto Che, *Latinoamericana. Tagebuch einer Motorradreise 1951/52*, Kiepenheuer & Witsch, Köln, 1994

Guevara, Ernesto Che und Castro Ruz, Raúl, Die Eroberung der Hoffnung. Tagebücher aus der kubanischen Guerilla, Dezember 1956 bis Februar 1957, mit Beitr. v. Heinz Dieterich u. Paco I. Taibo II., Horlemann, U., 1997.

Escobar, Froilán; Guerra, Félix; Taibo, Paco I.: *Das Jahr, in dem wir nirgendwo waren*. Ernesto Che Guevara und die afrikanische Guerilla, ID - Archiv, 1996.

Bolivianisches Tagebuch, Vorwort von Fidel Castro, Trikont Verlag, München, 1968

El diario del Che en Bolivia [ilustración y notas Adys Cupull y Froilán González], Editora Política, Havanna, 1988

Bildnachweis

Abascal, Pedro: 211a
Agence France Presse: 172b, 173b
Alborta, Fredy: 188a, 190a, 191b, 192b, 193a, 195a
Andrew St. George: 66a
Andrew Saint George/Magnum: 210-211
Archiv Carlos Barrios Barón: 10c, 11a, 23a. (Mit Genehmigung).
Archiv *Clarín:* 181b
Archiv *Clarín*/Fernando Dvoskin: 203f, 217
Archiv Corbalán: 196a
Archiv Córdova Iturburu: 18a, 18b, 21b. (Mit Genehmigung).
Archiv Facultad de Artes y Letras de la Universidad de La Habana: 201b. (Mit Genehmigung).
Archiv Guevara Lynch: 10a, 10b, 12a, 12b, 14a, 16b, 17a, 19b, 20a, 20b, 22a, 23b, 24a, 25a, 26a, 26b, 27a, 28a, 28b, 28c, 29a, 29b, 30a, 31a, 33a, 48a, 50b, 51a, 56a
Archiv Hugo Gambini: 141a. (Mit Genehmigung).
Archiv Liborio Noval: 137a
Archiv Familie Saucedo: 178a, 180b, 181a, 182a, 183a, 186a, 186b, 187a. (Mit Genehmigung).
Arnaldo Santos: 134a, 142b
Associated Press: 132a, 192b
Bildarchiv Foto Marburg: 189a, 195b
Billhardt, Thomas: 176b, 176d
Breccia, A./Oesterheld, H: 60c
Bruno Barbey/Magnum: 207b
Casa de las Américas: 46b, 46c, 49a, 49c, 49d, 107b, 118-119bis, 121b, 166, 212b. (Mit Genehmigung).
Cerdini, Pablo: 212a. (Mit Genehmigung)
Chinolope: 126a
Corrales, Raúl: 105b, 109a, 109b, 127b, 128a, 128c, 129c, 206a
De Armas, Jorge: 203e
Dell'Orto, Gerardo: 213a, 213b
Rechte reserviert: 13a, 36a, 36-37, 39a, 57a, 57b, 57c, 57d, 78a, 98a, 118a, 142a, 144-145, 144a, 157a, 160a, 161, 165, 187c, 191a, 208b,
Deutsche Presse Agentur: 150b, 151b
Dindo, Richard: 170a, 171a, 174a, 174b, 175a, 175b, 177a, 177b, 178b, 179a, 180a. (Mit Genehmigung).
Ediciones Verde Olivo: 42a, 42b, 44a, 50a, 61b, 62b, 68a, 70a, 72a, 72b, 73b, 84b, 95a, 96b, 98b, 100a, 101a, 104a, 116c, 122c, 125c, 128b, 131b, 139a, 146b, 147a, 162c, 164b, 170b, 202b, 204a, 204b.
Editora Política: 9b, 21a, 34b, 66b, 74b, 93a, 96a, 97a, 127c, 104b, 119c, 141b, 145a, 146a, 160b, 162a, 162b, 163a, 167a, 173a, 182-183, 184a, 184b, 194b, 219a
Editorial Capitán San Luis: 11b, 9a, 11c, 16a, 38b, 40b, 41a, 43a, 49b, 75b, 94a, 110b, 159b, 163c
Eisermann, Dirk: 209a
Faivre, Luis: 92a, 108a.
Figueroa, José A.: 58a, 203b, 203d
Fundación de La Naturaleza y El Hombre: 71b, 77a, 80a, 80b, 81a, 82a, 82b, 83b, 87a, 87c, 94b, 140a, 201a. (Mit Genehmigung).
Holst, Jens: 214a
Klemm, Barbara: 200a
Korda, Alberto: Titelbild, 93b, 95b, 102a, 102b, 110c, 122a, 122b, 134b, 134c, 136c, 138a, 143a, 154b, 169a, 197a, 198a, 198-199.
Lee Lockwood/Das Fotoarchiv: 45b,139b, 203a, 205b
Longoni, Eduardo: 35b, 40a, 168-169. (Mit Genehmigung)
Mauritshuis, Den Haag: 194a
Noval, Liborio: 6-7, 115b, 130-131
Oficina de Asuntos Históricos: 8a, 13b, 15a, 17b, 19a, 31b, 32a, 33b, 34c, 35a, 38a, 44b, 46a, 47a, 51b, 52a, 53a, 53b, 54a, 55a, 55b, 56b, 57e, 59a, 59b, 61a, 62a, 63a, 64a, 64b, 67a, 68b, 69a, 70b, 71a, 73a, 74a, 75a, 76b, 78-79, 82-83, 84a, 85a, 86a, 88a, 90a, 90b, 100b, 101b, 106b, 107a, 110a, 126b, 133b, 135b, 148a, 151a, 158a, 159a
Oller, Jorge: 145b
Porter, Liliana: 218a. (Mit Genehmigung).
Prensa Latina: 106a, 120a, 124a, 124b, 125a, 125b, 127a, 131a, 136a, 136b, 150a, 152b, 153a, 153b, 154a, 172a, 176a, 176c, 176e, 185b, 187b, 208a, 209b.
Ramparts: 207a
Reuter: 216c
132b, 133a, 135a, 148-149, 152a, 153c, 156a, 164a, 183b, 185a, 190b, 196b, 200b
Romero, Perfecto: 60a, 60b, 83a, 87b, 88b, 89a, 91a, 99a, 115a, 117a, 117b, 140b
Roque, Adalberto: 203c, 216a, 216b. (Mit Genehmigung).
Salas: 103a, 111a, 112-113, 114a, 116a, 116b, 118-119, 121a, 155a, 163b, 214-215, Rückseite.
Time Magazine: 112a
UPI/Corbis-Bettmann: 45a, 138b, 206b
Van der Hilst, Robert: 205a
Zeitschrift *Bohemia*: 65a, 76a, 79a, 97b, 99b, 105a, 107c, 110-111, 114b, 119d, 123a, 123b
Zeitung *Austral* (Temuco, Chile): 34a. (Mit Genehmigung)
Zeitung *Presencia*: 41b. (Mit Genehmigung).

Die Zeugnisse und Auszüge, die die Bilder begleiten, sind den folgenden Werken entnommen:

Aguirre, Mirta, "Canción antigua al Che Guevara"
Anderson, Jon Lee, *Che Guevara: A Revolutionary Life*, © Grove Press, Nueva York, 1997
Báez, Luis, Secretos de generales, © Editorial Si-Mar, La Habana, 1996
Baudelaire, Charles, *Die Blumen die Bösen. Kleine Gedichte in Prosa. Le spleen de Paris*, © Artemis & Winkler, München,1979
Berger, John, "The Legendary Che Guevara is Dead", in *New Society*, New York, 1967
Borges, Jorge Luis, *Obras completas*, © Emecé, Buenos Aires, 1974
Breccia, Alberto; Breccia, Enrique y Oesterheld, Héctor, *Che*, © Ikusager, Vitoria-Gasteiz, 1987
Cardenal, Ernesto, *In Kuba*, © Peter Hammer Verlag, Wuppertal, 1972
Castañeda, Jorge, *La vida en rojo*, © Planeta, Buenos Aires, 1997
Castro, Fidel, *La historia me absolverá*, © Oficina de Publicaciones del Consejo de Estado, Havanna, 1993
Castro, Fidel, "Über Che Guevara - Eine Rede (18. Oktober 1967)" in *Che Guevara und die Revolution*, Hrsg. Heinz Rudof Sonntag © Fischer Bücherei, Frankfurt/M., 1968
Castro, Fidel, "Llamado a los intelectuales"
Castro, Fidel, "Eröffnungsrede beim Zentralkomitee der KP Kuba", © Bohemia, 8. Oktober 1965
Cortázar, Julio, *Último round*, © Siglo XXI, Mexiko DF, 1969
Cupull, Adys y González, Froilán, *Cálida presencia*, © Oriente, Santiago de Cuba, 1995
Cupull, Adys y González, Froilán, *De Ñacahuazú a La Higuera*, © Editora Política, Havanna, 1994
Debray, Régis, *Les Masques*, © Gallimard, Paris, 1987
Franqui, Carlos, *Cuba, el libro de los 12*, © Era, Mexiko DF, 1966
Felipe, León, *Antología rota*, © Losada, Buenos Aires, 1972
Gadea, Hilda, *Años decisivos*, © Aguilar, Mexiko DF, 1972
García Marruz, Fina, *Visitaciones*, © Ediciones Unión, Havanna, 1970
Guevara, Ernesto Che, *Obras*, 1957-1967, © Casa de las Américas, Havanna, 1977
— *Ausgewählte Werke in Einzelausgaben*, Hrsg. u. übertr. v. Horst-Eckart Gross, © Pahl-Rugenstein Nachf., Berlin, 1997
Guevara Lynch, Ernesto, *Mein Sohn Che*, © Galgenberg, Hamburg, 1986
— Aquí va un soldado de América, © Sudamericana/Planeta, Buenos Aires, 1987
Guevara de la Serna, Ernesto, Latinoamericana. Tagebuch einer Motorradreise 1951/52 © Kiepenheuer & Witsch, Köln, 1993
Ginsberg, Allen, "Elegía Che Guevara" en La caída de América, © Visor, Madrid, 1980
Korol, Claudia, El Che y los argentinos, © Ediciones Dialéctica, Buenos Aires, 1988
Lezama Lima, José, "Ernesto Guevara, comandante nuestro", in Casa de las Américas, Havanna, Januar/Februar, 1968
Ludwig, Emil, Goethe, Geschichte eines Menschen, © C. Bertelsmann Verlag, 1959
Masetti, Jorge R., Los que luchan y los que lloran, © Edición cubana, Havanna, 1960
Massari, Roberto, Che Guevara, Politik und Utopie, © dipa-Verlag, Frankfurt/M., 1987
Mercado, Tununa, "El Diario de Bolivia", in Casa de las Américas, Januar/März, 1997
Neruda, Pablo, "Farewell", Dichtungen 1. 1919-1965, © Luchterhand, Berlin, 1967
Rodríguez, Reina María, "Un simple clic del disparador" (Ein einfaches Klicken des Auslösers), unveröffentlicht, 1997
Subcomandante Marcos, "Abschlußrede bei dem Interkontinentalen Treffen für die Menschheit und und gegen den Neoliberalismus" in La Jornada, Mexiko DF, 4. April 1997
Taibo II, Paco Ignacio, Ernesto Guevara, también conocido como el Che, © Planeta, Buenos Aires, 1997
Revista Time, 8. August 1960
Urondo, Francisco, "Descarga", in Casa de las Américas, Havanna, Januar/Februar, 1968
Vallejo, César, Die schwarzen Boten, Dt. von Hans-Magnus Enzensberger © Suhrkamp, Frankfurt/M., 1963

Tania und Che – zwei Guerrilleros, ein Schicksal

Tamara Bunke, alias Tania, ist eine der faszinierendsten, widersprüchlichsten und tragischsten Frauengestalten der zweiten Hälfte des 20. Jahrhunderts. Die dreifachen Agentin, die für das MfS, den KGB und den kubanischen Geheimdienst DGI arbeitete, erhielt den Auftrag, Che zu beschatten, weil die Sowjetunion dem argentinischen Guerrillero und seinen revolutionären Ideen nicht traute. Tania und Che – beide waren Argentinier, beide fühlten sich zueinander hingezogen; beide wollten die Revolution von Bolivien und später von Argentinien aus in ganz Lateinamerika verbreiten; beide fanden den Tod auf bolivianischem Boden.
War ihr Einsatz im südamerikanischen Urwald ein Selbstmordkommando?
José A. Friedl Zapata ist in seinem Werk den Spuren Tanias in Argentinien, Berlin, Kuba und Bolivien gefolgt. Das Ergebnis seiner ausgedehnten Recherchen vor Ort ist ein Buch, das Tanias Dasein im Schatten des Che endgültig ein Ende setzt.

José A. Friedl Zapata
Tania
Die Frau, die Che Guevara liebte
Mit 16 Seiten Fototeil
209 Seiten. Gebunden
DM 39,90
ISBN 3-351-02465-7

Aufbau-Verlag